재앙을 축복으로
만드는 사람들

1

재앙을 축복으로
만드는 사람들

1

지은이 김원수

바른법연구원

●

머
리
말

○

　금강경을 공부한 지 50여 년이라는 긴 세월이 흘렀습니다. 금강경을 처음 접하고 불교의 심오한 철학에 깊이 감동하여 그 가르침을 응용 실천하여 이기심을 모두 버리고 오직 부처님을 시봉하며 깨달음을 얻는 불자, 부처님 시봉하는 불자가 되려 하였습니다. 그러나 거친 사회생활을 하는 과정에서 이기적 욕망을 억누르며 부처님 시봉하는 일이 만만치 않음을 발견하였고, 부처님 시봉하는 일과 눈앞의 재앙을 소멸하고 소원을 성취하는 기복祈福의 마음이 충돌하기 시작하였습니다.

　금강경 공부의 초창기에는 깨달음의 길과 복을 구하는 구복求福의 길이 다른 줄 알았으나, 공부가 점차 성숙해지며 금강경 가르침의 핵심이 불이사상不二思想에 있음을 알게 되었습니다. 깨달음의 길, 즉 부처님 시봉의 길과 구복의 길이 결코 다르지 않음을 발견하면서, 금강경 공부가 잘될수록 소원은 기적적으로 더 잘 이루어지는 듯하였습니다.

하지만 금강경을 열심히 읽어도 10년 이상 지속되는 재앙의 생활을 두어 번 체험하기도 하였는데, 이런 고달픈 체험 뒤에 금강경 공부에 대해 허탈감이 들기 시작하였습니다. 금강경 공부의 보람은 과연 무엇인가? 금강경 공부에 대한 회의가 들기 시작하며, 전지전능하다는 자신감 대신 무력한 자신의 한계를 절감하였습니다. 이때 후딱 깨친 것이 있었습니다. 바로 금강경 16분의 구절입니다.

선남자 선여인 수지독송차경 약위인 경천
善男子 善女人 受持讀誦此經 若爲人 輕賤

시인 선세죄업 응타악도 이금세인 경천고
是人 先世罪業 應墮惡道 以今世人 輕賤故

선세죄업 즉위소멸 당득 아누다라삼막삼보리
先世罪業 卽位消滅 當得 阿耨多羅三藐三菩提

이 말씀으로 비로소 10년 이상의 인고忍苦의 세월이 결코 허송세월이 아니요, 선세죄업의 소멸 기간임을 알게 되었습니다. 이 긴 소멸의 시간에 공부가 진전이 없었던 것이 아니라 조금씩 나아지고 있었는데, '아니 된다'라는 잘못된 생각에 가려 허송세월이라 이름을 짓고 퇴타심의 세월을 보냈던 것입니다. 비로소 선인들이 말씀한 '번뇌가 곧 보리'요 '생사가 곧 열반'이라는 진리를 실감하게 되었고, 재앙이 닥쳐도 이를 재앙이라 이름 짓지 아니하고 축복이라 이름 지으면 축복으로 변한다는 사실을 깨달았습니다.

재앙이 축복과 다르지 않다는 불이不二의 가르침을 깨치는데 수십 년의 세월이 걸린 것입니다. '재앙이 곧 축복'이라는 구절을 실감하는 순간, 나는 새로운 불자로 태어났다고 감히 말씀드립니다.

그 후 매주 토요일 아침마다 도반들에게 재앙이 '재앙이 아닌 축복'임을 실감하는 것을 알려드리려 하였고, 이 법문들을 모아서 만든 것이 이 책입니다. 그리하여 나는 책의 제목을 『재앙을 축복으로 만드는 사람들』로 하게 된 것입니다. 재앙이 곧 축복이 되는 것을 깨닫는 순간 매일매일 좋은 일만이 우리 앞에 있을 것입니다.

이 책을 가까운 도반들은 물론 전 세계 모든 사람들이 잘 읽어서 부처님과 내가 둘이 아닌 진리, 번뇌와 보리가 둘이 아닌 진리, 재앙이 곧 축복임을 아는 불이不二의 진리를 단박에 깨쳐, 나처럼 오래도록 허송세월하지 않으시고 부처님 시봉 잘하기를 기원합니다.

2021년 11월

김원수 합장배례

제1장
선지식의 크신 사랑

제2장
금강경 공부는 자신을 변화시켜
행복과 보람을 느끼게 한다

제3장
처음부터 부처님 시봉하는
마음으로 시작해야 한다

제4장
고통의 원인을 정확히 진단하고 해결하는 가르침

제5장
부귀영화의 길,
부처님 향하는 길과 다르지 않다

법문 들으시는 모든 분들이
재앙은 소멸하고 소원은 성취해서
부처님 전에 복 많이 지으시기를 발원드립니다

제1장

선지식의 크신 사랑

바라고 의지하는 아가 마음에서
오직 주는 마음으로

저는 혼자서는 회고를 잘 하지 않는 편이지만, 가끔 공부하는 분들에게 말씀드리기 위해 돌이켜 생각해 봅니다. 금강경을 공부한 지 벌써 반세기가 지났습니다. 금강경 공부를 하며 수많은 시행착오와 적지 않은 재앙을 겪으며 어떤 마음으로 공부하는 것이 좋은지, 공부하는 사람의 바람직한 마음가짐에 대하여 느낀 것을 말씀드리겠습니다.

스물다섯에 제대하고 출가하여 수도장에서 생활하던 시기입니다.

고등학교 때부터 무엇을 생각하면 쉽사리 빠져나오지 못하고 마음을 통제하지 못하는 기질이 있었습니다. 소사(경기도 부천시) 도량에서도 그런 면이 재발하는 것 같았습니다. 한 번 생각하면 깊이 빠져드는데 도저히 통제할 수 없어서 참 힘들었습니다. 세상이 우울하게 보이고 육체적인 통증까지 겹쳐서 점점 더 비관적으로 변했고, '바친다'는 것을 배웠지만 잘 바쳐지지 않았습니다. 학생 때 겪었던 정신적 고통으로 주위에 하소연도 하고 의논도 해보았습니다만, 원인을 아는 사람은 없었고 적절한 해결 방법도 없었습니다. 그 현상이 수도장에서 다시 나타난 것입니다. 몇 달 동안 선생님께서는 그 원인을 분석해 주신 적이 없었습니다. 그러던 어느 날 선생님께서 자신의 경험을 이야기해 주셨습니다.

백 선생님의 청나라 복장 이야기

선생님께서는 1919년 기미년에 독립운동의 뜻을 품고 청나라 옷을 입고 변장하여 몰래 중국으로 가려 했습니다. 지금은 하루면 도착하겠지만, 당시는 거의 한 달이나 배를 타야 했습니다. 이때 배에서 어떤 사람이 백 선생님* 발에 아무 이유도 없이 침을 뱉는 일이 있었습니다. 영문을 알 수 없었는데, 상해에 도착 후 독립 운동하는 사람들이 말해 주었습니다.

"참 고생이 많았겠구먼. 이런 복색은 청나라에서 제일 지위가 낮은 천민이 입는 복색이야. 사람들이 깔보고 무시하고 천대했을 텐데, 어떻게 이런 복장으로 여기까지 왔나?"

얘기를 들고 보니 배에서 침 뱉은 사람이 생각났고, 이는 자신의 문제가 아니라 입고 있는 복장의 문제였다며, 제게 이렇게 말씀하셨습니다.

"너는 전생에 잘 닦던 승려였다. 그런 점잖은 중에게 아가 껍질을

• • • • •

* 백 박사님, 백 선생님은 불세출의 도인이시며 큰 스승이신 백성욱 박사님입니다. 호칭은 법사님께서 말씀하신 그대로 혼용하여 옮겼습니다.

씌워 놓으니 얼마나 고생이 많겠느냐? 속은 닦았는데 겉에 아가 껍질이 씌워 있으니 사람들이 무시하고 멸시한다. 그래서 고생이 많은 것이다."

마치 당신께서 청나라의 천한 옷을 입어 고초를 겪고 멸시당한 것과 같다는 말씀이었습니다.

한번 생각에 빠지면 헤어 나오지 못하는 정신적인 고통을 바치기가 무척 어려웠는데, 이는 전생에 잘 닦으려 노력했던 사람들이 겪는 고생이며 닦는 과정에서 나타나는 현상이라고 합니다. 나중에 보니 금강경 16분 경천의 내용이었습니다.

아가 마음,
좋은 일이 생기기를 바라며 공부하는 마음

그 뒤로 생각해 보았습니다.

'내가 어떻게 아가 껍질을 쓰고 아가 마음을 가졌단 말인가.'

아가는 순진하고, 어른이 시키는 대로 합니다. 최면에 잘 걸립니다. 자기는 능력이 없다고 생각하여 남에게 의지하는 마음이 강합니다. 의지하고 기대하다가 뜻대로 안 되면 원망하는 것이 특징입니다.

'나는 스스로 꽤 어른스럽다고 생각하는데, 선생님께서는 왜 내가 아가 껍질을 썼고 그것 때문에 고생한다고 말씀하시는 걸까?'

한 번도 그런 생각을 해본 적이 없었는데 내게는 화두처럼 들렸고 그 답을 아는데 꽤 시간이 걸렸습니다. 오랜 세월 끝에 아가 껍질을 벗게 되어, 지금은 즐겁고 편안합니다.

아가는 순박하고 어른이 시키는 대로 합니다. 그러고 보니 저도 모범적이었고 시키는 대로 했습니다. 특히 소사에서 선생님께서 시키시는 대로 아침저녁으로 금강경을 읽고 한시도 방심하지 않고 올라오는 생각을 부처님께 바치며, 24시간 부처님과 함께 산다고 생각했습니다. 좋은 대학을 나온 이점을 버렸고 부모와 친구들과도 등지고, 누구보다 어려운 결단을 내려 모범적인 자세로 출가했다고 생각했습니다.

어느 날 도량에서 독사에게 물렸을 때도 놀라지 않고 침착했습니다. 그런데 막상 입원해서 며칠이 지나니 공부에 대한 회의가 들었습니다.

'나는 왜 공부를 했던가? 공부하면 재앙이 소멸하고 소원은 성취되며 일이 잘된다고 해서 한 것 아닌가! 밝은 선지식의 말을 따라 모범적으로 실천했고 최선을 다했는데 왜 나에게 나쁜 일이 일어났을까?'

공부하면 재앙은 소멸하고 소원을 성취하며 좋은 일이 생긴다고 생각하는 바로 이것이 바라는 마음입니다. 그때는 내가 바라는 마음으로 꽉 차 있었다는 것을 몰랐습니다. 부처님께 바치는 것 말고 다른 처방이 있는지 선생님께 질문한 적도 있었습니다.

소사에서 나온 후에도 선생님께서 시키시는 대로 금강경을 잘 읽을 뿐 아니라 행동거지도 철저히 모범적으로 하였습니다. 먹는 것과 자는 것에 대한 착着을 떼고 이성에 대한 그리움도 바쳤습니다. 부처님께 가피나 기복을 바라지 않고 공부했습니다. 남에게 폐를 끼치지 않는 사람이라면 저를 따라갈 사람이 어디 있을까 싶었습니다.

식당 장사도 최선을 다했지만 뜻밖의 난관에 부딪혔습니다. 동대문구청으로부터 한 달 영업 정지 처분을 받았어요. 재앙이라고 생각했습니다.

재앙이 오면 얼른 바치지 못하고 낙심하고 좌절합니다. 심해지면 퇴타심으로 이어져 '공부가 정말 맞는 거야?'하고 오래도록 괴로워합니다. 그러다가 '그래도 바치라 하셨지!' 하며 마음을 추스르고 바칩니다. 회복해서 정상으로 돌아가 '그때 나쁜 이름 짓지 말고 바쳤어야 해.'라고 생각합니다. 재앙에서 회복하는 데 시간이 걸립니다. 재앙에 낙심하고 좌절했다가 추스르고 회복해서 다시 원점으로 돌아갈 때까지 몇 년이 걸리기도 합니다. 그런 식으로 몇 번의 재앙을 거치고 나면 금생에는 거의 공부를 못하게 됩니다.

어린 시절 학교에 다닐 때 공부를 잘했고, 선생님의 귀여움도 받았습니다만 다시 그때로 돌아가라면 사양하겠습니다. 소질을 인정받았던 대학생 시절, 사회에서 반짝했던 그때로 돌아가래도 사양하겠습니다. 그때는 뒤로 넘어져도 코가 깨진다는 말처럼, 되는 것은 적고 안 되는 것은 너무 많았습니다.

재앙, 낙심, 좌절, 퇴타심, 다시 회복을 반복합니다. 처음에는 오래 걸리다가 자꾸 바치면서 그 기간이 점점 단축됩니다. 공부 기간 50년 중 절반인 25년 이상이 지나고서 반전한 것 같습니다. 지금은 그때에 비하면 상당히 편하고, 안 되는 일이 적어지고 되는 일이 많아졌습니다. 안 된다는 생각은 하지 않게 바뀌었습니다.

어떻게 그렇게 될 수 있었는지 공부하는 마음을 살펴봅니다.

오직 주는 마음으로 출발한다

'공부하면 잘될 것이다. 부처님의 덕이다. 부처님은 해결사다.'

이런 생각으로 출발하지 마십시오. 이것이 아가 마음이고, 그것이 제게 고통을 가져다주었습니다. 해결사이신 부처님은 아니 계십니다. 바랄 것이 없습니다. 제 안에 구족具足했습니다. 모든 것을 부처님께 바치는 마음으로 해야 합니다. '부처님, 해 주시옵소서. 가피를 내려 주시옵소서.' 이런 마음이 조금이라도 있어서는 안 됩니다.

누가 공짜로 주는 것을 절대로 기뻐하지 마세요. 행운을 바라지도 마세요. 행운과 공짜는 누구나 좋아하지요. 그러나 그 마음이 나중에 고통의 씨앗이 됩니다. 처음부터 이렇게 해야 합니다. 나는 본래 구족한 사람이니, 바랄 필요도 없이 오직 주는 마음으로 대합니다. 보수를 바랄 필요가 없습니다. 보수 없는 일을 연습합니다. 내가 구족했기 때문에, 부처님이 나에게 가피를 내려 주지 않아도 되기 때문에 가능합니다.

이렇게 출발해야 금생에 깨달음을 얻습니다. 바라는 마음이 있으면 나쁜 일이 일어날 때 낙심, 좌절, 회복을 반복하다가 그 생은 다 사라지고 맙니다.

출발부터 나는 바랄 것이 없는, 오직 주는 사람이라고 해야 합니다.

공짜를 바라지 않는 증삼 이야기

백 선생님께서 증삼 이야기를 여러 번 해 주셨습니다.

공자님의 제자 증삼(증참이라고도 함)은 공짜를 바라지 않기로 유명한 사람입니다. 그래서 주위 사람들이 그를 테스트하기로 했습니다. 지나가는 길에 돈을 놓아두고 '하늘이 이 돈을 증삼에게 주노라.' 이렇게 써 놓았습니다. 우리 같으면 웬 떡이냐 하며 얼른 가졌겠지요. 행운을 바라는 사람은 길에 놓인 돈을 냉큼 줍습니다. 그러나 증삼은 '증삼은 이 돈을 받을 복이 없노라.' 써 놓고 그냥 지나갔습니다. 증삼은 구족한 것을 깨달은 사람이라고 생각합니다.

그 말씀의 참뜻을 저는 알게 되었습니다. 우리는 바랄 필요가 없습니다. 본래 구족한 것을 알고 항상 주는 마음으로 대하십시오. 항상 부처님 시봉 잘하기를 발원하십시오. 왜 부처님께 바랍니까? '나는 공짜 구원이라면 사양하겠습니다.'라고 말하는, 예수의 가르침에 통달한 사람도 있습니다. 이런 기백이 있어야 하지 않을까요?

나쁜 것도 바로 부처님께 바쳐서
기쁘게 해 드린다

뱀에 물려 죽음의 위기를 겪고 그 뒤에도 수많은 재앙을 겪으며 '나는 이제 끝이다.'란 생각을 하기도 했습니다. 그러나 나쁜 이름은 짓지 말아야 합니다. 나쁘지 않습니다. 나쁜 것도 부처님께 바쳐서 기쁘게 해 드리십시오.

'나는 죽는구나!' 이 생각에는 무서운 이기심이 도사리고 있습니다. 왜 내가 살 생각을 합니까. '내 처지가 이게 뭐람.' 하는 것은 자기 이익을 탐하는 것입니다. 끝까지 부처님을 시봉하는 사람은 나쁜 이름 지으며 나 죽는다고 하지 않습니다. 재앙은 재앙이 아니고 나쁜 이름을 짓지 않으면 복으로 전환된다는 것을 압니다.

뱀에 물렸을 때 나쁜 이름을 짓지 말고 낙심하거나 실망하지 않고 끝까지 바쳐야 했습니다. 오히려 '이것은 복의 근원이다.' 생각해야 했습니다. 식당이 영업 정지 처분을 받았을 때도 그랬습니다. '나는 이제 죽었구나.' 낙심하여 마음을 회복하는 데 오랜 시간이 걸렸습니다. 선생님의 말씀과 친구의 위로도 필요했지요. 왜 바로 바치지 못하고 며칠씩 걸렸는지. 저의 뼈저린 경험입니다.

바라는 마음으로 공부하시지 말고 항상 시봉 잘하기를 발원하십시오. 설령 죽음과 같은 역경이 닥쳐도, 살려 달라 애걸하지 말고 시봉 잘하기를 발원하시면 모든 재앙은 반드시 축복으로 변합니다. 재앙에 낙심하고 좌절하여 귀중한 세월을 허비하며 금생의 좋은 기회를 놓치지 마십시오. 내가 한 것과 같은 실수를 되풀이하지 마시길 바랍니다.

처음에 뱀에 물렸을 때 확실하게 바쳤더라면 그 뒤에 온 모든 재앙은 사라졌을 것입니다. 어설프게 한참 만에 되돌아오곤 했던 불완전한 수도 생활 때문에, 그 뒤로 그것을 깨우치라고 수많은 재앙이 되풀이되며 나를 괴롭혔습니다. 초전박살, 당처즉시當處卽時라는 말처럼 처음 그 자리에서 해결하지 않는다면 금생에 되지 않습니다. 내생을 기대하는 마음 자체가 더 많은 고통을 계속해서 만듭니다.

이런 말씀을 누가 해 주실 수 있을까요?

도인의 가르침을 귀중하게 받드셔서 금생에 재앙을 소멸하여 행복한 삶을 누리시길 바랍니다.

정신적 고통의 원인과 아가 마음*

저는 고등학교 1학년 때 1주일 이상 40도의 고열에 시달리는 열병을 두어 번 정도 앓았는데, 이후로 한 생각에 빠지면 헤어나지 못하는 성향이 생겼습니다. 하고 싶지 않은 생각을 통제할 수 없어 너무나 괴로웠고, 그 괴로움은 통증으로 이어졌습니다. 부모님은 먹고 살기에 바빠 관심이 없었고, 친구에게 말해도 도움이 되지 않았습니다. 늘 외로웠고 친구 사귀기가 힘들었습니다. 정신적인 갈등과 고민으로 휴학을 하고 싶을 정도였습니다. 억지로 눌러 참으며 공부했습니다.

다행히 좋은 대학에 진학했지만 눌러 참았던 것이 다시 시작됐습니다. 가슴이 아팠습니다. 관세음보살을 하면서 가슴을 칠 정도였습니다. 생각하고 싶지 않은 것, 비도덕적인 것, 끔찍한 것이 자꾸 떠오르는 데, 통제가 되지 않았습니다. 많은 시간을 궁리만 하다 보니 몸은 점점 허약해졌습니다. 유일한 버팀목은 부처님의 가르침이었습니다. 그 후 군대에 갔는데 아주 지옥 같았습니다.

1967년에 출가하고 조금 지나니 다시 정신적 고통이 심해졌습니다. 비도덕적인 것, 생각하고 싶지 않은 것이 자꾸자꾸 떠오릅니다. 마치 마귀에 빙의된 것처럼 나쁜 생각만 올라옵니다. 바치니까 더 올라오는 것 같습니다. 겉으로는 멀쩡하니 아무도 제 속을 모릅니다.

한 1년 지나자 백 선생님께서 설명을 해 주셨습니다. 독립운동을 하려고 청나라 복색을 하고 고생했던 이야기를 해 주시면서 제 병도 해석해 주셨습니다.

제가 점잖고 대접받던 큰스님이었답니다. 사람은 늙으면서 외로워지며, 아가처럼 바라기만 하는 이기적인 노인네가 되는 경우가 많습니다.

• • • • •
* 2020년 가을 포행에서 법사님께서 말씀해주신 것입니다.

"너는 전생에 수행을 꽃피우지 못한 중이었다. 아무리 닦아도 외로움이 사라지지 않았다. 젊었을 때는 점잖고 베풀기도 잘하고 아량도 넓었는데 수행에 진전이 없이 늙고 외로워지면서 아가 마음이 되었다. 아가는 바라기만 하고 사랑받고 싶어 하며 삐지기 잘하고 성을 잘 내지. 성을 잘 내니 호흡기가 나빠진 것이다. 탐심은 위장질환을 불러오고, 치심은 머리를 나빠지게 한다."

아가처럼 철없이 부도덕하게 놀았던 것이 정신적 고통의 원인이었습니다. 남을 무시하고 지낸 결과로 아가 마음을 가지게 된 것입니다. 백 박사님께서는 마치 당신께서 청나라 천한 복장으로 청나라에 간 것과 같다고 하셨습니다.

고교 시절 시작된 정신적인 고통은 대학 1학년, 군대 갔을 때, 그렇게 3년여마다 재발했습니다. 백 선생님께서는 이 고통이 3년마다 주기적으로 반복하였지만, 앞으로 수행하면 점점 좋아져서 고통의 뿌리까지 없어지게 될 거라고 말씀해 주셨습니다.

이제 저는 아가처럼 바라고 의지하는 마음에서 벗어나 건강해졌습니다.

2017.10.14.

마음을 떼는 방법,
부처님께 일일이 여쭤본다

금강경 17분에 일체법 무아무인무중생무수자—切法 無我無人無衆生無壽子라는 표현이 있습니다. 일체법의 법은 보통 진리로 풀이하지만 그 외에도 사람, 사물, 눈에 띄는 모든 현상, 생각하는 모든 것을 의미합니다. '일체법 무아무인무중생무수자'는 사람이나 물건, 내가 상상하는 것 등 모든 것에 내가 있지 않고, 네가 있지도 않으며, 중생도 있지 않다는 뜻으로 해석할 수 있습니다.

일상에서 실행하여 우리의 삶이 행복할 수 있도록 불교의 가르침을 구체적이고 현실적으로 해석하는 것이 중요합니다.

내가 본래 없는데 내 것이 어디 있을까?

일례로 우리가 사는 집을 생각해 봅니다. 이 집은 내가 벌어서 구입한 또는 부모님이 물려준 내 소유의 집이라, 내가 수리할 수 있고 팔 수 있다고 생각합니다. 현금을 생각해 봅니다. '이 돈은 내가 월급을 받거나 사업, 노동을 해서 뼛심 들여 모은 돈입니다. 이 돈을 날렸을 때 가장 아쉬워하는 것이 '나'입니다. 그러니 이 돈은 내 돈이 틀림없습니다.' 이렇게 판단하고 내 마음대로 쓸 수 있다고 생각합니다.

집과 돈뿐 아니라 직장도 마찬가지입니다. 직장을 몇십 년 다녀서 명성과 보람을 얻었을 때 직장은 자기의 명예이자 권위이기 때문에 직장을 위해 목숨을 바칩니다. 대학교수는 교수가 된 것을 영광으로 알고 교수직을 위하여 모든 것을 바칩니다. 명예는 내가 노력해서 얻은 내 것이며, 나와 불가분의 관계라 생각합니다.

종교지도자는 신도를 자기 신도라 여깁니다. 내가 영향력을 미쳐서 내 마음대로 좌지우지할 수 있는 신도라 생각합니다. 그 외에도 많지요. 내 마누라, 내 자식이라 하며 나와 불가분의 관계라고 생각합니다.

하지만 '본래 내가 없는데 내 것이 어디 있을까?' 이것이 무아상의 개념이며 일체법 무아무인무중생무수자의 해석입니다.

내 집, 내 돈, 내 명예, 내 신도, 내 처자식이 아니라면 과연 무엇일까?

도인은 돈, 집, 명예, 처자식이 있어도 내 것이라 하지 않습니다. 도인은 형상이 없는 부처님의 집, 부처님께서 주시는 집이라 이야기합니다. 지혜로운 이는 이 돈은 내 돈이 아니고 인연이 있어서 내게 왔다가 인연이 다하면 나갈 수 있는 돈이라고 생각합니다. 금강경 가르침으로는 형상이 없는 부처님의 돈이라는 것이지요. 명예도 그렇습니다.

지혜로운 이가 보면 내 돈, 내 집, 내 명예, 내 처자식이 아닌 것을 사람들은 내 집이라 하며 불이라도 나면 애통해하고 괴로워합니다. 내 돈이라 하며 돈이 많을 때는 좋아하고, 날아갈 때는 실망합니다. 내 것으로 생각하여 재앙을 불러오고 자신을 무능력하고 무지하게 만듭니다.

참주인은 부처님이며, 잠시 내게 맡겨 놓은 것이다

'어떻게 하란 말인가? 내 집이 아닌 것도 아니지 않은가?' 이런 의문을 가질지도 모릅니다. 백 선생님께서는 이렇게 생각하실 것입니다.

'이 집은 형상이 없는 부처님께서 잠시 내게 맡겨 놓은 집이다. 부처님께서 언제든지 회수할 수 있으며, 내 마음대로 개조하거나 팔 수 없다. 내가 개조하려면 주인이신 부처님께 여쭤봐야 하며, 팔려면 더더구나 여쭤보고 팔아야 한다.'

밝은이는 이처럼 모든 것에서 나를 뗍니다. 나를 떼는 방법은 이 모든 것을 부처님 것으로 생각하는 게 가장 좋습니다.

돈도 마찬가지입니다. 내 돈이 아니니 자식을 주든, 유흥비로 쓰든, 보시를 하든 내 마음대로 할 수 없습니다. 내 돈이 아니고 부처님의 돈입니다. 부처님께서 잠시 맡겨 놓으신 돈입니다. 언제든지 부처님이 회수할 수 있습니다. 따라서 단돈 천 원이라도 반드시 부처님께 여쭤보고 돈을 써야 합니다.

사랑하는 처자식을 내 처, 내 자식이라 하지 않습니다. 지혜로운

이는 부처님께서 내게 보내주신 인연이라 합니다. 내 처가 나를 도
와주면 부처님께서 저 사람을 보내주시고 나를 돕게 해 주셔서 은
혜가 무엇인지 일깨워 주셨다고 합니다. 내 처가 사납고 나를 괴롭
히고 재산을 날리고 목숨을 빼앗을 정도로 잔인하게 행동할지라도,
부처님께서 내 진심을 닦으라고 보내주신 감사의 인연이라 합니다.
그리고 내 자식도 부처님이 보내주신 인연이라 생각합니다. 이것이
바로 '일체법 무아무인무중생무수자'의 참 뜻을 따르는 것입니다.

마음을 떼는 방법,
주인이신 부처님께 일일이 여쭤본다

내 집이 아닌 부처님의 집에 나는 잠시 머물러 사는 사람이며, 참
주인은 부처님이십니다. 내 마음대로 팔기 때문에 재앙을 동반하고,
또 팔리지도 않는 것입니다.

올바른 불자는 어떻게 생각하고 행동해야 할까요?

"부처님, 이 집을 팔고 싶은데 부처님께서 진실한 답을 알려주십
시오."

주인이신 부처님께 진심으로 여쭤볼 때 대답하십니다. 일체법 무
아무인무중생무수자를 실천하는 것입니다. 어떤 방법으로 팔아야
할지도 여쭤봅니다. 그것도 알려주십니다. 부처님은 전지전능한 주
인이시고 나는 관리자이기 때문에 내 생각을 끼워서도 아니 되고,
내 주장을 하지 않습니다. 오로지 부처님의 뜻을 따를 뿐입니다.

돈도 마찬가지입니다. 내 마음대로 쓰고 보시하고 유흥비로 쓰고
자식에게 주면, 재앙과 무능이 뒤따릅니다.

왜 무능해지는가? 마음을 붙여 놓았기 때문입니다.

모든 것의 주인은 부처님입니다. 내가 마음대로 할 수 없습니다. 큰 부자가 기독교인이라면 자신은 하나님께서 맡기신 돈을 관리하는 사람, 청지기라고 생각합니다. 불자佛子들은 대부분 자기 돈이라 생각하고 자기 마음대로 쓸 수 있다고 생각합니다. 이런 점에서 금강경을 실천하는 우리 불자들은 기독교인의 청지기 정신을 당연히 따라야 합니다.

돈, 집, 처자식, 명예 등 모든 것을 부처님 것이라 할 때 마음을 뗄 수 있으며, 재앙이 소멸하고 나의 능력은 무한해집니다. 내가 부처와 둘이 아니고, 내가 곧 부처님이기 때문에 부동산을 팔 수 있습니다. 마음을 붙일 때 깜깜해집니다. 내 집, 명예, 처자식에서 마음을 떼면 지혜로워집니다.

불자들은 내 집이라 인정해 놓은 상태에서 그 집이 더 좋은 집이 되기를 빌면서 더더욱 바랍니다. 내게 10억이 있는데 20억이 있으면 더 잘살 것이라고 믿으며 그것을 얻기 위해서 부처님께 매달리고 있습니다. 이것은 불교를 아주 잘못 믿는 것입니다. 적어도 금강경 가르침을 믿고 실천할 때는 집, 돈, 명예, 신도, 처자, 그 모든 것에서 마음을 떼어야 합니다. 모든 것의 주인은 부처님이라고 생각하고 일일이 여쭈어 보아야 합니다.

"부처님, 어떻게 하면 좋겠습니까?"

이렇게 자꾸 바치다 보면 전지전능한 부처님께서 지혜를 주시고 능력을 주십니다. 오로지 부처님께 맡기고 여쭤보고 실천하기만 하면 됩니다. 내가 할 것은 아무것도 없습니다. 노력할 필요가 없어요. 그저 주인이신 부처님께 맡기고 시키시는 대로 합니다.

단, 주인이신 부처님은 형상이 없는 '참나'의 모습입니다. 이것이 기독교와는 다릅니다. 이렇게 생각할 때 불교를, 금강경의 무아무인 무중생무수자를 제대로 실천하는 것입니다.

이를 실천한다고 해도 내 집이 어디로 가는 것이 아닙니다. 오히려 당장 행복해지고 마음대로 주위를 좌지우지하게 되며 지혜로워집니다. 제대로 부처님을 믿어서 부처님 세계에 들어갈 수 있습니다.

2017.10.21.

아상을 소멸하는
선지식의 가르침

예전에 백 선생님을 찾아뵈려는 사람들이 많았는데, 대부분 소원을 이루기 위해서, 각종 근심, 걱정 등 재앙 때문에 불안한 마음을 소멸하려고, 드물게는 마음을 닦아서 밝아지는 데 관심이 있어서 옵니다.

이런 분들에게 하시는 공통적인 법문이 있습니다.

"그 뜻을 이루려면, 그 재앙을 소멸하려면, 아침저녁으로 금강경을 읽고 올라오는 모든 생각을 부처님께 바쳐라."

저는 이 말씀 하나만 잘 실천해도 각종 재앙이 소멸하는 것은 물론 소원도 성취할 것으로 생각합니다. 부처님 시봉을 잘해서 밝아지기를 원하는 사람도 금강경을 잘 읽고 올라오는 생각을 바치기만 해도 그 뜻을 이룰 수 있다고 생각합니다.

형상이 없이 바치기만 할 뿐,
바치는 것은 정형이 없다

금강경을 읽는 방식은 사람마다 각각 다르고, 바치는 것도 어떻게 하는 것이 잘 바치는 것인지 잘 모릅니다. 금강경 읽고 바치는 것을 도인의 뜻대로 제대로 실천하지 못하기 때문에 재앙 소멸과 소원 성취에 실패하고, 밝아지는 데에는 더더욱 실패하는 사람들이 많습니다.

"잘 안 바쳐지는데 어떻게 하는 것이 잘 바치는 것입니까?"

"잘 안 바쳐지면 그 생각에 대고 미륵존여래불 해라.*"

대개 바치는 것보다는 미륵존여래불로 돌아서는 수가 많습니다. 특히 미운 사람에 대해서는 미운 얼굴에 대고 '미륵존여래불' 하라고 하십니다. 본래 미운 마음에 대고 미륵존여래불 하는 것이 원칙이지만, 그 마음이 잘 보이지 않기 때문에 밉고 고약한 얼굴에 대고 미륵존여래불 하라고 가르치십니다. 찡그린 얼굴에 대고 미륵존여래불 하다 보면 찡그린 인상이 밝게 펴지면서 마음속 근심 걱정이 사라집니다.

그런데 금강경 읽고 부처님께 바쳐도, 미륵존여래불 해도 잘 안 된다고 주장하는 사람들이 많습니다. 여러 가지 이유가 있지요. 순수하게 부처님을 공경하는 마음이 아니라 선입견과 바라는 마음, '과연 될까' 하는 의심하는 마음 또는 타성적으로 할 때 바치는 효과는 상당히 떨어집니다. 그렇게 하지 말라고 해도 잘 안 듣습니다.

• • • • •
* 백 선생님께서 말씀하시는 "미륵존여래불 해라."는 가부좌나 장궤 자세로 미륵존여래불을 소리 내어 정진하는 것을 의미합니다. 서가모니불, 금강반야바라밀경, 사구게를 하라고도 하십니다.

그럴 때는 느닷없이 미륵존여래불 하지 말고 '서가모니불' 하라고 가르쳐 주십니다(염불할 때는 서가모니불이라 발음합니다). '아! 서가모니불이 미륵존여래불보다 더 신통력이 좋으니까 하라고 하시는구나!' 우리는 그렇게 생각했습니다. 나중에 알고 보니 타성적으로 미륵존여래불 하는 공부에서 벗어나게 하기 위해서 서가모니불 하라고 하셨던 것입니다.

서가모니불을 한 달 정도 하면 미륵존여래불로 되돌아가라 하십니다. 서가모니불에도 타성이 생겨 그림을 그리기 쉽기 때문입니다. 미륵존여래불 하다 보면 어느덧 우리를 도와주는 위대하신 부처님, 미래에 오는 부처님이라며 사람의 모습을 그립니다. 그러나 부처님은 본래 형상이 없으시며 사람이 아닙니다. 그런 마음으로 미륵존여래불 하면 재앙 소멸이나 소원 성취의 효과가 사라집니다. 형상이 없이 순수하게 미륵존여래불 해야 합니다.

그런 사람을 위해서 '금강반야바라밀경'을 하라고 말씀하십니다.

"미운 사람이나 바라는 소원에 대고 금강반야바라밀경 해라."

상황에 따라서 용심에 따라서 법문은 수시로 바뀝니다. 수기설법입니다. 하나를 고집하지 않으십니다.

어느 때는 "사구게四句偈를 해라." 하십니다. 올라오는 모든 생각에 대해 '범소유상 개시허망 약견제상 비상 즉견여래凡所有相 皆是虛妄 若見諸相 非相 卽見如來' 금강경 5분의 사구게를 한 달간 시키기도 하십니다.

바치는 데는 일정한 형식이 없습니다. 이것을 꼭 아셔야 합니다. 어떤 선입견도 없이 바치면 100% 모든 재앙을 소멸하고 소원을 이룰 수 있을 뿐 아니라 밝아지는 일, 사회적인 일을 모두 자기 뜻대로 할 수 있다는 것이 가르침의 참뜻입니다.

여러 가지를 다 해도 안 된다는 사람에게는 계율을 적용하시기도 합니다. 스님들은 계율을 처음부터 지키고 수행을 합니다. 그러나 선생님께서 우리에게 처음부터 계율을 지키라고 하시지 않았고, 계율도 바치라고 하셨습니다.

규칙적으로 몸을 움직여 일하라

생각을 바치고, 금강경을 읽고, 미륵존여래불, 석가모니불, 사구게 등 여러 가지를 다해 봐도 안 된다는 사람에게는 일하라고 하십니다. 모든 방법은 아상 소멸이 핵심원리입니다.

우리 몸은 항상 게으릅니다. 먹고 꼼짝하지 않고 잠자기를 좋아합니다. 잠자는 것을 어느 것보다 더 큰 파계라고 생각하신 것 같습니다. 잠에서 벗어나는 길은 많이 움직이는 것입니다.

"규칙적으로 몸을 움직여 일하세요."

이것이 백 선생님의 가르침입니다.

금강경을 아무리 읽어도, 7독을 하고 자시 가행정진을 해도 마음이 계속 출렁거리는 수가 있습니다. 그럴 때는 일을 해보십시오. 몸을 규칙적으로 움직이세요. 요새는 땀을 흘리는 것이 더 좋다고도 하는데, 저는 땀을 흘리라고 주장하지는 않습니다. 생산적인 일을 어떻게 지혜롭게 처리하는지를 염두에 두고, 몸을 규칙적으로 움직여 일하는 것을 백 선생님께서는 권하셨습니다. 확실히 일하고 나면 금강경 독송을 했을 때 못지않은 청량한 기분이 있습니다.

소식과 출가

일을 해도 안 되는 경우가 있습니다. 왜냐하면 몸뚱이 착, 아상, 죄업이라는 것이 요리조리 피하기 때문입니다. 바치는 처방, 미륵존 여래불, 범소유상 개시허망 사구게뿐 아니라 일하는 처방까지도 피합니다. 그럴 때는 소식小食을 해야 합니다.

잘 자고 잘 먹으면서 수행이 잘 되었다는 것을 보지 못했습니다. 가능하면 하루 한 끼를 드세요. 두 끼면 충분한데, 두 끼에 간식은 포함되지 않으니 두 끼를 잘 먹고 일을 열심히 하면 됩니다. 두 끼 먹고도 아니 되면 한 끼를 드셨으면 합니다. 『절제의 성공학』이란 책이 200년간 일본에서 스테디셀러입니다. 이 책에서는 아침저녁 하루 두 끼를 흰 죽으로 백일 간 먹으면 모든 병이 사라지고 죽을 때에도 편안하게 죽는다고 합니다. 핵심 건강요법은 소식입니다.

소식해도 안 되는 수가 있어요.

마지막으로 출가를 권합니다.

부부, 형제 등 업보와 같이 있는 한, 아상은 업보에 착 붙어 떨어지지 않습니다. 온갖 방법을 다 써도 아상이 소멸하지 않습니다. 집을 떠나 혼자 가는 것이 좋습니다. 가능하면 법당이 좋습니다. 선지식께서 계시는 곳이면 더 좋습니다. 저는 이래도 저래도 안 되는 사람에게 며칠 출가를 권했고, 템플스테이 등으로 마음을 안정시킨 경험이 있습니다. 우리 법당에서 하는 주말 출가의 원리이기도 합니다.

정리

　지금까지 말씀드린 방법의 핵심원리는 아상 소멸입니다. 금강경을 읽고 바치는 것은 부처님 향하는 일입니다. 몸뚱이 착으로 향하고 속세의 부귀영화로 향하는 내 마음을 부처님 마음으로 바꾸어 아상을 소멸하는 것입니다. 미륵존여래불, 석가모니불 모두 다 마찬가지입니다.

　도인의 가르침은 일정한 형식이 있지 않습니다. 어느 것 하나만 하라고 하지 않습니다. 하나만 하라고 하면 습관에 물들기 때문입니다. 아무리 좋은 법도 습관이 되면 수행이 되지 못합니다. 선지식의 역할은 습관화되는 것을 막고, 요리조리 피해 다니는 아상의 퇴로를 차단해서 아상을 죽이도록 지도하는 것입니다. 혼자서 공부하는 것은 굉장히 위험하니 반드시 선지식의 가르침을 받아야 합니다.

　오늘 드린 말씀을 참고하신다면 공부하는 데 매우 도움이 되고 빠른 시일 내에 뜻한 바를 다 이루실 것으로 믿습니다.

2017.10.28.

선지식 없이
혼자 공부하는 것은 불가능하다

선지식 없이 혼자 공부하는 것은 거의 불가능하다는 제 체험을 말씀드립니다.

승려가 되는 절차가 어떤지는 잘 모릅니다만, 출가하려고 절을 찾아가 승려가 되겠다고 해도 대뜸 받아주지는 않는 것 같습니다. 승려가 되려면 수십 가지 서류가 필요하다고 합니다. 취업과 비슷하게 많은 서류를 내고 통과하면 절에서 면접을 합니다. "정말 승려가 될 자신이 있느냐?", 여자라면 "시집이나 가서 잘 살지 무엇 때문에 공부하려고 하느냐?"와 같은 질문을 합니다. 이처럼 반갑게 환영하기보다는 대단한 결심 없이는 도저히 승려 생활을 할 수 없으며 비상한 용기와 신심이 필요하다고 강조한다고 합니다. 말하자면 겁을 주는 겁니다. 이렇게 겁을 주고 나서 어떠한 난관도 극복하고 승려가 되겠다는 다짐을 받고 비로소 출가하게 됩니다. 무조건 환영하며 어서 오라고 하지는 않습니다.

세상의 부귀영화를 다 끊고 오로지 부처님을 향한 믿음으로 아상과 본능을 죽이는 길, 출가의 길을 나섰으니 승려들이란 대단한 분이라고 생각하게 됩니다. 아마 승려들은 세상 사람들이 존경할 만한 큰마음으로 출가했을 것입니다.

수도할 때는 대부분 자발적으로 하는 것이 특징입니다. 군대는 영장에 의해 반강제적으로 징집되어 하기 싫은 훈련을 억지로 받으니까 꾀를 부리거나 피해 보려 합니다. 하지만 승려는 자발적으로 출가를 하니 대부분 의존적이 아니라 자발적으로 공부를 합니다. 그래서 선생이 하나하나 가르쳐 주기보다도 찾아와서 물을 때까지 기다린 후 알려줍니다. 만일 승려가 된 것을 환영하는 마음이라면 선생이 먼저 가서 일일이 알려줄 것입니다. 저는 승려 생활은 자발성을 요구한다고 생각했습니다.

선지식과 선배

저도 백 선생님 문중에 출가했을 때 승려와 같이 결심하고 출가했습니다. 순조롭게 잘될 줄 알았는데 집안에서 상당히 강하게 반대하였기 때문입니다. 이미 공부하는 방법은 잘 알고 있었습니다. 출가하기 1년 전부터 꾸준히 다녔기 때문입니다.

처음 출가해서 소젖 짜는 목장일, 아주 지저분한 쇠똥 치우는 일, 농사일 등을 했습니다. 스스로 밥도 지어 본 적이 없었는데 고된 일에 더해 자급자족해서 공양도 해야 했어요. 모든 것이 처음이고 생소했습니다. 목장일은 특히 힘들었지만, 출가할 때 이미 굳게 결심했기 때문에 그런대로 잘 소화하고 있다고 생각했습니다. 그리고 깨친 것이 있을 때는 여쭤보지만, 어려운 선생님을 자주 찾아갈 필요도 그리 느끼지 못했습니다.

'난 이제 공부하는 방법을 안다. 아침저녁으로 금강경 한 번만 읽으면 되고, 무슨 생각이든지 부처님께 바치면 된다. 그리고 가벼운 것은 선배들에게 물어서 하겠다.'

이런 원칙을 세우니 처음에는 보름이 지나도 선생님을 뵈러 갈 필요를 느끼지 않았습니다. 깨친 것도 없고, 물어볼 것은 선배한테 물어보면 되고, 게다가 선생님을 뵙는다는 게 좀 죄송스러운 것 같았습니다. 선생님께서 제게 법당에 매일 들어오라고 하지 않으셨다면 한 달이고 두 달이고 들어가지 않았을 것 같습니다.

출가하고 보름이 지난 어느 날, 거처에서 한 50미터 떨어져 있는 제가 일하는 곳까지 선생님께서 굳이 올라오셔서 법당에 매일 들어오라고 하셨습니다. 퍽 의아했습니다.

'들어오기 전에 이미 다 말씀드려 뭐 새롭게 드릴 말씀도 없고, 궁금한 것은 선배한테 물어보면 되는데 무엇 때문에 들어오라고 하시는 걸까?'

그래도 들어오라고 하시니까 들어갔습니다. 그 후 4년을 매일 들어갔습니다. 지나고 생각하니 꼭 필요한 일이었습니다. 도인의 법식法式이 무엇인가를 배웠고, 깨치는 과정이 어떤지를 배웠고, 공부가 왜 필요한지도 배웠습니다.

그런 것은 먼저 온 선배를 통해서도 들을 수 있을 것으로 생각하기 쉽습니다. 처음에는 선생님을 100이라 한다면 나는 10, 선배는 한 70 정도로 생각했습니다. 선생님께 여쭙지 못한다면 70 정도인 선배에게 물어볼 수 있을 것으로 여겼지요. 하지만 완전히 오산이었습니다. 선생님이 100이고 내가 10이라면 선배는 12밖에 안 됐습니다. 10도 아닌 9일 수도 있습니다.

예를 들면 제가 묻습니다.

"누가 미우면 어떻게 합니까?"

"거기에 대고 미륵존여래불 정진을 하시죠."라고 선배가 답합니다.

그런데 선생님은 그렇게 하시지 않고 먼저 물어보십니다.

"미운 게 누구 마음이냐?"

"제 마음입니다." 이렇게 대답하게끔 유도하십니다.

먼저 내 마음이라는 것을 일단 일깨워 줍니다.

일방적으로 설득하고 가르치고 지시하지 않습니다. 스스로 머리를 짜내서 대답하게끔 유도하는 스타일의 법문을 하십니다. 대답하면 다시 물어보십니다.

"그러면 그 마음을 가지고 있어야 하겠느냐, 바쳐야 하겠느냐?"

"바쳐야 합니다." 이렇게 대답하게 하십니다.

반면에 선배는 미워하는 마음이 제 마음이라는 것을 알기야 하지만, 우리가 물었을 때 제 마음이라는 것을 구체적으로 이야기하지 못합니다.

"내 마음이니까 바치는데, 안 바치면 또 어떻소? 안 바치고도 잘 삽디다."

만일 선배한테 이렇게 묻는다면 대답을 잘 못합니다.

하지만 선생님께서는 명쾌하게 말씀하십니다.

"누구를 미워하면, 그 마음은 그 사람 것이 아니라 내 것인데, 미워하는 마음을 가지고 있으면 반드시 재앙이 된다. 그러니 이것은 꼭 바쳐야 한다."

선배에게 묻는 것과 선생님께 묻는 것은 비슷한 것 같아도 상당한 차이가 있습니다.

친한 도반과의 대화는
궁리의 연습, 공부의 역행

'선배와 같이 있으면' 이 뜻은 '가족과 같이 있으면'이라는 뜻과 마찬가지입니다. 예를 들면, 선배는 선생님이 고맙고 은혜가 태산 같아 선생님을 생각하면 눈물이 난다며 은혜를 갚기 위해 다른 사람이 다 잘 때도 혼자 정진합니다. 도저히 못 따라가겠어요. '저 선배는 참으로 훌륭하다! 어떻게 선생님을 저렇게 존경할 수 있지? 우리는 틈만 나면 달아나려고 하는데.' 그를 마치 공부하는 이의 모델처럼 생각하며 나도 따라 밤늦게까지 공부합니다. 그 선배의 행동을 어느덧 닮게 됩니다. 이것이 굉장히 잘못이라는 것을 뒤늦게 알게 되었습니다.

선생님께 여쭤 보았습니다.

"그 사람은 지어온 업業이 그래서 그렇게 하는 거고, 네가 그것을 따를 이유가 없다. 너는 네 생각을 바칠 뿐이다."

특히 법당에서는 친한 것을 철저히 금합니다. 친한 사람과의 대화는 궁리의 연습이고 공부를 역행하는 것입니다. 반대로 친구들, 도반들과의 사이가 나쁜 것이 오히려 공부하는 데는 더 좋다고 합니다. 다른 사람이 나를 괴롭힐 때 안 바칠 수가 없기 때문입니다.

잘 바치면 어떻게 될까요?

'아, 저이는 내 속에 무서운 진심이 있다는 것을 일깨워 주는 고마운 천사로구나.' 하고 드디어 깨닫게 됩니다.

그런데 친하면 어떻게 될까요?

친한 사람끼리 누구 흉을 보게 됩니다. 자기와 수틀린 사람을 친한 이에게 비판하게 됩니다. 다른 사람을 비판하지 않으면 정치인을 비판합니다.

어쩌다 무심코 선배가 "우리 어머니가 참 불쌍하다. 나는 우리 어머니를 위해서 모든 것을 다 했다." 이런 이야기를 하면 굉장히 효자처럼 보입니다. '아, 나도 따라야겠다. 공자님도 효도를 강조하셨다는데 선배도 그런가 보다.' 그런데 나중에 선생님께 들어보니, 효도가 아니라 업보입니다.

즉, 내가 10이라면 선배는 11밖에 안 되거나, 때에 따라서 수준이 상당히 떨어집니다. 금생에는 선배이지만 전생에는 후학이었을 수 있습니다. 그래서 선생님은 도반을 따라 하는 것이 굉장히 위험하다고 하셨습니다.

우리 판단은 선입견이 들씌운, 전생의 업보가 작용하는 착각 현상

또 한 가지, 선생님은 왜 나를 매일 들어오라고 하셨을까요?

'무엇 때문에 이런 사소한 것까지 선생님께 여쭈어보나? 선배들과 같이 의논해서 하면 될 것 같은데……. 상식은 다 통하는 것 아닐까?'

그런데 상식이 통하는 게 아니라는 겁니다.

예를 들어, 휴대폰을 봅니다.

"너는 휴대폰을 제대로 본다고 생각하느냐?"

세상 논리로 보면 정확히 보고 있습니다. 그런데 우리가 공부하는 논리로는 이것을 정확히 보고 있지 않습니다.

"너는 눈앞에 휴대폰이 있어도 휴대폰을 못 본다."

이런 이야기는 선배가 해 줄 수 없고 선생님만이 해 주실 수 있습니다.

우리가 보는 것은 우리의 선입견이나 경험 등 무언가가 붙은 휴대폰입니다. 휴대폰에 붙은 내 마음을 보는 것이지, 이 휴대폰을 보는 게 아닙니다. 그러면 어떻게 해야 휴대폰을 제대로 볼 수 있을까? 휴대폰에 붙은 내 마음을 일단 바쳐야 휴대폰의 정체가 보입니다. 즉 이 휴대폰의 정체는 선입견이나 아상을 없앤 사람이 아니면 볼 수가 없다는 이야기입니다.

'저 사람이 나를 진심으로 사랑한다', '저기 휴대폰이 있다.'와 같은 우리의 수많은 판단들은 선입견이 들씌운, 또는 전생의 업보가 작용하는 착각적 현상입니다. 이 착각적 현상을 해소하는 게 공부입니다. 그 해소는 선배가 해 줄 수 없습니다. 선배도 비슷한 업을 지녔기에 같이 맞장구를 치고 공감하기 때문입니다.

객관적으로 이야기할 수 있는 사람은 선지식뿐이다

누가 일깨워 줄 수 있을까요?

절대로 선배는 알려주지 못합니다. 교과서에 나오는 원칙으로는 못합니다. 어떤 사람이 어느 때에 어떤 용심이나 선입견을 품고 재앙에 빠질 짓을 해도, 상식적인 사람은 거기에 대한 처방을 내릴 수 없습니다. 거기서 떨어져 있는 사람만이 제대로 실체를 보고 이야기 해 줄 수 있습니다.

저는 4년 동안 법당에 매일 들어가면서 누구에게도 의지해서는 아니 되겠다는 것을 철저히 느꼈습니다. 소위 선배, 친한 사람, 가족, 친구를 불문하고 모두가 자기 선입견에 젖은 자기 이야기만 합니다. 나쁘게 말하면 자기 제자로 만들려고 하는 것이나 마찬가지입니다. 친하면 좋아하고, 친하지 않으면 싫어합니다. 가족도 예외가 없습니다.

듣는 사람 입장에서 객관적으로 이야기할 수 있는 사람은 오직 선지식밖에 없습니다. 선지식을 만나서 제대로 이야기를 들어야만 재앙을 소멸하고 소원을 성취할 수 있습니다. 어설픈 선배나 친한 가족의 말은 얼른 바쳐야 합니다.

특히 법당에 왔을 때 친하게 대하는 사람은 미운 사람보다 외려 더 경계해야 할 대상입니다. 그렇다고 도반을 멀리하고 다른 친구를 사귀라는 것은 더더욱 아닙니다. 모든 것을 다 바쳐야 합니다.

선지식의 쓴 소리는 깨칠 거리, 도반의 달콤한 소리는 헛소리

다른 예도 있습니다. 제가 4년을 소사에 있다 나오니 취직이 안됐습니다. 그때 백 선생님께서 저에게 내리신 몹시 어려운 처방이 있었습니다. 전공과 맞는 회사에 가서 나를 견습공으로 써 달라고 부탁하라는 것입니다. 저에게는 이게 굉장히 어려웠습니다. 공고 출신도 아니고 초등학교만 나온 사람이 할 만한 일을, 자존심 강한 내가 견습공을 하다니…. 그런데 백 선생님은 저한테 그걸 시키셨습니다. 그전 같으면 안 했을 테지만, 4년 동안 수도도 했으니 모든 자존심을 내려놓고 견습공을 하겠다고 했습니다. 두 번을 거절당하니 몹시 힘이 들었어요.

선생님께 가면 다시 견습공으로 가라고 하실 것 같았습니다. 그래서 공부 잘하는 선배에게 갔습니다. 선배는 "야, 선생님은 네 사정을 몰라서 그러시는 거지. 네가 어떻게 견습공을 하니? 그러지 말고 내가 좋은 곳에 소개해 줄게. 포스코에 취직해." 이렇게 이야기를 해 주었습니다. 그 소리가 얼마나 달콤하게 들렸던지 모릅니다. 하지만 달콤하게 들리는 말을 따라가는 게 공부가 아닙니다.

뒤늦게 보니 선지식의 쓴 소리는 깨칠 거리였고, 도반들의 달콤한 말은 헛소리였습니다. 온통 헛소리로만 가득한 세상에서 살고 있다는 것을 알았고, 매일 긴장된 상태에서 선생님 말씀을 경청해야 한다는 것을 새롭게 깨달았습니다. 그럴 때 빛나는 지혜가 생깁니다.

발원과 출가의 의의

선지식이 없이 혼자 공부할 수 있겠습니까?

저는 절대 안 된다고 믿습니다. 우리는 세세생생 선지식 모시고 부처님 시봉 잘하길 발원해야 합니다. 그래야 어느 생엔가 선지식을 만나 공부할 수 있습니다.

이상적으로 공부하려면 출가하는 것이 좋습니다. 물론 스님들처럼 평생 출가하라는 말은 아닙니다. 단기 출가가 꼭 필요합니다. 식생활을 개선할 수 있게 하고 생활의 패턴을 바꾸기 때문입니다. 소사에서 4년 지낸 것이 저를 건강하게 만들었고, 적게 먹고 적게 자면 머리가 맑아지고 환희심이 난다는 것도 알게 하였습니다. 이것이 출가의 보람입니다. 집에서 왔다 갔다 하면 어렵습니다.

금생에 안 된다면 내생에라도 선지식을 만나 출가해서 몸을 건강하게 하고, 도인의 법식을 배워서 제대로 밝아져야 합니다. 지금 여기가 가장 이상적인 곳은 아니에요. 그러니 여기서 섣부르게 남을 꾸짖거나, 패거리를 만들거나, 남과 비교하거나, 아상 연습을 한다면 이곳에서 배운 보람이 조금도 없다는 것을 꼭 아시기를 바랍니다.

가장 유념해야 할 것은 범소유상 개시허망凡所有相 皆是虛妄입니다.

내 생각은 다 틀렸습니다. 그런데 내 생각이 틀리지 않은 줄 알았고, 상식도 옳은 줄 알았습니다. 휴대폰도 제대로 못 보면서 진짜 휴대폰이라고 우긴다면 틀릴 수밖에 없는 겁니다. 알면 알수록 나는 착오와 엉터리의 집합체입니다. 그것을 아는 것이 바로 공부입니다.

오늘 세세생생 선지식 모시고 공부 잘하기를 발원하는 것에 대해 다시 말씀드렸습니다.

2017.11.04.

바치는 것은 재앙이 뒤따르지 않는
영원한 소원 성취법

백 선생님을 찾아뵙고 삼배를 올리면, 보통 스님과는 다르게 늘 발원을 해 주십니다.

"이 사람이 무시겁 업보 업장을 해탈 탈겁해서 부처님 전에 환희심 내서 복 많이 짓기를 발원."

처음에는 이런 원을 세우셨는데, 제가 출가하고 삼 년 정도 지난 후에는 말씀이 바뀌었습니다.

"이 사람이 모든 재앙은 소멸하고 소원은 성취해서 부처님 전에 복 많이 짓기를 발원."

'부처님 전에 복 많이 짓기를 발원' 또는 '부처님 시봉 잘하기를 발원' 이 부분은 같았는데, 나중에는 재앙 소멸과 소원 성취를 더 강조하신 면이 좀 다릅니다.

"부처님께 환희심 내는 것도 중요하지만 먼저 재앙이 없어야겠다."

재앙 소멸을 강조하시기도 했습니다.

우리는 아침마다 법회 들어가서 그런 발원을 들을 때마다, 우리 공부의 목적은 밝아지는 것이지만, 재앙을 소멸하고 소원을 성취하는 것도 일부 있다고 생각했습니다.

백 박사님의 가르침을 받은 상당수의 제자도 우리가 하는 공부의 목적은 마음을 닦아 밝아지는 것이라기보다는 재앙을 소멸하고 소원을 성취하는 것, 그리고 시간이 남으면 부처님께 복을 많이 짓고 시봉하는 것으로 생각합니다. 그래서 재앙 소멸, 소원 성취를 위해서 전력투구하고 있습니다. 재앙을 소멸하고 소원을 성취한 뒤에, 시간이 남으면 다른 사람들은 잘 먹고 잘살기를 바라지만 우리는 그때 부처님을 시봉하는 것이라고 생각하는 경향이 있습니다.

하지만 과연 제자들 생각처럼 백 선생님의 발원이 재앙을 소멸하고 소원을 성취하고서 여유가 되면 시봉을 잘하라는 뜻이었을까요?

오늘은 그에 대해 검토하고자 합니다. 이 내용을 아는 것은 공부의 올바른 방향을 결정하는 일이고, 우리의 갈 길을 정하는 일이고, 우리의 운명을 결정적으로 바꾸는 일입니다.

상당수에 이르는 백 박사님의 제자도 가르침의 초점이 기복 불교에 있다고 보는 경향이 많습니다. '백 박사님도 재앙 소멸을 강조하셨듯이 재앙을 소멸하지 않고 어떻게 밝아지는 길을 갈 수 있겠는가? 소원 성취를 해서 마음의 한을 풀어야 밝아지는 길을 가지, 마음의 한을 풀지 않고 어떻게 밝아지는 길을 가겠는가?' 이렇게 재앙 소멸, 소원 성취에 우리 공부의 초점을 맞추는 게 사실입니다.

백 박사님 제자들도 그럴진대 절의 큰스님, 주지 스님, 대중 포교를 하시는 스님들은 대부분 다 재앙 소멸과 소원 성취를 강조하고 계십니다. 그렇지 않고서는 신도들이 모여들지 않기 때문이라고 봅니다. 재앙 소멸과 소원 성취에 관한 책들도 많이 나옵니다. 반면에 마음 닦아서 밝아지는 책은 나와도 잘 안 팔리는 것 같습니다.

재앙 소멸과 소원 성취

재앙 소멸, 소원 성취에 대해 불교계 베스트셀러 책을 쓰신 큰스님이 있습니다. 성철 스님도 존경했던, 해인사 지족암에 계셨던 ○○ 스님입니다. 성철 스님께서는 내생에는 ○○ 스님의 제자가 되겠다고 입버릇처럼 얘기할 정도로 그분을 존경했습니다. 물론 연세는 성철 스님보다 상당히 아래입니다마는, 철저히 계율을 지키는 스님으로 큰스님들의 존경을 듬뿍 받았던 분입니다. 스님은 70세에 세상을 떠났는데, 주위 사람들은 손가락을 연비燃臂하실 정도로 철저히 극기하셨고 그 때문에 건강이 상해서 일찍 세상을 떠나셨다고들 했습니다. 그 정도로 계율을 철저히 잘 지키셨습니다.

그 스님은 간화선 수행보다도 생활 속의 불교로, 많은 사람이 재앙은 소멸하고 소원은 성취하게 하여 포교하는 데 크게 기여하셨습니다. 1990년대에 그 스님이 출간하신 『생활 속의 기도법』이란 책은 불교계를 강타했고 베스트셀러 1위를 놓쳐 본 적이 없습니다.

최근에 그 책을 봤습니다. 간단히 내용을 소개하겠습니다. 완전히 반신불수가 되어 누워서 일어나지 못하는 사람이 있었습니다. 그 사람은 불교를 믿지 않았는데 가족들은 불교를 믿었다고 합니다. 이 약 저 약을 다 써도, 이 병원 저 병원 다 다녀도 앉을 수조차 없었습니다. 대소변도 받아낼 정도로 비참한 생활을 하고 있었는데 가족들이 마지막으로 권했습니다. "관세음보살 해봐라." 그래도 이리 피하고 저리 피하면서 안 하다가, 안 할 수 없는 상황에 이르러서야 마지못해 관세음보살을 일심으로 합니다. 그 책에서 스님은 "기도를 하되 간절하게 해라. 잡념이 들어갈 수 없을 정도(착득심두 절막망着得心頭切莫忘)로 관세음보살, 관세음보살……을 숨 쉴 사이 없이, 잡념이 들어갈 틈도 없이, 일념으로 해라."라고 합니다. 이것이 그 기도법의 특징 중 하나입니다. 반신불수가 되어 완전히 누워 있던 사람이 궁지에 몰려서 관세음보살을 하게 되니까 기적적으로 일어나 걸었다고 합니다. 기도로 재앙을 소멸케 했다는 위대한 실례입니다.

그 책에는 또 다른 사례가 있습니다. 대중 선방으로 알려져 있는 해인사 원당암은 종정을 지낸 혜암 스님이란 큰스님이 계신 곳입니다. 원당암에는 사법고시 공부하는 사람들이 한때 많이 모여들어서 고시 공부하는 절로 유명했다고 합니다. 그 어려운 고시에 10년 동안 50명이라는 합격자를 냈기 때문에, 고시생들이 하숙비의 두세 배를 내더라도 원당암에 와서 공부했다고 합니다. 하도 사람들이 몰려드니까 주지 스님이 독실한 불자 아니면 받아들이지 않았고, 밖에 나가서 술 먹으면 내쫓는다는 계율을 정했다고 합니다. 그런데 고시생 세 명이 몰래 밤중에 나가서 술을 마신 것을 주지 스님에게 들켜 쫓겨나게 되자 ○○ 스님을 찾아가 부탁을 했습니다.

"저희가 쫓겨나서 고시도 떨어지게 생겼는데 지족암에라도 있으면서 공부하게 해 주십시오."

"내가 시키는 대로 하면 다시 원당암에 가게 해 주겠다. 너희들은 불교를 안 믿는 것 같은데, 매일 108배를 하고 잡념이 들어갈 틈 없이 관세음보살을 간절하게 일심으로 해라."

그 세 명이 고시에 다 합격했다고 합니다. 재앙 소멸과 소원 성취에 관한 여러 가지 실례가 실려 있어서, 재앙은 소멸하고 소원은 성취하기를 바라는 사람은 그 책을 사서 볼 수밖에 없었을 것입니다.

재앙이 복과 둘이 아니라는 것을
알게 될 때까지 바쳐라

요새 이 책을 보고 느낀 게 많습니다. 백 선생님은 재앙 소멸과 소원 성취 원을 세우셨지만, 과연 이렇게 가르치셨을까? 앞으로의 한국 불교는 이 같은 길로 가야 할 것인가?

지금 결론을 말씀드리고자 합니다.

누군가 백 선생님께 찾아와서 묻는다면 백 선생님께서 ○○ 스님처럼 재앙 소멸하는 비법이나 소원 성취하는 방법을 일러주실까요?

늘 "재앙은 소멸하고 소원은 성취해서 부처님 시봉 잘 하길 발원." 하셨기 때문에 당연히 그럴 것이라고 알고 있는 사람들이 백 백사님 제자 중에도 많습니다. 금강경 읽고 '미륵존여래불' 하라는 것은 바로 재앙을 소멸하게 하는 방법이고 소원을 이루는 방법이라고 생각하며 "금강경 읽고 미륵존여래불 하면 반드시 소원이 이루어집니다." 이런 이야기까지 하는 사람이 있습니다.

백 박사님도 과연 사람들에게 비법을 일러 주면서 "미륵존여래불 열심히 하고 금강경 7독 해라. 그러면 소원이 이루어질 것이다." 그렇게 말씀하실까요?

절대 그렇지 않습니다. 재앙 소멸을 원하는 사람에게도 "바쳐.

그 생각을 바쳐라.", 소원을 이루고자 하는 사람에게도 "바쳐라." 하십니다.

　재앙이 일어나도 바치라고 하신 뜻은 재앙 소멸을 목적으로 하는 것이 아니었습니다.

　"자꾸 바치다 보면 재앙과 복이 둘이 아니라는 것을 알게 될 것이다."

　그것을 알 때까지 바치라는 겁니다. 재앙과 복이 둘이 아니라는 것을 알게 될 때 불이不二를 깨칩니다. 이때 지혜가 생깁니다. 백 박사님의 가르침은 재앙이 닥친 사람에게 재앙을 소멸하는 방법을 알려주는 가르침이 아닙니다.

　"재앙이라고 이름 지으니까 재앙이다. 복이라고 이름 지으면 복도 된다. 그렇지만 복이라 이름 지을 것도 없이 그것도 바쳐라. 그러면 복과 지혜가 구족한 자신을 깨칠 것이다. 그때까지 바쳐라."

　실제로 저도 한때는 백 박사님의 가르침을 재앙 소멸하는 가르침이라고 알면서 수많은 재앙을 당했던 경험이 있습니다. 제가 백 박사님을 만나 금강경을 공부한 지 50년이 됐습니다. 그동안 수많은 재앙을 당하면서 재앙이 소멸하기를 바라는 기도도 적지 않게 했었습니다. 물론 재앙이 기적적으로 소멸하는 경우가 있었지만, 소멸되지 않을 때는 퇴타심도 났습니다. 하지만 그래서는 안 되겠기에 꾸준히 했습니다.

　또 간절히 소원을 이루고 싶은 것이 있었습니다. 빌어서 소원이 이루어진 적도 있었고 이루어지지 않을 때도 있었어요. 화도 나고 퇴타심도 나서 관둘까 하는 생각도 했지만, 그래도 꾸준히 하면서 몇십 년이 지나서야 결론을 내리게 되었습니다. 전에는 재앙을 소멸하기 위해 바쳤는데, 재앙을 자꾸 바치다 보면 소멸되는 게 아니라 재앙이 곧 복인 것을 깨치게 되고, 동시에 지혜가 생기는 것을 알게 되었습니다.

진정한 도인은 재앙이 있을 때 소멸 방법을 알려주지 않습니다. 더 큰 선물을 줘야 합니다. 재앙이 복의 근원이라는 것을 일깨워 주는 것이 더 큰 선물입니다. 백 박사님께서 더 큰 선물을 주시는 겁니다.

재앙이 일어났을 때 바로 미륵존여래불 해서 재앙이 당장 소멸한다면, 재앙이 복의 근원이 된다는 것을 절대 깨칠 수 없습니다. 천천히 재앙이 소멸되며 복으로 바뀌는 것을 몇 번이나 체험할 때, 백 박사님의 가르침은 재앙을 소멸하는 가르침이 아니라 재앙이 복의 근원이 되는 가르침, 복과 재앙이 둘이 아니라는 것을 일깨워 주는 가르침, 모든 것을 구족한 가르침이라는 것을 깨치게 됩니다. 얼마나 위대한 도인의 가르침입니까!

환희심이 나고
지혜가 날 때까지 바쳐야 한다

다음으로 소원 성취입니다. 되는 것도 있고 안 되는 것도 있었습니다. 안 될 때는 퇴타심이 났지만 이대로 보따리 쌀 수가 없어서 꾸준히 바쳤습니다. 그러자 내가 원했던 것보다 더 큰 성취가 왔습니다. 만약 그때 비법을 일러 주어 소원 성취를 했다면, 더 큰 것을 취할 수 있다는 사실을 몰랐을 것입니다.

비법을 알려주시지 않고 "바쳐라." 하는 뜻도 알게 되었습니다. 더 큰 선물이 오기 때문입니다. 더 큰 선물이 다가오면 얼른 가지고 싶습니다. 가지고 싶어도, 이제는 그래야 한다는 것을 알기에 더욱 바칩니다. 더 바치면 내가 신경 쓰지 않아도 저절로 오는 것을 느낍니다. 그때 얼른 가져야 하나? 그것도 또 바쳐야 합니다. 백 박사님은 끝까지 바치라고 하십니다.

그런 경험이 있습니다. 좋은 선물이 다가왔습니다. 바치라고 하셔서 그렇게 했는데, 좋은 선물이 사라졌습니다. 그때 후회를 많이 했어요. 소원이 성취됐을 때 얼른 가질 걸 그랬다 싶었어요. 선생님 말씀을 듣고 바쳐서 좋은 기회를 놓치고 영원히 좋은 선물을 받지 못할 것 같아 안타까웠습니다. 그래도 또 바칠 수밖에 없었어요. 시간이 상당히 지나서, 더 큰 것이 오는 것을 느꼈습니다. 먼저 한 번 실수했으니 이번에는 실수 없이 냉큼 받아야 할까요? 그때도 또 바쳤습니다.

자꾸 바쳐 보세요. 끝까지 바치시기 바랍니다. 나중에는 큰 선물과 함께 지혜가 옵니다. 구족이 동시에 옵니다.

강태공이 백수로 놀다가 70세부터 발복했다는 이야기를 알고 있습니다. 그에게는 재앙도 복도 왔을 것입니다. 처음엔 작은 복이 왔을 겁니다. 그것을 받지 않고 바쳤어요. 바치고 미련을 두지 않으니 더 큰 복이 왔지만 그것도 안 가졌어요. 계속 바치면 나중에는 복과 지혜가 함께 옵니다. 그때까지 바쳐야 합니다.

언제까지 바쳐야 할까요?

환희심이 나고 지혜가 날 때까지 바쳐야 합니다.

바로 이런 가르침이 필요합니다.

바치는 것은
재앙을 몰고 오지 않는 소원 성취법

○○ 스님은 적어도 기복에 매달리지 않을 정도로 큰스님이라는 것은 잘 아실 겁니다. 그분도 대중 포교를 위해 비법을 활용하신 것이나 마찬가지입니다. 그러나 그렇게 해서 재앙이 소멸되면, 조금 있다가 또 다른 재앙을 불러올 수 있다는 것을 우리는 압니다.

○○ 스님이 알려주신 방법으로 고시에 합격하여 소원을 성취했다고 칩시다. 그때 소원이 성취되었기 때문에 나중에 비참한 재앙을 당하는 경우를 여러 번 봅니다. 고시에 합격해서 판검사가 되어 돈 많이 벌고 국회의원이 되어서 승승장구하다가 비참한 재앙의 나락으로 떨어지게 됩니다. 차라리 고시 합격 소원을 빌지 않았다면, 고시 합격해서 부귀영화를 누리지 않았더라면 그런 비참한 재앙을 당하지 않았을 것입니다.

백 박사님의 소원 성취 기도법은 재앙을 몰고 오지 않는 영원히 편안한 소원 성취 방법입니다. 소원 성취의 비법을 일러 주기보다 "바쳐라" 하십니다.

소위 ○○ 스님의 기도법을 비롯한 소원 성취는 일시적으로 자기가 받을 복을 미리 당겨 쓴 것이지, 복을 창조한 것이 아닙니다. 소원을 성취하고 난 뒤에 방심하면 그만큼 밑으로 떨어지는 것입니다. 죽을 때 적막강산이 되거나, 또는 실패했을 때 돌이킬 수 없는 재앙을 반드시 동반하게 되어 있습니다.

그런 체험의 이야기를 말씀드리고 싶습니다.

소원 성취 기도법을 따라가면 안 됩니다. 수많은 고통을 바치면서 재앙이 축복이라는 것을 알고 지혜를 얻었습니다. 소원을 자꾸 바침으로써 비로소 밑으로 떨어지지 않는 소원 성취를 얻을 수 있었습니다.

항상 부처님께 바치는 기도법을 따라갈 때 재앙이 완전히 소멸하고 영원한 안락을 얻는 소원 성취를 이룰 뿐 아니라, 모든 한국 불자가 기복祈福 정신에서 벗어나 참다운 인간이 되고 또 잘 사는 불자로 태어나 한국 전체가 불국토가 될 가능성이 있다고 봅니다.

백 박사님의 위대한 가르침의 핵심을 잘 인식하시고, 재앙은 소멸하고 소원은 성취해서 부처님 시봉 잘하길 발원하는 그 참뜻을 알고 공부하신다면 나처럼 갖은 우여곡절 끝에 50여 년 만에 깨치지 않습니다. 이 뜻을 잘 알아서 단기간에 부처님을 기쁘게 하는 사람이 되시기를 발원드립니다.

2017.11.11.

소원 성취의 원리,
잠재의식에서 '안 된다'는 생각을 소멸한다

우리에게는 꼭 필요한 일은 아니지만 이루고 싶은 일이 있습니다. 필요한 일을 달성하는 것을 소원 성취라고 하지 않습니다. 이루고 싶은 일을 이루는 것을 소원 성취라고 합니다.

오늘은 소원 성취의 원리에 대해 말씀드리겠습니다.

저는 어렸을 때 6·25 전쟁을 체험했고 그 이후로도 상당히 오랫동안 절대 빈곤 시대를 살아야 했습니다. 밥도 먹기 어려웠으니 처자식을 교육하는 것은 더 힘들었습니다. 그때 사람들은 '먹고사는 걱정에서 벗어나고 처자식을 교육할 수만 있으면 좋겠다.' 하는 소박한 꿈이 있었습니다. 이것은 꿈이라고 할 수 없습니다. 처자식 먹여 살리는 일이나 교육하는 일, 이런 것은 욕심이라고 볼 수 없습니다. 당연하고 필요한 일이라고 할 수 있습니다. 이런 일을 할 때는 기도가 꼭 필요하지 않습니다. 안 할 수 없는 필수적인 일이다 보니, 대개는 이루어집니다.

하지만 꼭 필요한 일도 그냥 노력만 하는 것이 아니라 기도와 병행한다면 훨씬 수월하게 이루어집니다. 기독교 신자들은 하나님의 힘이 필요한 일을 잘되게끔 했다고 이야기할 것입니다. 불자들은 먹고사는 것 같은 아주 꼭 필요한 일에 대해서는 관세음보살을 찾지 않습니다. 자신의 꿈, 이상, 어떤 탐낼 만한 일을 달성하기 위해서 기도하는 경우가 많습니다. 물론 필요한 일을 이루는 데도 기도는 도움이 됩니다.

살기 위해 필요한 일을 달성하는 것은 욕심이라고 할 수 없고 소원 성취라고도 볼 수 없으므로 거기에 대한 논의는 더 할 필요가 없습니다.

될 것이 되었다

우리는 어느덧 가난한 시대에서 벗어났습니다. 먹고살 만큼은 됐어요. 요새는 웬만큼 노력하면 다 잘삽니다. 그리고 이제는 마음도 상당히 편안합니다. 공부도 어느 정도 해서 마음이 안정된 사람들이 대부분입니다.

그런데 사람 중에는 웬만큼 먹고살면서도 큰 부자가 되기를 바라는 사람이 있습니다. 또 마음이 편안하지만 그 정도로 만족하지 못하며 도통을 바라는 경우도 있어요. 요새는 자시子時 가행정진 하는 것이 유행처럼 되어 버렸습니다. '자시 가행정진 하면 좋다고 하는데 나도 한번 잘해 봐야겠다.' 이런 생각은 어떻게 보면 도통에 대한 꿈, 달리 말해서 욕심이라고 할 수 있습니다.

그런데 이 욕심이 반드시 나쁜 것은 아닙니다. 예를 들어 볼까요?

내 처지나 형편, 자격으로는 도저히 바랄 수 없더라도 '나는 대통령이 되겠다. 재벌이 되겠다. 도통을 하겠다.' 등등 자꾸 큰 소망을 품게 될 수도 있습니다.

"꿈 깨라. 욕심을 부리지 마라. 너한테는 당치 아니하다. 어떻게 자시 가행정진을 하는가? 하루에 금강경 세 번만이라도 잘 읽어라."

주위 사람들이 이렇게 이야기해도 자꾸 생각나는 수가 있습니다.

'나는 재벌을 원한다. 대통령을 원한다. 도통을 원한다.'

그런 사람들은 열심히 노력합니다. 또 기도를 병행하면 좋으리라 생각해서 기도까지 하면서 노력하는 사람도 있습니다. 신자들은 기도까지 병행하면서 노력하고, 신자가 아닌 사람은 노력만 할 것입니다.

그러다가 가당치도 않은 것, 자기한테 어울리지도 않는 것이 이루어졌다면 밝은이는 어떻게 말씀하실까요?

노력 끝에 기적을 이루었다고 하지 않습니다. 부처님의 가피력도 존재하지 않습니다. 하나님이 응답해 주시는 것이 아닙니다. 이렇게 말씀하실 겁니다.

"기적은 없다. 당연하게 될 것이 되었다."

될 인연과 안 될 인연

"본래 될 인연이 있었으니 네가 노력해서 된 것이다. 될 인연이 없으면 안 되었을 텐데, 될 인연이 있어서 되었다."

될 인연, 안 될 인연이라는 것은 무엇일까요?

이것을 잘 이해하는 것은 소원 성취의 원리를 이해하는 데 매우 도움이 됩니다.

우리에게는 아마도 잠재의식이 있는 것 같습니다. 전생부터 가져온 업식業識, 쌓아 온 업식, 이것을 잠재의식이라고 합니다. 우리가 사랑하고 미워하고 판단하는 현재 의식과는 다른 것으로, 우리는 그것을 볼 수 없습니다.

잠재의식 속에서 못한다는 생각을 가지는 수가 있습니다. '나는 열 살이면 여지없이 그 병에 걸려서 죽곤 했다. 그러니까 어느 생이건 10살이면 죽는다.' 이것은 잠재의식의 경험입니다. 잠재의식에서 안 된다고 생각하는 것은 아무리 꼭 필요한 일이고 자꾸 생각이 나는 꿈이어도 결국은 안 되게끔 되어 있습니다.

그런데 당치도 않은 일, 도저히 쳐다볼 수도 없는 일이 피나는 노력 끝에 우연히 성취될 수 있습니다. 밝은이들은 이렇게 설명합니다.

"너의 잠재의식이 안 된다는 생각을 하지 않았다. 전생에 '안 된다'는 생각 대신 된다는 생각을 꽤 하고 있었고, 또 복을 지은 것이 있었기 때문에 되는 것이다."

어떤 사람이 허황되어 보이는 꿈, 예를 들어 대통령이나 재벌, 도통을 원하면 웃기지 말라고 반응할 겁니다. 당치 않다고 생각하는데도 자꾸자꾸 생각이 나요. 그래도 하고 싶거든요. 이런 경우 밝은이들은 틀림없이 될 수 있다고 합니다. 노력을 통해서 되기도 합니다. 잠재의식에 '안 된다'라고 심은 사람은 노력해도 안 됩니다. 하지만 그래도 자꾸 생각난다면 기도와 노력을 병행할 때 될 수 있다고 합니다.

과연 기도에 어떤 힘이 있기에 잠재의식에서 '안 된다' 하는 것까지 되게 하는 것일까? 이것을 알아야 합니다. 이러한 소원 성취의 원리를 이해하게 될 때, 기도의 필요성을 느끼며 기도하여 소원을 이루게 됩니다.

기도로 '하겠다'는 생각을 소멸해야 한다

필요한 일은 아니지만 엉뚱한 꿈이 자꾸 생각난다면? 노력하십시오. 그다음에 기도를 병행하는 게 좋습니다. 당치도 않은 꿈은 죽었다 깰 정도로 노력해야 하는 경우도 있습니다. 그런데 죽었다 깰 만큼 노력해도 안 되는 수가 있어요. 이때는 기도를 병행해야 합니다.

당치도 않은 꿈을 그릴 때는 '하겠다'는 생각이 납니다. 남이 보기에는 전혀 어울리지도 않는 꿈을 꾸고 너무 욕심을 내는 것 같아도 나는 '이루겠다. 이루고야 말겠다. 이걸 안 하면 안 된다.' 하면서 자꾸 하겠다고 생각을 합니다. 하겠다는 생각은 탐욕이라는 말은 많이 들었습니다. 탐욕이라는 말은 약간 추상적이지요.

'하겠다'라는 의욕을 내면, 현재 의식은 하겠다고 합니다. 그러나 동시에 잠재의식은 '안 되면' 합니다. 잠재의식 속에선 안 될 거라는 근심이 동시에 생겨납니다. 의욕이 넘치는 사람은 자기 잠재의식이 '안 되면' 하는 것을 감지하지 못합니다. 그런데 자꾸 해도 바라는 대로 이루어지지 않으면, 잠재의식에 있던 '안 되면' 하는 근심이 드러나면서 안 되게 됩니다. 이어서 '왜 안 되나' 짜증이 나고 결국은 실패하게 되고 맙니다.

그럼 기도라는 것은 무엇일까요? 밝은이는 어떻게 말씀하실까요?

"하겠다고 하면, 잠재의식에서 '안 되면'을 불러와서 결국은 안 되게끔 일을 망치게 하는 요인이 된다. '하겠다'라고 하지 않으면 잠재의식에서 '안 되면'도 불러오지 않기 때문에 이루어지는 것이다."

"기도하는 것은 '하겠다'라는 생각을 소멸시키는 것이다."

우리가 무엇 때문에 기도합니까? 대통령이 되고 싶다, 재벌이 되고 싶다, 도통하고 싶다고 한다면 이 마음을 부처님께 바쳐 시봉 잘하길 발원하라고 합니다. 금강경을 읽으라고 합니다. 그것은 하겠다는 마음을 바치라는 뜻입니다.

'하겠다'고 하면서 목표나 이상에 마음이 많이 붙습니다. 그것을 바치거나 떼는 순간 '안 된다'는 부정적인 요인도 동시에 소멸됩니다. 그러면서 일이 추진되는 겁니다. '하겠다, 하겠다, 하겠다'고 자꾸 했을 때 '안 된다, 안 된다, 안 된다'는 생각도 동시에 커지면서 결국은 안 되게 하는 것이라면, 목표를 달성하는 요인은 무엇일까요? '하겠다'라고 하지 않는 것입니다.

눈에 보이는 것만 믿는 사람은 노력하지 않았는데 된다는 것을 믿지 않습니다. 밝은이는 이야기하십니다.

"일이 되게 하는 요인은 노력만이 아니다. 마음속에서 '안 된다'를 제거해야 하고, 그러려면 일차로 탐욕을 바쳐야 한다."

탐욕을 바치는 것이 일차적인 성공의 요인이라고 말씀드립니다.

복을 지으며 진심을 닦아
잠재의식 속 '안 된다'는 생각을 소멸한다

'안 된다'는 생각은 '하겠다'는 탐심에 의해서 생기는 수도 있고, 또 탐심을 부르지 않아도 이미 전생부터 가져오는 수가 있습니다. 이미

'하겠다' 하기 전부터 '나는 안 된다'라고 전생에서 심어 온 사람은 노력해도 절대 소원 성취가 안 되는 것입니다.

일차적으로 기도해서 탐심을 제거하여 소원 성취가 되는 수가 있습니다. 이는 잠재의식 속에 진심, 안 된다는 생각이 없는 경우입니다. 전생에서 가져온 '안 된다'는 생각은 진심을 닦아야 소멸됩니다. 탐심을 바칠 뿐만 아니라 동시에 복을 지어야 합니다. 잠재의식 깊숙이 내재한 '안 된다'는 생각을 복을 지으며 바쳐야 합니다.

복을 짓지 않는다면 금생에 안 됩니다. 큰 부자, 금생에 절대 안 돼요. 나는 가난한 사람이라는 생각을 전생부터 가져왔기 때문에 탐욕을 바치는 것만으로 이루어지지 않습니다. 그 생각까지 바쳐야 합니다. 내 마음에 '안 된다'는 게 붙어 있는데, 바치는 것만으로 떨어지지 않습니다. 그냥 맨입으로 안 떼어지니 몸을 수고하여 바쳐서 복을 짓는 것입니다.

복 짓는 데에는 선지식이 계시면 더욱 좋습니다. 선지식이 없으면 몸을 수고스럽게 해서라도, 아까운 것을 주면서라도 복 짓는 것을 병행해야 해요. 그렇게 하면 찰거머리처럼 달라붙었던 '안 된다'는 생각은 결국 떨어질 수밖에 없습니다.

복을 짓고 기도를 병행하면 안 될 것이 없다

이해하기 쉽지 않으실 것 같아서 정리합니다.

꼭 필요한 일은 자기 노력으로 대개 어느 정도 해결됩니다. 기도까지 병행하면 더욱 좋습니다만, 그때까지 기도하라는 말씀을 드리고 싶지는 않습니다.

그런데 자신에게 약간 과분한 일은 거의 노력으로 되지 않습니다. 잠재의식 속에서 '안 된다'는 마음이 없을 때는 노력으로 됩니다. 탐욕을 부처님께 바치는 방법으로 상당히 쉽게 이루어지는데, 그것을 '될 일'이라고 합니다. 아무리 높은 목표라도 결국 금생에 이루는 것입니다. 잠재의식에 이미 어느 정도 복을 짓게 되어 있기 때문입니다.

불치병이나 난공불락의 이상理想 같이 금생에 거의 불가능한 것들은 대부분 전생에 이미 '안 된다' 라고 심어 왔습니다. 이런 경우엔 탐심을 떼는 기도만으로는 부족합니다. 철저하게 붙은 마음을 떼는, 즉 진심까지 해탈하는 기도가 동반되어야 합니다. 결국 마음을 뗀다는 점에서는 마찬가지입니다. 탐심도 진심도 붙여 놓은 마음입니다. 탐심은 금생에 비교적 가볍게 뗄 수 있습니다. 하지만 진심은 상당히 찰거머리처럼 달라붙어 있어 상당히 노력하여 복을 지어야 금생에 뗄 수 있습니다.

자기한테 당치 않는 꿈이어도 자꾸 생각이 난다면 기도와 병행하여 안 될 것이 없다는 것은 확실합니다. 복을 짓고, 특히 부처님 전에 복 짓고 기도를 반드시 병행해야 합니다.

소원 성취의 원리를 이해하시기 바랍니다.

2017.11.18.

선지식의 수기설법,
새로운 인생관을 확립하여 운명을 바꾼다

선지식의 수기설법의 특징을 생각해 봅니다. 세상에 진정한 선지식은 드물지 않을까 생각합니다. 외모가 점잖게 생기고, 수행을 철저히 하고, 법문이 아주 달변인 분이 선지식은 아닌 것 같습니다. 수기설법을 할 수 있는 분이 선지식이라고 생각합니다.

수기설법은 환경이나 상황에 따라서 그 사람에 알맞은 이야기를 선택해서 하는 설법입니다. 수기설법을 할 수 있으려면 사람의 마음을 읽을 수 있어야 합니다. 그의 형편을 알아야 합니다. 상대의 마음, 형편이 어떤지를 모르고 자기주장만 내세우는 설법이 대부분입니다. 그런 설법으로는 밝아지거나 운명을 바꿀 수가 없습니다.

선지식, 소위 밝은이는 지혜가 있어서 대화하는 사람의 마음과 형편을 알고 알맞은 이야기를 해줄 수 있습니다. 그렇게 운명을 바꾸어서 불행한 사람이 행복해지고, 가난한 사람이 부자가 되고, 나아가서는 밝아지게도 만듭니다. 즉 선지식의 특징이 수기설법이며, 수기설법을 할 수 없다면 선지식이 아닌 것 같습니다. 세상의 소위 기라성 같은 도인들이라고 하는 사람 중에도 수기설법을 하시는 분은 거의 없을 것으로 생각합니다.

제가 체험한 선지식의 수기설법은 어떤 것일까요?

어떤 수기설법을 받았기에 운명을 바꾸게 되었을까요?

수기설법, 그 사람의 상황을 알고
인생관을 확립시킨다

오십 년 전 저는 제대와 동시에 출가를 하였지만, 마음이 그렇게 편치 않았습니다. 도저히 출가할 처지가 아니었기 때문입니다. 백일만 하고 돌아가야겠다고, 백일의 공백은 큰 문제가 아니라고 생각하며 스스로를 위로했습니다. 그렇게 선지식과의 만남이 이루어졌습니다.

선지식께 수기설법을 받으려면 반드시 자주 만나서 대화를 해야 합니다. 저는 매일 법담을 했습니다. 법담에서 수기설법이 무엇인지 알았고, 대화를 통해서 불행했던 저 자신을, 제 운명을 바꿀 수 있었다고 말씀드립니다. 스승들이 화두 하나 주고 당분간은 만나지 않고 혼자 공부를 하게 하는, 소위 참선하는 풍토에서는 스승과의 만남이 드물어서 밝아지기 어려우리라 생각합니다.

그 사람이 처한 상황을 알고 인생관을 확립시켜 주는 것이 수기설법의 특징입니다. 제대하던 당시 저는 일자리를 구하는 것이 급선무라고 생각했습니다. 그래서 '100일 동안만 출가하고 이후에는 일자리를 찾으러 나가야겠다. 더 오래 있으면 일자리도 줄고 때를 놓쳐서 뒤떨어질 것 같아.' 이런 생각을 했어요. 다른 대부분의 사람들도 먹고사는 문제를 해결하는 것을 인생의 첫 번째 과제로 생각할 것입니다.

그런데 선지식의 말씀은 달랐습니다.

"네 당면과제는 먹고사는 문제를 해결하는 것이 아니다. 업보를 해탈하는 것이 최우선 과제다."

선지식 말씀을 들어보니 사람은 운명적으로 모든 복과 재앙이 결정되어 있다는 느낌을 받았습니다. 먹고살 것은 이미 가지고 태어났다는 것을 느끼게 하는 말씀이었습니다.

"너는 먹고살 것은 어느 정도 가지고 왔다. 먹고사는 길을 위해서 부지런히 구직하러 다니지 마라. 너한테는 더 급한 것이 있다. 네 업보가 성공을 방해하고 심지어 생명까지 노리고 있다. 나아가서는 악도에 떨어뜨리는 것이 너의 업보다. 너한테 가장 필요한 것은 먹고사는 문제 해결이 아니라 업보 해탈이다."

선지식은 이렇게 강조하셨고 저의 새로운 인생관을 확립시켜 주셨습니다. 그 사람에 알맞은 이야기를 하시는 것이 선지식의 특징이고 정체성입니다.

업보 해탈

업보란 무엇이며, 업보를 어떻게 해탈할까요?

업보는 마음속에서 가장 자주 생각나는 대상을 말합니다. 예를 들면 저는 그때 혼자서 허덕허덕 살림을 꾸려나가시는 어머니의 딱한 모습이 자꾸 생각나서, 그 모습에 대고 미륵존여래불을 많이 했습니다.

선지식께서는 업보 해탈이 최우선 과제인 것을 알게 해 주셨습니다.

선지식 가르침의 두 번째 특징은 업보에서 마음을 떼라는 것입니다. 즉 어머니, 아버지, 형제 등 가족으로부터 마음을 떼는 겁니다. 업보에 마음이 붙어 있으면 재앙이 옵니다.

가족뿐 아니라 직장을 선택하는 것에도 신경이 많이 쓰입니다. 마음속에 먹고사는 데 대한 한이 있었는지도 모릅니다. 먹고사는 데 자신이 없는 것, 그것도 업보입니다. 선지식은 취직에 대해서도 마음을 떼게 합니다. 취직 생각이 나도 바치고 '미륵존여래불'을 하라고 하시면서 마음을 떼게 하는 겁니다. 이것이 두 번째 특징입니다.

마음이 붙어서는 잠재의식을 바꿀 수 없어요. 잠재의식을 바꿀 수 없다면 운명을 바꿀 수 없습니다. 예정된 운명 그대로 가게 될 뿐입니다. 우리가 하는 공부는 운명을 바꾸는 공부입니다. 가족에게 붙은 마음, 부귀영화에 붙은 마음을 떼서 운명을 바꾸는 겁니다. 붙은 마음을 떼는 수련의 과정이 없으면 속마음이 바뀌지 않기 때문에 거의 예정된 운명으로 가게 됩니다.

마음이 붙어 있는 것은 현재 의식을 가장 중요하게 여긴다는 뜻도 됩니다. 사상, 감정과 같은 현재 의식은 주위 환경의 영향을 받고, 주위 환경을 움직일 수가 없습니다. 우리는 가난하면 비굴해집니다. 가난이라는 주변 환경에 따라서 현재 의식이 비굴해지게끔 바뀝니다. 그러나 우리는 주위 환경에 영향을 주지 못하는 왜소한 존재가 아닙니다. 우리의 속마음은 주위 환경에 영향을 줄 수 있고, 바꿀 수 있습니다. 시시각각으로 소원을 성취하는 존재입니다.

마음이 붙어 있는 현재 의식에서는 운명을 바꿀 수 없습니다. 붙어있는 마음을 뗌으로써 속마음을 길들여야 합니다. 속마음은 흔들리는 마음이 아니며, 새로운 운명을 만들 수 있습니다. 겉에 붙어 있는 마음을 떼고 흔들리지 않는 속마음을 드러내서 운명을 개척해 나가는 것이 우리 공부의 특징입니다. 수기설법의 두 번째 특징은 붙은 마음을 떼게 하는 것입니다.

제가 실례를 들겠습니다.

업보 해탈의 사례

• 처음에는 효도를 강조하셨다

처음에는 부모를 절대 공경하라는 것이 백 선생님의 가르침이었습니다.

"이 몸뚱이는 부모로부터 받았기 때문에, 부모에 대해서 분별 내서는 안 된다. 부모가 죽으라면 죽는시늉도 해야 하는 것이 복 받는 자세이다."

자식한테 잘하는 것은 복으로 연결이 안 되지만, 부모한테 잘하는 것은 자기 몸뚱이 착着을 거스르는 것이 되기 때문에 복이 된다고 하시며 효도를 강조하셨습니다.

• 수도의 세계로 들어가니 부모, 가족은 업보라는 것을 강조하셨다

그렇지만 수도의 세계로 들어가면 약간 바뀝니다. 수도생활을 하면서 어머니 생각이 많이 났습니다. 어머니에 대해서 계속 바치고 공부했어요. 그랬더니 이상하게 어머니가 누런 옷을 입고 오는 게 보이면 그 이튿날 어머니가 누런 옷을 입고 찾아옵니다. 이제 나는 무엇이 알아지는 사람이라고 느끼게 됐어요. 사실 알아도 아직 어설프게 아는 겁니다. 조금 지나면 더 이상한 게 보여요. 어머니와 싸우는 것도 보이고 좋아하는 것도 보입니다. 전생에서는 어머니가 아니고, 서로 애인도 되고 원수도 되는 사이였던 것 같습니다.

선생님께서는 그때부터 어머니와의 관계도 그저 업보일 뿐이라는 것을 강조하십니다. 심지어 이런 이야기까지 하셨어요.

"너의 공부를 가장 방해하고, 너를 사회성이 없게 만들고, 너를 아가처럼 만드는 가장 고약한 업보, 그것이 네 어머니다."

처음에 효도를 강조하실 때와 사뭇 다릅니다. 저는 그 말이 잘 믿기지 않았습니다. 어머니는 저를 얼마나 사랑하시는데요. 저 없으면 죽는 사람입니다. 그런 사람이 나의 공부를 방해하는 업보라는 말은 도저히 믿기지 않았습니다. 그러나 백 선생님은 허튼 말씀을 하지 않으시기 때문에, 그 말씀을 억지로 따라가도록 노력하며 어머니가 생각날 때마다 깜짝 놀라서 바치곤 했습니다. 고지식하게 바쳤습니다. 출가를 했기 때문에 할 수 있었다고 봅니다.

그다음은 제 아버지입니다. 어렸을 때부터 아버지와 사이가 별로 안 좋았습니다. 그래도 아버지이고 집안의 어른이니 참 어려워하고 무서워했던 것 같습니다. 선생님께서 서서히 아버지에 대한 선입견을 깨기 시작하십니다.

"너희 아버지는 돈 생기면 바깥으로 나가고, 돈 없으면 집에 들어오는 사람이 아니냐?"

그렇다고 어떻게 아버지가 아버지 아닐 수 있겠습니까? 비록 모범적이지 않고 좀 시원치 못해도 내 아버지라는 천륜에 대한 인식이 제게는 상당히 있었던 것 같습니다.

이렇게도 말씀하셨습니다.

"너희 아버지는 주인이 아니라 객기客氣다."

돈이 있으면 나가고 떨어지면 들어오고, 들어오면 처음에는 얌전하다가 조금 있으면 기세가 등등해지고, 돈이 생기면 다시 나갑니다. 돈이 있어도 본인만 쓰지 잘 안 줍니다. 자식 등록금도 주지 않습니다. 상당한 이기주의입니다. 하지만 저는 그 말을 들으면서도 '아버지는 아버지인데.' 생각했습니다. 그런데 선생님께서 차츰 더 나아가세요.

"너희 아버지가 집에서 사라져야 너희 집이 선다."

깜짝 놀랄 말씀이었습니다. '부자지간이 그럴 수가 있나!'

• 업보인 것을 알게 되니, 다시 부모를 공경하라고 하셨다

가만히 생각해 보면 선생님 말씀이 맞습니다. 일거수일투족 정말 남처럼 행동합니다. 심지어 남보다 더 못되게 행동하는 게 하나하나 느껴집니다. '아, 역시 선생님 말씀이 옳구나. 어떻게 저렇게까지 잘 파악하실까!' 이제 아버지가 미워집니다. 이때는 아버지를 절대 공경하라고 말씀하십니다. 그 뜻을 잘 알아들어야 합니다.

도인은 핵심을 잘 파악해서 깨칠 바를 제시해 주십니다. 그럼 우리가 깨칠 바를 알아듣고 열심히 깨치려고 노력하면서 바쳐야 하는데, 아버지가 없어져야 한다고 하니 마음이 급해지면서 증오심이 생깁니다. 가만히 생각해 보니까 너무 괘씸합니다. 어머니를 얼마나 두들겨 팼는데요. '아버지는 어서 나가야 할 사람인데……'하며 분노와 증오심이 끓어오릅니다. 도인이 일러 주시는 목적과는 아주 다른 것입니다. 제가 잘못 가고 있으니, 처음으로 다시 돌아갑니다.

"부모를 절대 공경해야 한다."

바로 수기설법입니다.

이 과정에서 부모에게 끈끈하게 붙어 있던 제 마음도 서서히 떨어지기 시작했습니다. 이렇게 붙은 마음을 떼었기에 운명을 바꿀 수 있었다고 봅니다.

선지식의 수기설법으로
가족과 업보를 해탈하여 운명을 바꾼다

그래도 자식밖에 없지, 그래도 부모 사랑이 최고지, 마누라밖에 없지……, 이런 이야기를 흔히 들을 수 있습니다. 아마 여기 계신 분들도 그럴 겁니다. 그런데 그런 생각으로 운명을 바꿀 수는 없다고 분명히 말씀드립니다.

우리는 예정된 운명에서 벗어나야 합니다.

백 선생님의 말씀을 반신반의하면서도 4년이라는 세월을 지내며 저는 운명의 많은 부분을 바꿨다고 생각합니다.

소사 도량에서 나와서 보니 본격적으로 도인의 말씀이 진실인 것을 실감합니다. 저희 아버지는 가혹하게 저를 괴롭혔습니다. 정말 완전하게 객기의 본색을 드러냈습니다. 제가 불량해서 괴롭힌 게 아닙니다. 아버지는 이기적인 목적으로 재산을 빼앗으려고 했습니다. 그때만 하더라도 부모와 자식 간의 소송이 적었고, 자식이 못된 경우에나 아주 드물게 소송을 했습니다.

저는 거동을 못 하는 노모를 잘 모시는 천하의 효자로 소문나 있었습니다. 이런 제게 소송을 한 것입니다. 판사도 너무 부끄러운 일이라며, 이런 일은 없었다고 했습니다. 제가 못돼서 소송하는 게 아니라 아버지가 이기적인 목적으로 재산을 빼앗기 위해 소송한다는 것을 알고 저를 동정하여, 공판정이 아니라 판사의 방에 들어가서 재판을 한 적도 있었습니다. 그 뒤로도 아버지는 끊임없이 이기적인 목적을 달성하려고 했고, 처도 자식도 안중에 없이 동물이나 다름없는 모습을 보였어요. 끝까지 그러다가 돌아가시고 말았습니다.

다음으로 어머니, 제가 참 끔찍하게 생각했고 누구 못지않게 효도했습니다. 어머니도 현재 의식에서는 저를 소중하고 귀한 우리 아들로 여깁니다. 하지만 잠재의식에서 본래 마음이 툭툭 나오는 것을 봅니다. 무의식적으로 아들에게 치명타를 주는 이야기를 당신 마음대로 합니다. 그럴 때 저 사람이 나의 공부를 방해하는 업보라는 것을 알아차리게 됐습니다.

거기서 끝나지 않았습니다. 여러 번 말씀드렸습니다만 10년을 대소변을 받아내면서 저는 반 죽었습니다. 그 10년이라는 잃어버린 세월만 아니었다면 아마 학문적으로도 더 크게 성공할 수 있었을 것이고, 굉장히 발전했을 것 같습니다. 저를 완전히 죽다시피 만들었어요. 물론 그분의 본의가 아닙니다. 그분의 잠재의식, 자기 참마음이 그렇게 시키는 거예요.

그래서 저는 결과주의를 믿습니다. 결과적으로 상대를 괴롭게 했다면, 그 사람의 속마음이 상대를 괴롭히는 것이라고 믿게 되었습니다. 그냥 죽고 싶을 정도로 저를 비참하게 10년간 고생시킨 장본인이 저의 어머니입니다. 그래도 업보가 있어서 그런지 저는 아주 정성껏 어머니를 섬겼습니다.

결과를 보면 선생님 말씀이 꼭 맞았습니다.

"너희 부모와 같은, 어머니보다 더 심한 업보는 없다. 그런 업보만 아니었으면 너는 벌써 밝아졌을 것이다."

어머니와의 지중한 업보를 아주 좋지 않게 이야기하셨습니다.

도인의 진실불허眞實不虛한 말씀은 세상에서는 들을 수 없습니다. 저는 일단 마음을 떼라는 것을 통해서 운명을 바꿨습니다. 그 뒤에는 가족, 친구, 스승이라는 게 진짜 가족이나 천륜이 아니라는 것을 느꼈습니다.

우리는 어렸을 때부터 유교 윤리를 교육받았습니다. 천륜을 어겨서는 안 된다, 하늘의 뜻을 어겨서 안 된다, 천성은 고칠 수 없다……, 이런 말들을 귀가 닳도록 듣고 자랐지요.

그러나 밝은이가 보실 때 천륜은 없습니다.

우리는 탈바가지를 쓰고 연극을 하고 있습니다. 속마음, 잠재의식은 제각기 다릅니다. 부처님께서는 금강경 32분에 일체유위법 여몽환포영一切有爲法 如夢幻泡影, 인생은 탈바가지와 같다고 하셨습니다. 탈바가지와 같다는 것을 느낄 때 비로소 밝아집니다.

효도해야 합니다. 그러나 효도라는 관념에 묶일 때 운명을 바꿀 수 없습니다. 부모에게서 마음을 떼는 것이 진정한 효도입니다. 나아가서는 저이들이 부모도 아니고, 완전히 탈바가지를 쓰고 연극을 하는 것임을 알 때 더 효도하는 겁니다. 불효가 아닙니다. 오히려 그렇게 해야만 그들의 업보도 자유롭게 됩니다.

선지식의 수기설법이 정말 대단하다는 것을 느낍니다. 저는 수기설법을 통해 인생관이 확립되고 운명을 바꾸게 되었습니다. 인생이란 탈바가지를 쓰고 연극을 하는 것임을 알게 되면서 부처님 가르침에 상당히 가까이 갔습니다.

처음부터 획일적으로 이야기하시지 않고 그 상황에 따라서, 깨치는 정도에 따라서 그 사람에 알맞은 말씀을 단계적으로 들려주시는 것이 수기설법의 특징입니다. 그런 수기설법을 해 주실 수 있는 도인이 어디 있을까요? 선지식을 만난 것이 더 고맙고 그분의 은혜를 새삼 실감하게 됩니다.

부지런히 실천해서 운명을 바꾸시고, 금강경의 도리를 깨쳐 밝아지시기를 발원드립니다.

2017.11.25.

도인의 법식,
탐진치의 현실적인 해석

오늘은 삼독三毒, 탐진치의 해로움과 그것을 제거해야 하는 이유를 말씀드리겠습니다. 우리는 살면서 여러 가지 원하는 일이 많습니다. 곧 입시 철이지요? 수험생은 좋은 대학을 목표로 합니다. 백수로 노는 사람들은 좋은 일자리가 목표일 겁니다. 또 수도자들은 마음이 평화로워지고 행복해지고 나아가서는 밝아지는 도통이 목표입니다. 대부분 이렇게 필요에 따라 목표를 정하게 됩니다.

탐심, 조급한 마음으로
'어서 하겠다'며 되풀이하는 특성

목표가 생기면 달성하겠다고 마음을 냅니다. 목표를 달성하겠다, '하겠다'하는 마음을 탐심이라고 합니다. 하겠다는 것이 탐심이고 독이라고 하는 것에 대해 사람들은 의아하게 생각합니다. 하겠다는 의욕이 왜 해롭고 어째서 독이 되는지 이해하기 쉽지 않습니다.

우리 마음속에는 목표를 달성하려는 약간 조급한 마음이 있어요. 그냥 '하겠다'가 아니라 '하겠다, 하겠다'하며 자꾸 되풀이하는 마음, 이것이 탐심입니다. 삼독 중 하나인 탐심의 독입니다.

일단 목표를 정했으면 그대로 하면 될 일이지요. 하지만 우리는 그렇게 한번 정해서 하는 게 아니라 자꾸 되풀이하는 경향이 있어요.

진심, 짜증내며 '왜 안 되나'를 되풀이하는 특성

실제로 철저히 해보지도 않고 안 이루어지는 듯하면 '왜 안 되나'라고 합니다. 이것을 진심이라고 이야기합니다. 이것도 굉장히 해롭다고 해요. 언뜻 생각하기에는 안 되는 이유를 찾아서 되게끔 하는 게 뭐가 나쁜지 의아하게 느껴지지요? '왜 안 되나' 하는 것이 어째서 해롭고 독이라고 하는지 이해하지 못합니다.

이것을 한 번만 하고 말면 괜찮은데, 자꾸 짜증내며 '왜 안 되나, 왜 안 되나'하며 되풀이하는 게 우리의 특성이에요. 그리고 한번 짜증을 낸 뒤에는 그 분함을 참지 못해서 계속 잘근잘근 씹게 되지요. 잘되지 않으면 그냥 되는 방법을 찾으면 되는데, '왜 안 되나'를 반복하고 잘근잘근 씹어 가면서 스스로를 괴롭힙니다. 그것을 진심의 독이라고 합니다.

설치지 말고 실제로 해라

'어서 하겠다'라고 하면서 한 번만 그러는 게 아니라 자꾸 되풀이 하는 것, 설치는 것, '왜 안 되나'를 자꾸 되풀이하는 것, 이런 것이 굉장히 해롭다고 합니다.

"어서 하겠다 하지 마라. 설치지 마라. 그리고 실제로 해라!"

선생님께서 특히 강조하시며 말씀하셨습니다. 우리는 '어서 하겠 다'는 분별 속에서 머물며, 실제로 하지 않는다는 겁니다. 실제로 하 는 게 쉽지 않아요. 선생님께서는 하겠다고 되풀이하며 자꾸 궁리만 하지 말고, 실제로 하라고 가르쳐 주셨습니다.

'어서 하겠다, 하겠다'하고, '왜 안 되나, 안 되나'하면서, 실제로 하 는 것과는 아주 거리가 멀어집니다. 그래서 탐심, 진심, 치심이 굉장 히 독이 되는 것이라고 말씀드립니다.

'어서 하겠다'고 설치거나 '왜 안 되나' 하며 되풀이해서 짜증을 내 고 분별 내는 삶에서 벗어나 실제로 하는 삶으로 바꾸는 길은 탐심 을 바치는 것이요 금강경을 독송하는 것입니다.

분별 내면 고생의 길,
바치면 즐거운 길

흔히 목표를 달성하기 위해서 노력하고, 애 많이 쓰고, 죽다 살아 나는 고생을 했다고 합니다. 좋은 대학에 합격한 학생은 얼마나 고 생했는지 하루에 4시간 밖에 못 잤고, 나머지 시간에도 돈 들여 좋 은 선생을 찾았고, 입시지옥을 지나 드디어 목표를 달성했다고 합니다. 입시생뿐만이 아닙니다. 좋은 데 취직한 학생이나 큰 상을 받은 학자들은 이 자리에 오기까지 얼마나 많은 피땀 어린 노력을 했는지 이야기합니다.

하지만 '이전투구 했다. 아주 많이 고생했다.' 하는 게 가만히 보면 '분별을 많이 냈다.'는 것입니다. 탐심과 진심 연습을 많이 했다는 것이 바로 고생을 많이 했다는 뜻입니다. '하겠다'는 탐심을 내지 않고 실제로 하고, 진심을 내지 않고 실제로 하면 고생이 줄어듭니다.

"고생은 분별의 결과다. 탐심과 진심을 많이 연습한 결과가 고생으로 나타난다. '하겠다, 하겠다' 하지 말고 실제로 해라. 실제로 하는 길은 그 탐심의 분별을 부처님께 바치는 것이다. 금강경을 읽는 것이다."

이 뜻은 고생하지 않고 아주 쉽고 즐겁게 목표를 달성할 수 있는 그 길을 택하라는 것입니다.

입시생, 취업준비생, 성공하고 싶은 사람 등 많은 이가 잘되기 위해서 여러 가지 꾀를 쓰고 노력하며 고생한다고 합니다. 하지만 밝은이들은 이렇게 얘기합니다.

"그렇게 고생하며 신경 쓰지 말고, 싸우겠다는 생각도 바치고 머리를 짜내서 뭘 하겠다는 생각도 계속 바쳐 봐라. 바로 이런 것들이 분별을 내는 것이요, 고생의 길로 들어서는 것이요, 일을 어렵게 하는 것이다. 실제로 해라. 분별은 고생의 근원이니, 계속 바쳐라. 금강경을 읽어라."

이러면 고생이 아니고 즐거움이 돼요. 제가 아는 사람이 즐겁게 공부해서 우수한 성적으로 대학에 들어갔습니다. 수석으로 합격한 사람은 대개 공부를 즐겁게 해서 합격합니다. 어렵게 하면 절대로 수석 합격을 못 합니다. 고생하면서 하면 대개 큰일을 이룩하지 못합니다.

즐겁게 하면 지혜가 나서 큰일을 이룩합니다. 분별을 내는 것은 고생의 길이고, 바치는 것은 즐겁게 하는 길입니다. 탐심을 바치고, 진심을 바치고, 분별을 죽임으로써 즐겁게 하는 겁니다. 고생이라 하지 않습니다. 빠른 기간에 됩니다.

'쉽게 되는 길을 가라.' 이것이 우리 금강경 공부의 핵심입니다.

'고생하며 금강경 공부했다.' 이것은 금강경 공부를 못하는 겁니다.

'고생하며 가행정진을 했다.' 가행정진을 제대로 못하는 겁니다. 즐겁게 할 수 있어야 제대로 가행정진 하는 것이고, 즐겁게 할 때 시간 가는 줄 모르게 됩니다. 고생하면서 했다면 뭔가 잘못되고 있는 것이라고 분명히 아셔야 합니다.

"뭐 하겠다 설치지 마라, 왜 안 되나 짜증 내지 마라, 그리고 실제로 해라. 실제로 하면 아주 즐겁고 재미있어져서 목표에 도달하는 것은 아무것도 아니게 된다."

우리는 분별을 내고 고생하고 이전투구를 하면서 여기까지 오는데 얼마나 힘들었는지 푸념하는 것을 인생이라 합니다. 고생 고생하다가 나 죽는다고 하는데, 실제로 고생이 아니고 탐심, 진심의 분별을 내는 것이라고 이해해야 합니다.

도인만이 실제로 도와줄 수 있다

실제로 한다는 것을 이해하기 어렵습니다. 쉽게 이야기하면 자꾸 탐심을 바치는 연습을 해야 합니다. 남을 도와주더라도 실제로 도와

주어야 합니다. 그런데 도와주는 척하면서 실제로 돕지 못하는 일이 많습니다.

실제로 도와주는 일, 또 실제로 무엇을 하는 것은 도인밖에는 할 수 없다고 생각합니다. 응무소주 이생기심應無所住 而生其心은 말하자면 실제로 하는 연습인데, 그것은 도인만이 할 수 있는 것이기 때문입니다. 도인은 도와 줄 때 도와주겠다고 하지 않습니다. 예를 들면 이 사람이 결혼하면 고생할 것을 압니다. 그럴 때 너는 결혼하면 틀림없이 고생한다고 일러 주는 것은 도인의 법식이 아닙니다. 도인은 실제로 돕습니다.

실제로 도와주는 도인의 법식을 말씀드리고자 합니다. 이 말씀에서 힌트를 얻으셔서 남을 도울 때 실제로 돕고, 자신이 일할 때도 분별 내지 말고 실제로 하는 것을 연습하셔서 즐거운 삶을 사시기를 바랍니다.

소사 도량에서 도인께서
실제로 도와주신 이야기

소사에서는 매일 아침 올라오는 생각을 다 내놓고 이야기를 합니다. 점검을 끝내면 삼배하고 올라가는데, 저는 그때 살림을 맡았기 때문에 따로 선생님께 드릴 말씀이 있어서 남아 있었습니다. 말씀을 드리고 올라가려고 했더니 생전 그런 일이 없으셨던 선생님이 손짓으로 더 앉아 있으라고 하십니다. 저희는 '그 손짓이 무슨 뜻입니까?' 하고 분별 내지 않습니다. 조금 더 앉아 있으라는 뜻으로 압니다. 앉으라고 그러셨으면 무슨 얘기를 하셔야 할 텐데, 아무 말씀을 안 하세요. 한참 있더니 가래요. 참 이상하다고 생각하며 올라왔어요.

그 사이 우리가 식사하는 자리에서 난리가 났습니다. 한 사람은 도망가고, 다른 사람은 그이를 두들겨 패려고 쫓아가는 것이었어요. 저는 그때야 선생님께서 손짓으로 앉으라고 하신 이유를 알았습니다. 만약 바로 올라갔다면 그이 대신 내가 당했을 겁니다. 그 사람의 목표가 나였는데, 내가 없으니 다른 사람을 공격했던 겁니다. 지금 생각해 보면 선생님께서는 나를 도와주고 싶었던 것입니다.

다른 방법으로는 말로 하는 방법이 있을 겁니다.

"너 지금 올라가면 쟤한테 당하니까 조금 있다가 올라가라."

그러나 말로 하게 되면 우선 제가 잘 믿지 않을 수도 있고, '정말 그럴까?' 분별을 낼 겁니다.

"5분만 앉아 있다가 올라가라."

저는 5분 있다가 올라가서 그 난리를 피했겠죠. 그럼 선생님께서 기다리라고 지시해 주신 덕에 난리를 피했다고 생각하여, 사사건건 선생님께 여쭙고 점을 쳐 달라고 해서 재앙을 없애려 하는 사람이 되었을 것입니다. 선생님께서 미리 일러 주면 그 난을 피하는 덕은 보지만 하나하나 물어보는 사고방식에 물들 것을 염려하셔서 그렇게 하시지 않고, 가볍게 손짓으로 기다리게 하여 분별을 내지 않고 난을 피하게 하셨던 것입니다. 이것이 실제로 도와주는 것입니다.

분별 내지 않게 하며 도와주는 것이
실제로 도와주는 것

우리는 무슨 일을 하더라도 입으로 먼저 떠벌리며 계획을 얘기합니다. 또 도와주려고 해도 이리해라, 저리해라 잘난 척만 하지 실제로 하지는 못합니다. 실제로 하는 것은 분별 내지 않고 하는 것, 또 실제로 도와주는 것은 분별 내지 않게 하며 도와주는 것입니다. 도인의 법식이 그렇습니다. 실제로 하면 고생하지 않습니다. 즐겁게 일생을 마칠 수가 있어요.

응무소주 이생기심이란 말에는 분별 내지 않고 실제로 하라는 뜻이 담겨 있다는 점을 잘 이해하시기 바랍니다. 굳이 입을 벌려서 얘기할 필요 없어요. 실제로 행동하는 겁니다. 설칠 필요가 없이 실제로 하는 것을 연습합니다. 그럴 때 모든 고생은 사라지고, 인생이 즐겁게 변합니다.

도인께서 실제로 도와주신
최의식 선생님 이야기

도인은 실제로 도와줍니다. 또 하나의 예는 최의식 선생님 이야기입니다. 해방 전에 강원도에 계신 백 선생님께 인사하러 가셨습니다. 하루 저녁인가 지나 다시 서울로 가려는데, 생전 붙들지 않는 도인이 그날따라 "하루만 자고 가라."고 하셨습니다. 평상시와 다르다 해도 우리는 보통 묻지 않습니다. 요즈음 같으면, "왜 자고 가라 그러시죠? 저 바쁜 일이 있는데요." 하겠지요.

하루 더 묵고 다음 날 방송을 들어보라고 하셨습니다. 그날이 바로 일왕이 항복한 8·15 해방일이었습니다. 라디오가 귀했던 시절이니 떠나면 방송을 듣기 어려울 테고 며칠 후에나 알게 됐겠죠. 그래서 하루 더 묵고 가라고 하신 것입니다.

"내일 일왕이 항복을 하는데, 오늘 하루 더 자고 방송 듣고 가라."

만약 이러셨다면 최의식 선생님은 항상 백 박사님 말씀에 의존하게 되었을 겁니다.

기쁜 소식을 전해도 말로 떠벌리며 도와주는 게 아니라 실제로 도와줍니다. 무슨 일이든지 분별 내지 않고 하며, 다른 사람을 도와줄 때도 분별 내지 않고 하는 것을 알게 하고자 그렇게 하시지 않았나 생각합니다.

"하겠다 하지 말고 실제로 해라."

이 뜻을 잘 아신다면 우리 인생은 금방 바뀝니다.

탐심, 진심이 왜 해로운지 알아야 합니다. 실제로 함으로써 모든 독에서 벗어나 새로운 인생을 창조할 수 있을 것입니다.

2017.12.02.

마음은 주위 환경을 변화시키고
새로운 것을 창조한다

오늘은 일체유심조의 진리를 복습하겠습니다.

우리 마음은 주위 환경에 의해서 영향을 받는 종속적인 성질이 아니며, 주위 환경을 변화시킬 수 있고 새로운 것을 창조할 수 있습니다.

맹자님 말씀, 부자가 되는 길은 항심을 해야 한다

맹자님은 일찍이 이런 이야기를 하셨습니다.

소인배, 보통 중생들은 든든한 재산이 있어야 마음이 항상 꾸준히 유지된다. 즉, 중생은 항산恒産이 있어야 항심恒心이 된다. 아마저와 같은 보통 사람은 그런 것 같습니다. 예를 들어 보지요. 장사가 잘되면 마음이 든든하고 여유도 생깁니다. 광에서 인심 나는 법이라고 생각하겠죠. 반면 장사가 안 되거나 현상 유지도 힘들다고 여기면 굉장히 초조하고 불안해집니다. 항산이 없으면 항심이 안되는 게 중생의 특징입니다(무항산 무항심).

유명한 맹자님의 말씀을 후학들은 이렇게 얘기합니다.

"그래. 재산이 있어야 마음이 흔들리지 않지. 재산이 없으면 안 돼. 재산을 많이 모아야 해."

이런 식으로 마음은 환경의 영향을 받으니 영향받지 않으려면 재산을 부지런히 모아야 한다는 논리를 펴고 있습니다. 그러나 이런 논리는 바람직하지 않습니다.

군자는 항산이 없어도, 재산이 없어도 늘 마음이 흔들리지 않습니다. 항산이 없어도 항심이 됩니다.

맹자님이라면 이렇게 말씀하실 것 같습니다.

"소인배, 보통 중생들은 재산이 있어야 마음이 흔들리지 않지만 군자는 재산이 없어도 마음이 흔들리지 않는다. 또 흔들리지 않는 마음이 재산을 모은다. 그러니 흔들리지 않는 마음으로 재산을 모아라."

그런데 맹자님은 안 계시고 그것을 이해하는 후학들도 없으니, 항심을 하는 것이 부자가 되는 길임을 얘기해 주는 사람이 아무도 없습니다. 요새는 지혜롭지 못한 사람들의 이야기로 꽉 차 있는 세상인지도 모릅니다.

푸시킨의 시, 삶이 그대를 속일지라도

러시아의 천재 시인 푸시킨이라고 있습니다. 아마 30여 세에 요절했지요. 그의 시는 지금도 많은 사람에게 회자되고 있습니다.

"삶이 그대를 속일지라도 슬퍼하거나 노여워하지 마라."

첫 문장입니다. 우리는 삶이 우리를 속일 때 슬퍼하거나 노여워합니다. 우리의 마음은 주위 환경에 상당히 영향을 받습니다. 재산이 없을 때 마음이 흔들린다는 맹자님 말씀처럼 말이지요. 그러면서 푸시킨은 좀 더 나아갑니다.

"슬픔의 날을 참고 견디면 기쁨의 날이 돌아오리니."

푸시킨이 똑똑했다면 기쁜 마음을 내면 고난이 극복된다고 했을 텐데, 그 이야기까지는 못 했습니다. 이런 식의 얘기가 그럴듯해서 지금도 많은 사람이 좋아하고 있습니다. 어떻게 보면 지금 지구상의 모든 사람은 푸시킨의 제자인지도 모릅니다.

사람의 마음은 주위 환경에 밀접하게 영향을 받습니다. 주위 환경이 척박하면 마음이 우울해집니다. 하지만 참고 견디다 보면 기쁜 날도 올 것이라는 미래에 대한 막연한 위안으로 사는 것이 우리의 현실인지도 모릅니다. 대부분 그런 삶을 살고 있습니다.

하심정 식당 이야기

우리 금강경 공부하는 사람들은 어떨까요?

하심정 식당(서울 망원동) 이야기를 하고자 합니다. 상당히 적절한 예입니다.

식당을 시작할 때 많은 사람에게 어떻게 하면 식당이 잘되는지 물었습니다. 그랬더니 아무리 시설이 좋고 친절해도 음식 맛이 없으면 손님이 안 오니까, 음식 맛이 좋아야 하고 좋은 음식을 개발해야 한다고들 했습니다. 아주 상식적이고 교과서적인 이야기입니다. 그래서 좋은 음식을 개발하려고 꽤 노력도 했습니다.

그다음으론 이런 말들을 들었어요. 음식 맛이 좋다고 다 되는 게 아니다. 인테리어도 좋아야 하고 주차시설도 있어야 한다. 주위 환경도 갖추어야 한다. 역시 교과서적인 이야기입니다. 주차시설은 여건이 안 되니까 못했습니다만 인테리어는 한다고 했습니다.

그 외에 이런 이야기도 있었습니다. 친절하고 청결하고 스피디해야 한다. 음식이 빨리 나와야 한다. 솥밥을 짓는 데 30분씩 걸려서는 손님 다 떨어진다. 그래서 우리는 친절하고 청결을 유지하며 빨리 일하려 노력했습니다.

또 내부 사람들이 화목하고 단결해야 한다는 점을 잘되는 식당의 비결로 얘기하는 사람도 있었겠지만, 아마 이것은 틀림없이 가장 나중 순위로 두었을 것입니다.

우리는 맛있는 음식을 개발하려고 노력하고, 인테리어도 신경 쓰고, 친절하려고 했었습니다. 그렇게 장사한 지 10년이 되니 맛은 꽤 있다, 인테리어도 괜찮다 칭찬하는 사람들이 많았습니다. 주차시설이 없어도 자기가 알아서 차를 대고 옵니다. 그런데도 손님이 없어요. 알 수가 없습니다.

그러다가 하나 발견한 것이 있어요. 이런 마음을 낸 적이 있었습니다.

'내부 사람들이 싸우지 말고 화목하게 한마음이 되어 보자. 화목하면 그 기운이 사람들한테 전해지고, 그 집에 가면 음식도 괜찮지만 마음이 편안해진다는 소문이 나면서 차츰 사람이 많아질 것이다. 우리 마음을 닦고, 금강경을 잘 읽고, 서로 다투지 말고, 잘난 척하거나 지배하지 말고, 부처님 뜻을 따르자.'

그러한 마음을 내면 마음의 영향을 받아서 사람들 마음이 편안해지고, 그 집 가면 편안하다고 소문나서 손님이 다시 또 오고……. 사실 이렇게 되기까지 몇 달이 걸릴지는 아무도 모릅니다. 그런데 참 이상한 것은, 그렇게 잘해 보자고 마음먹은 순간부터 사람들이 몰려듭니다. 참 이상해요. 한 번이 아니라 몇 번을 그랬습니다. 그 뒤에 아무리 음식을 잘해도, 서로 다투고 잘난 척하고 꾸짖고 이러면 여지없이 곧바로 손님이 떨어집니다. 소문이 나서 몇 달 만에 떨어지는 게 아니에요. 한 번만 체험한 것이 아닙니다. 종종 체험합니다.

식당을 하면서 분명히 깨친 것이 있습니다. 장사가 잘되는 비결은 음식을 잘하는 것, 인테리어, 주차시설, 친절이나 청결이 아니라는 것을 확실히 알았습니다. 우리 마음이 부처님 향하고 금강경을 잘 읽을 때, 그리고 화목하고 잘난 척하지 않고 지배하려 하지 않을 때, 바로 천인 아수라가 개응공양 하면서 장사가 잘되는 것을 확실히 느낍니다. 손님이 떨어져도 몇 달 만에 서서히 떨어지는데, 이상하게 하심정 식당은 서로 다투었다 하면 바로 떨어집니다. 어떻게 아는지 귀신같아요. 마음이 먼저고 결과는 나중입니다.

마음은 산술적이고 과학적으로
정확하게 현실에 작용한다

맹자님의 말씀을 다시 생각합니다. 푸시킨의 시처럼 슬픔의 날을 참고 견디고 노력해서 잘되는 것이 아니에요. 우리가 항심, 변하지 않는 마음, 부처님 공경하는 마음을 가지면 그 자리에서 풍요로워집니다. 이 진리를 하심정 식당을 통해서 확실히 발견했습니다.

하심정이 잘될 때는 언제인가?

음식을 잘 만들고, 인테리어와 주차시설을 잘 갖춰서 잘되는 게 아닙니다. 흔들리지 않는 마음을 백 일이라도 유지해 보라는 겁니다.

근데 이상하게요, 8월에서 10월까지 쭉 치고 올라왔습니다. 한 달 매상이 일일 100만 원 이상이 되어 이웃집을 사서 뭐 해볼까 얘기도 했었습니다. 그때는 모두 공경심이 꽉 차 있을 때입니다. 그런데 어느덧 분별을 내다보니까 11월에 팍 떨어졌어요. 아주 산술적이고 과학적으로 우리 마음이 현실에 작용한다는 것을 실감했습니다.

이제 결론을 냅니다. 우리 마음이 시종일관, 몇 달이라도 흔들리지 않고 갈 수만 있다면 하심정은 잘됩니다. 하심정이 잘되듯이 모든 일에는 부처님 시봉하는 마음이면 반드시 잘된다, 이렇게 말씀드릴 수 있습니다.

중생 마음을 부처님 마음으로 바꾸는 것

왜 금강경을 읽어야 하지요?

왜 올라오는 생각을 부처님께 바쳐야 하지요?

부처님께 바친다는 것은 무슨 뜻입니까?

부처님께 바칠 때, 중생적 마음이 부처님 마음으로 바뀝니다.

구족具足한 분이 부처님입니다. 정신적으로 물질적으로 다 구족한 부처님 마음으로 변하면서, 척박한 중생의 마음 상태에서 부처님의 마음 상태가 되면서 기쁨을 느끼게 됩니다.

부처님께 바치는 순간, 제일 먼저 기쁨이 나옵니다. 이 기쁨을 정定

이라고도 하며 이는 반드시 지혜로 이어집니다. 기쁨의 결과가 지혜이며, 소원 성취라고도 합니다. 또 기쁨으로 바뀌는 것은 곧 재앙 소멸이라고도 이야기합니다.

부처님께 바치는 방법, 굉장히 귀한 가르침입니다. 우리의 중생적인 마음이 순간적으로 부처님 마음이 될 때, 척박한 사막 같은 마음에 기쁨이 생기면서 지혜가 임하고, 현실이 변하게 됩니다. 무에서 유를 창조하는 귀한 가르침, 거지에서 무한한 부자가 되는 가르침입니다.

취직을 못해서 빈둥빈둥 노는 사람에게 부처님 향하며 금강경을 읽어 보라고 권하고 싶습니다. 그러면 아무 이유도 없이 마음속에서 기쁨이 나옵니다. 우울한 생각이 가십니다. 실직하여 두려워하는 것은 환경의 영향을 받는 중생의 마음입니다. 부처님께 바칠 때 순간 부처님 마음이 되면서 속에서 기쁨이 우러납니다. 실직의 외로움과 빈곤을 보상하고도 남을 수 있는 기쁨이고, 무에서 유를 창조할 수 있는 가르침입니다.

많이 들었는데도 잊어버리셨다면 지금 잘 들으시고 무에서 유를, 불행에서 행복을, 무지에서 지혜를 창조하셔서 이 가르침으로 모든 풍요와 행복을 만끽하시기 바랍니다. 분명히 그럴 수 있습니다. 그리고 이 가르침이 두루두루 퍼져서 모든 사람이 행복하게 되도록, 우리는 기쁘게 힘써 전해야 할 것으로 생각합니다.

2017.12.09.

제2장

금강경 공부는 자신을 변화시켜
행복과 보람을 느끼게 한다

정법正法의 특징

세상에는 밝아지는 가르침, 영생을 살고 생사 해탈하는 가르침, 인생을 행복하게 하는 수많은 가르침이 있습니다. 불교에도 소위 참선, 염불, 간경, 주력 등 여러 수행법이 있습니다. 참선도 간화선, 위파사나, 묵조선 등 여러 가지가 있습니다. 또 ○○○선원에서는 스님의 이름을 따서 무슨 선이라고 이름을 짓기도 합니다. 그 외 기독교, 마호메트교, 유교, 노자의 가르침을 받는 도교도 있습니다. 가르침을 따르는 사람들은 대부분 자기 가르침이 정법이고 최고라 하면서 이것을 믿을 때 큰 행복을 얻고 영생을 얻는다고 주장합니다.

우리는 스스로 금강경을 하는 사람이며, 바치는 방법으로 수행한다고 할 겁니다. 이 가르침이 최고라고 하는 사람도 있을 것입니다. 어떤 것이 정법이고 어떤 것이 삿된 법인지, 어떤 것이 정말 옳은 가르침인지 참 헷갈리지요. 기독교나 다른 가르침을 따르다 이쪽으로 온 사람들도 있고 또 다른 쪽으로 가 버린 사람들도 있습니다. 사람들도 왔다 갔다 하면서 바뀝니다. 저는 오랫동안 밝은 도인 밑에서 금강경을 공부했습니다.

　오늘 정법正法과 사법邪法에 대해 말씀드리려고 합니다. 이것을 잘 알고 공부하는 것은 모르고 공부하는 것과 매우 다르다고 생각합니다.

살신성인의 가르침

　우선 이기심을 부추기는 가르침, 자기만 잘되게 하는 가르침이라면 정법이 아닙니다. 반대로 나를 죽이는 가르침, 살신성인하는 특징이 있는 가르침은 정법에 가깝습니다. 믿는 사람을 자꾸 바라게 하고, 탐내게 하고, 자기만 잘되길 바라게 하는 가르침은 정법이 아니고 사법이라고 생각합니다.

　또 끼리끼리 패거리를 지으면서 다른 사람을 미워하고 증오하게 부추기고 우리끼리만 단결하자는 가르침이 있다면 이 또한 잘못된 가르침이라고 말씀드릴 수 있습니다.

　자기의 가르침이 최고라고 하면서 다른 가르침을 무시하고, 자기의 가르침이 잘났다고 하면서 오만하게 만드는 가르침……. 대부분 자기의 가르침이 최고라고 주장하는 수가 많습니다. 이렇게 주장하는 분위기를 만드는 가르침은 정법이 아니라고 생각합니다. 다 삿된 법에 가깝다고 생각합니다. 이것이 정법의 첫 번째 특색이라 말씀드립니다.

부동심不動心이 되는 가르침

올바른 가르침은 움직이지 않는 마음, 즉 부동심不動心을 키웁니다. 반대로 정법이 아닌 가르침은 사람의 생각을 끊임없이 움직이게끔 합니다.

마음이 끊임없이 움직이는 것이 왜 악惡일까?

부동심을 갖게 하는 것이 어째서 선善일까?

소위 올바른 수행법은 부동심이 되게 합니다. 예를 들어 '지켜본다, 사마타, 숨 쉬는 것을 관한다, 집중한다.'는 모두 마음을 움직이지 않게 합니다. 이러한 마음 연습은 부동심이 되게 합니다. 부동심이 되게 하는 것이 정법입니다.

반면 '끊임없이 상상한다, 어서 하겠다고 설친다.' 이것은 마음을 움직이게 하는 겁니다. 마음을 움직이게 하는 가르침은 대개 정법이 아니고 사법에 가깝습니다.

편안함과 환희심이
지혜와 능력으로 연결되는 가르침

또 정법은 마음이 편해지는 특징이 있습니다. 기독교의 기도, 불교의 참선, 염불도 좋습니다. 그 수행을 계속하며 마음이 편안해져야 합니다. 그것을 행할 때 마음이 불편해지면 이것은 벌써 정법과는 거리가 멉니다.

정법의 특징은 마음이 편안해지고, 편안해짐과 동시에 드디어 환희심으로 연결됩니다. 착각에서 나온 환희심도 있을 수 있습니다.

현실에서 재앙을 소멸하여야 합니다. 그 가르침을 행했을 때 병이 들거나 재앙이 생기거나 마음이 불편해지는 가르침이면 거의 정법이 아니라고 해도 틀림없습니다.

그 가르침을 행했을 때 마음이 편안해지고 환희심이 나야 합니다. 가난이 변해서 풍요가 되고, 질병이 변해서 건강이 되고, 또 무지無智가 변해서 지혜가 나와야 합니다. 갈수록 현실과 동떨어진 사람이 되어서는 정법을 행하는 사람이 아니라고 할 수 있습니다. 정법 수행을 하면 무능한 사람이 능력자로 변해야 합니다. 세상과 등지고 조용히 앉아서 무능한 사람이 된다면 정법이 아니라고 말씀드립니다.

마음속에서 모든 것을
다 찾게 하는 가르침

우리의 가르침에서만 일러 주는 것입니다. 마음 밖에서 찾는 가르침은 정법이 아닙니다. 예를 들어서 부귀영화를 지향하는 가르침, 이 가르침을 행했더니 돈이 잘 벌리고 출세한다는 가르침과 같이 가치를 마음 밖에서 찾는 것은 정법이 아닙니다.

자기 마음속에 영원한 것이 있고 참 지혜가 있으니, 마음속에서 모든 것을 다 찾으라는 가르침이 있다면 정법입니다.

정해져 있지 않은 가르침

마음속에서 찾으라는 것과 무관하지 않습니다만, 정해져 있지 않은 것 또한 특징입니다. 틀이 있어서는 정법이 될 수 없습니다. 그런데 대부분의 가르침은 정형화하여 어떤 틀을 만들려고 합니다. 시대와 상황에 따라 신축성과 탄력성이 있으며, 정해지지 않은 것이 정법의 특징입니다. 그러나 사법은 대개 정해져 있고 계율도 고정되어 있습니다. 시대와 상황에 따라서 달라지지 않고 획일적인 것이 사법입니다.

도인이 시킨 일은 모두 정법

지금까지 정법의 기준을 대략 말씀드렸습니다. 이제 정법의 특징 또 한 가지를 꼭 말씀드려야 할 것 같습니다. 지금까지 말한 기준에 맞지 않아도 도인이 가르치신다면 이것은 정법입니다.

설사 겉보기에 악을 행하고 정도에서 벗어난 것처럼 보여도, 밝은 이가 시키는 것은 정법이라고 말씀드리고자 합니다. 이것은 도인을 모시고 있는 사람이 아니라면 도저히 이해할 수 없습니다. 도인이 시키시는 것이라면 오입질, 도둑질을 시키시더라도 그것은 다 정법이 됩니다. 상당히 민감한 문제입니다.

제가 말씀드린 모든 기준에 맞지 않아도 도인이 시킨 일이라면 올바른 길로 가게 하고, 정법이 됩니다.

이러한 특징이 있다는 것을 잘 아시고 우리 금강경 가르침을 공부하시는 것은 모르고 하는 것과 상당히 다르다고 생각합니다.

2017.12.16.

모든 문제의 해답은
네 안에 있다

저의 학생시절 이야기로 시작하도록 하겠습니다. 저한테는 세 가지 바람이 있었습니다.

• 공부를 잘하고 싶다

제가 다녔던 중고등학교 또는 대학이 그래도 괜찮아서, 열심히 공부하는 애들이 많았습니다. 경쟁 사회에서 성공하려면 공부를 잘해야겠다고 생각했고, 잘하고 싶었어요. 그런데 공부라는 게 늘 재미가 없고 취미를 붙이지 못했었습니다. 공부를 안 하고 다른 걸 했으면 좋을 텐데 마땅한 것이 없어요. 여기서 이겨야 합니다. 그런데 공부하기가 싫으니, 어떻게 하면 공부를 잘할 수 있을까? 이것이 저의 고민이었습니다.

저는 공부 잘하는 방법을 여러 가지로 찾았습니다. 그때 머리가 좋아지는 책을 읽었더니 기억력이 상당히 좋아지는 것을 느꼈습니다. 그런데 그 기억력은 창의력하고는 달라요. 개인의 능력하고도 다릅니다. 그래서 그 책은 조금 보다가 관두었습니다. 제 마음속에는 여전히 어떻게 하면 공부를 잘할 수 있을까 하는 궁금증이 있었고 잘하는 방법이 있다면 찾아가서 배우고 싶었습니다. 이것이 저한테 는 숙제였습니다.

• 대인관계를 원만하게 하고 싶다

어렸을 때는 잘 몰랐습니다만, 고등학생이 되며 대인관계가 참 중 요하다는 것을 알았습니다. 공부만 잘해서는 세상을 잘살 수 없다 는 것을 느꼈어요. 친구가 많고 대인관계도 원만해서 리더십과 인기 를 얻어 외로움을 타지 않는 것이 저의 과제였습니다.

그래서 학교 공부 이외에도 처세, 성공에 관한 책들을 적지 않게 읽었고 선배나 친구들과 토의하기도 했습니다. 그런데 별 소득이 없 었습니다. 선배들은 성공한 사람들이 자기 잘났다고 써 놓은 책들 은 우리 현실과는 맞지 않는다고 일축했습니다. 그럴듯하게도 들렸 습니다만, 대인관계는 여전히 나에게 숙제였습니다.

• 마음을 안정시키고 싶다

어쩌면 전생부터의 습관이었는지 모릅니다마는, 마음을 안정시키 고 싶었습니다. 마음이 툭하면 산만해지고 어떤 생각을 한번 하게 되면 자꾸 빠져들었습니다. 그 생각이 좋은 생각이라면 몰라도, 안 좋은 생각에 자꾸 빠져들면 일하는 데 큰 장애가 됩니다. 공부, 대 인관계에도 장애가 됩니다. 어떻게 하면 산만한 생각을 물리칠 수 있을까? 이것이 저의 심각한 과제였습니다.

공부 문제, 대인관계 문제, 마음을 안정시키는 문제가 저에게 큰 과제였고, 그때는 문제의 해답을 어떤 사람에게서 또는 책에서 찾아 야 한다고 생각했습니다. 그 문제의 해답이 내 속에 있다고는 도저히 생각할 수 없었습니다. 네 속에서 답을 잘 찾으라고 얘기해 주는 사람도 물론 없었습니다.

큰스님이나 불교 경전에서
답을 찾지 못하다

그러던 중에 불교를 만났습니다. 공부 잘하는 방법, 대인관계 좋게 하는 방법, 마음을 안정시키는 방법을 찾다가 불교를 만났는데, 만나자마자 무척 빠져들었습니다. 특히 금강경 같은 대승 경전에 푹 빠져들었고, 그때 처음으로 출간된 능엄경에도 무척 빠져들었습니다. 그러나 경전에 제가 바라던 해답은 쓰여 있지 않았습니다. 어떻게 보면 우주의 진리를 설명해 놓은 것인데, 궁금했던 내용이 경전 속에 있어서 완전히 빠져들어 읽고 또 읽었습니다. 처음엔 대승 경전에 빠져들었고, 나중에는 소승 경전도 즐겨 읽었습니다. 때마침 『우리말 팔만대장경』 책이 처음으로 나왔는데, 거기에 각종 소승, 대승 경전 등 전체적인 부처님의 말씀이 다 압축되어 있었습니다. 읽고 또 읽었습니다.

부처님께서는 우주의 진리, 비밀도 설명하셨지만 특히 소승 경전에는 마음을 닦아서 밝아지는 수행법도 많이 있습니다. 지장경을 읽고 지장보살 염불을, 관음경을 읽고 관세음보살 염불도 꽤 했습니다. 또 부처님께서 얘기해 주신 여러 가지 관법이 있습니다. 이러한 여러 수행법을 해보려 했고 상당히 좋아했습니다. 그러나 제가 가지고 있었던 숙제 세 가지를 해결하지는 못했습니다. 즉 부처님 말씀, 경전에서는 제 해답을 찾을 수가 없었습니다.

큰스님께 찾아보려고 했습니다. 그때 조계사에 당대의 큰스님들이 오셔서 주로 참선, 묵조선이나 간화선에 대한 이야기를 많이 했습니다. 저는 한 달 동안 출가하여 스님들과 함께 큰스님의 지도를 받으며 간화선 수행에 참여했던 적도 있었습니다. 스님들은 간화선 수행법이 최고다, 나는 이런 대단한 수행을 했다……, 주로 그런 말씀만 하셨을 뿐입니다. 제 고민을 해결하는 데에는 별 도움이 되지 않았습니다.

부처님 말씀이나 경전에서 제 고민에 대한 명쾌한 해답을 찾을 수가 없었습니다. 그래서 제 고민은 제쳐 두고 부처님 경전이나 연구하면서 살아가려는 생각도 했는데, 제 안의 해결해야 할 실질적인 문제에 관심이 더 많았습니다. 학자가 되어도 잘할 것 같다고 생각했습니다만, 그것은 저한테 꼭 필요한 것이 아니었습니다. 또 수많은 화려한 큰스님의 말씀은 상당 부분 자기 자랑이거나 이 공부가 위대하며 부처님이 위대하시다는 이야기로 일관돼 있었고, 제가 당면한 문제와는 아무런 상관이 없었습니다.

그 당시 저는 능력이 부족해서인지 진리가 없어서인지는 몰라도 '더 이상 찾을 게 없다. 이제 나무아미타불 열심히 해서 금생엔 미완의 삶을 살더라도 내생에 아미타불 극락세계에 가는 기대나 하고 살겠다.'라고 결론을 내렸습니다. 그때는 금생에 극락을 체험하지 못한 사람은 내생에 극락을 갈 수 없다는 진리를 몰랐습니다. 아마 제가 나무아미타불을 열심히 했더라도 결코 극락에 못 갔을 겁니다. 극락에 가는 사람은 금생부터 극락세계를 체험해야 합니다. 그땐 그걸 전혀 몰랐습니다.

선지식을 만나지 않았다면 저는 불교를 좋아하고 큰스님을 찾았으면서도 늘 불평, 불만, 비관 속에서 쓸쓸하게 살다가……. 뭐 약간의 성공이나 발전도 있었겠지만 큰 의미가 없었을 것 같습니다. 결론적으로는 '세상은 무상하다, 힘들다, 안 되는 것이다.' 이런 생각 속에 세상을 떠났을 것입니다.

선지식을 만나고
출가하여 답을 찾다

지금 생각해도 큰 은총입니다. 저는 선지식을 만났을 뿐 아니라, 선지식을 모시고 출가수행도 할 수 있었습니다. 만난 것과 출가는 상당히 다릅니다. 만나는 것은 겉 맛만 보는 겁니다. 저는 3년 이상 출가해서 불교를 새로 알게 되었습니다.

그분의 말씀을 여기서 요약할 수 있습니다. 그분은 나에게 어떤 주문도 하지 않았습니다. 염불, 가행정진, 금강경 7독 등은 뒤늦게 나온 이야기입니다. 제 얘기를 들어주는 것이 그분이 하시는 일이었습니다. 시키는 게 없었어요.

"힘듭니다. 안 됩니다. 어렵습니다."

"밖에서 구하지 마라. 부처님 말씀에서 구하지 마라. 큰스님을 따라가지 마라. 네 속에 해답이 있느니라. 그 생각을 바쳐라. 부처님께 바치면 바로 해답이 나올 수 있다. 너는 그것을 모르고 부처님의 말씀, 큰스님의 말씀에서 찾거나, 나를 도인으로 알고 매달려 내가 해결해 주기를 바라는 마음을 갖고 있다. 네 속에 다 답이 있는데, 왜 외부에서 찾느냐?"

제가 지금까지 외부에서 찾고 있었다는 사실조차도 전혀 몰랐던 것을 거기 가서 비로소 알았고, 마음이 모든 것을 만든다는 것을 경전 속에서는 어렴풋이 알고 있었어도 실제로 선지식이 일깨워 주었습니다.

내 마음이 모든 재앙을 불러올 뿐만 아니라 스스로 마음을 바꿈으로써 극락세계를 창조할 수 있다는 일체유심조, 유식무경의 진리를 비로소 처음으로 이해하게 되었습니다.

'공부하기 싫다. 어떤 좋은 방법이 없을까?'

그 방법이 저한테 있는 것을 몰랐습니다. 공부하기 싫은 그 마음을 바치면 됩니다. 바쳤습니다.

'대인관계가 좋지 않다. 안 된다.'

안 된다는 생각만 바치면 내 속에 대인관계가 잘되는 해법이 있다는 것도 비로소 알게 되었습니다.

'마음이 안정되지 않는다.'

"안정이 안 되게끔 스스로 불러오지 않았느냐? 안 된다는 생각을 왜 바치지 않느냐? 해법도 네 속에 있는 것이다. 그걸 바치기만 하면 '안 된다'는 것이 사라지고 부처님의 환희심이라는 위력이, 너를 구원할 수 있는 힘이 나오는 것이다."

제 마음은 안 되는 것에서 되는 것으로 바뀌고, 힘들고 고달프다는 것에서 힘들지 않은 것으로 바뀌기 시작했습니다. 재앙은 내가 불러오는 것이고 극락도 내가 창조할 수 있다는 것을 알게 되었습니다. 즉심시불卽心是佛이라는 달마 대사의 말씀이 참 듣기 싫고 이해하기 어려웠는데, 비로소 깨달았습니다. 저는 그 말씀처럼 내 마음속에서 찾지 않고 경전, 사람, 외국 유학 등 모두 마음 밖에서 찾으려고 했던 겁니다. 마음속에서 찾는다는 것을 어렴풋이 알기는 했어도 일깨워주는 사람이 없었던 겁니다.

내 속에서 모든 답을 찾게 되다

저는 선지식과의 소중한 만남으로 드디어 오랫동안 마음속에 묵은 지옥의 세계를 서서히 바꾸어 나갔습니다. 짧은 시간에 바뀌지는 않았습니다. 중간에 수많은 외부의 유혹이며 여러 가지 장애 요소들이 적지 않았지만, 언젠가 복을 짓고 선근이 있었는지 유혹에 흔들리지 않게 되었습니다. 스스로 마음속에서 극락세계를 만드는 방법을 알게 됐고, 그것을 현실에 응용해서 실감하는 사례도 경험했습니다.

이제 저는 모든 것을 마음에서 찾고 부처도 찾을 수 있다는 일체유심조의 진리를 믿게 되었습니다. 그리고 선지식의 가르침, 좋은 인연을 만나는 것이 얼마나 소중한지 알게 되었습니다.

드디어 학생 때 가졌던 세 가지 소원인 공부, 대인관계, 마음의 안정을 바로 내 속에서 찾을 수 있다는 것을 알게 되었고, 완전하지는 않지만, 그 뜻을 이루었다고 감히 말씀드립니다.

제 이야기를 통해 일체유심조의 진리를 실감할 수 있을 것입니다. 모든 재앙은 내가 불러오는 것이며 모든 복은 내 속에서 창조할 수 있습니다. 이것을 아는 것이 불교이며, 이것을 떠나 불교는 없습니다.

이 가르침 만난 것을 무한한 영광으로 생각하고 정진하셔서 행복하고 지혜로워져 부처님 세계를 발견하시기를 바랍니다.

2017.12.23.

금강경 공부는 자신을 변화시켜 행복과 보람을 느끼게 한다

요새는 내 나이를 가끔 생각해 봅니다. 이제 고희를 넘기고 80을 바라보는 나이가 되었습니다. 과거를 한번 되돌아보면서 검토하는 것은 의의가 있는 일이라는 생각이 들었습니다.

오로지 부처님만 향해서 가는 삶, 지금이 가장 행복하다

지금까지 내가 가장 행복했던 시기가 언제였는지 한번 생각해 보았습니다. 어렸을 때는 선생님께 귀여움도 받고, 공부도 좀 해서 상도 받았습니다. 사람들은 어린 시절, 학생 시절을 행복했던 때라고 종종 얘기합니다. 저는 그런 점에서 괜찮은 학생 시절을 보냈고, 세간의 시선으로 보면 공부를 비교적 많이 한 편입니다. 대학원도 나왔고 박사학위도 받았습니다. 또 지금 생각해 보니 좋은 직장이었던 것 같아요. 대학교수를 한 30년 했었는데, 참 편하고 좋았던 시절이었던 것 같습니다. 아마 세상 표준으로 보면 학생, 박사, 대학교수, 이때를 행복한 시절이라고 할 수 있을 것 같습니다. 물론 그중에 고생도 있었지만 오늘은 그 이야기는 빼기로 하고요.

그때가 정말 나의 행복한 시절인지 잠깐 생각해 보았습니다. 잠시 검토했더니 학생 시절도 대학교수 시절도 행복한 것이 아니었습니다.

언제가 가장 행복한가? 지금이 가장 행복하다는 결론을 내렸습니다.

과거의 행복은 남과 비교해서 좀 낫다는 상대적인 행복이었습니다. 상대적인 행복은 일시적이며 반드시 또 고통을 동반하게 됩니다. 그래서 남들이 보기에는 무난한 세월이 행복한 세월이라 하지만, 가만히 따져 보면 좋은 일 뒤에는 반드시 나쁜 일이 있었던 시절로 결코 행복한 시절이 아니었습니다.

지금은 남과 비교하지 않는 삶을 살게 된 것 같습니다. 그것이 금강경 가르침의 특징이기도 합니다. 남과 비교하지 않고 오로지 부처님만 향해서 가는 삶, 나는 지금 가장 행복하다고 자신 있게 말씀드립니다. 지금 참 좋습니다. 감사하고 행복합니다.

진정한 보람은 나 자신의 변화

가장 보람 있었던 일은 무엇인지 한번 생각해 보았습니다. 보람 있는 일을 하나하나 생각해 봅니다.

다른 사람들과 좀 다르게 저는 좋은 일을 좀 한 편이었다고 생각합니다. 대부분 사람은 먹고살고 처자식을 위하는 것 외에 더 좋은 일을 별로 하지 못하는 것 같습니다. 저는 좋은 일을 꽤 한 것 같습니다.

우선 이 법당을 건설했습니다. 30여 년 전에 여기에 천여 평의 토지를 사서 법당을 지었고, 부처님께 바쳤습니다. 바치는 게 쉬운 일이 아닙니다. 그것은 상당히 보람된 일 중의 하나일 것이라고 사람들도 얘기하고, 저 자신도 한때 그렇게 생각했습니다. 그것은 보람된 일일 것입니다.

또 한 가지의 보람이 있다면 무료급식을 한 13년 한 것입니다. 약간 부끄러운 얘기입니다마는 약 30만 명의 독거노인들을 대접했습니다. 그분들로부터 많은 찬사를 들었습니다. 신문, 잡지에서 저를 아주 훌륭한 사람이라고 보도했고 조계종 총무원상, 대원상 등 상도 받았습니다. 이런 것을 아마 세상에서는 보람이라고 생각할 겁니다. 나 자신도 보람이라고 생각했던 적이 있습니다.

그것 말고도 또 있습니다. 저는 대학교수 생활을 하면서 오랫동안 학생을 가르쳤습니다. 제가 생각하기에 다른 사람들을 모방하는 논문이 아니라 우주의 비밀을 밝힌다고 생각하며 상당히 독창적인 논문을 썼습니다. 학생들에게도 강의를 잘했다고 생각하며 보람을 느꼈습니다. 학생들을 가르치고 논문을 쓰는 교수 생활을 자랑스럽게 생각하고 보람으로 느끼는 사람도 있습니다. 그런 점에서는 꽤 보람이 있었다고 생각합니다.

또 다른 것은 책을 몇 권 쓴 것입니다. 이제 호칭이 어느덧 법사가 되어서 많은 사람을 상담하고 있습니다. 아주 잘 팔리는 책은 아니지만 그래도 상당히 팔렸습니다. 책을 읽고 감동했고 삶이 변화했다는 이야기를 많이 듣습니다. 그리고 저에게 상담을 받고 나서 사람이 변했고, 여러 가지 좋은 일을 체험했다는 찬사를 적지 않게 들었습니다. 그것도 적지 않은 보람이었다고 한때 생각했습니다.

소위 세상 사람들이 생각하는 이런 것은 나의 속마음의 보람은 아니었습니다. 저는 그런 것을 보람으로 생각하지 않습니다. 진정한 보람은 저 자신의 변화입니다.

저는 단점이 많았고, 병약했고, 여러 가지로 모자라던 사람이었습니다. 금강경 공부를 통해서 병약했던 제가 건강해졌고, 모자라고 못났던 제가 아주 훌륭해지지는 않아도 상당히 나아졌습니다. 저는 이것이 가장 큰 보람이라고 확신합니다. 겉으로 나타난 다른 보람은 지금 생각하니 별로 보람이 아니었습니다.

가장 인상에 남는 사람은
티 내지 않고 행동하던 사람

지금까지 살면서, 특히 선생 노릇을 여러 해 하면서 제자, 친구, 중고등학교 동창, 또 직장 동료 등 많은 사람을 만났습니다. 그리고 수도하는 도반들과도 많이 만나 대화를 했습니다. 많은 사람이 거쳐 갔습니다. 그중 가장 인상에 남고, 고맙고 훌륭하다고 느낀 사람들을 한번 생각해 봤습니다.

삼십 년 동안 한 직장에 있었던 동료들은 거의 인상에 남지 않습니다. 상당히 이기적인 사람이었던 것 같습니다. 물론 그 사람들하고 오랫동안 같이 다니고 생활했지만 더 친해지지는 않았습니다. 그 사람들과 나는 항상 간격이 있었어요. 헤어진다 해도 생각날 사람은 하나도 없을 것 같습니다.

그다음으로 제 가족, 부모, 형제, 친척……. 태어날 때부터 오랫동안 만났죠. 그 안에 처자도 포함될 겁니다. 굉장히 끈끈한 관계였고, 도움도 주고 속도 썩였습니다. 그런데 부모, 형제, 친척, 처자까지 생각해 보아도 내생에 다시 만나고 싶은 사람은 별로 없습니다. 기억에 남는 사람이 별로 없습니다.

또 중고등학교 동창, 대학 동창, 여러 사람을 만났습니다. 그 사람들과 서로 도와주고 함께 즐거워도 했고 다른 한편으로 속도 썩였지요. 어렸을 때 순박하게 어울려 다니면서 우리는 영원한 벗이라고 다짐하기도 했습니다. 그러나 영원한 것은 하나도 없었습니다. 지금 생각해도 내생에 다시 만나서 친구가 되고 싶은 사람은 아무도 없습니다. 제가 좀 못돼서 그런지도 모릅니다.

어쩌다 짧게 만나는 사람 중에서 새록새록 떠오르고 인상에 깊이 박히는 사람이 있었습니다. 특색을 말한다면 티 안 내고 행동하던 사람입니다. 이런 사람은 일생에 한 번 만나기도 어렵다고 생각합니다. 그런데 제 복인지 몰라도 저한테는 티 내지 않고 조건 없이 베풀었던 사람이 몇몇 있었던 것 같습니다. 그 사람들은 오랫동안 만나지 않았습니다. 화끈하게 저한테 뭐 해준 것도 없어요. 그런데 생각하면 생각할수록 인상 깊고 고맙고 오랫동안 기억에 남습니다.

정리

이 모든 것- 가장 행복했던 순간, 가장 보람 있었던 것, 가장 인상에 남았던 사람들에 대한 판단의 배경을 보면 역시 금강경 공부를 좋아한 결과 그런 순간을 행복하게 기억하고 보람으로 여기게 된 것 같습니다.

저는 이 자리에서 금강경 공부가 참 좋은 공부, 행복하게 하는 공부, 보람을 느끼게 하는 공부, 그리고 가치관이 변할 수 있는 공부라는 말씀을 드립니다.

새해를 맞이하며 소중한 금강경의 가르침을 다시 기억해서 행복한 기간, 가장 보람 있는 기간이 되고 인격을 갖춘 사람이 되는 한 해가 되기를 바랍니다.

2017.12.30.

도인의 법식이 담긴 책,
전 세계로 퍼져 세상이 변화하기를 발원

2016년 9월부터 12주 동안 BBS에서 〈생활 속의 금강경〉이라는 제목으로 방송 강연을 했습니다. 그때는 수강료를 받아서인지 강의 듣는 사람들이 많지 않았습니다. 12주 동안 애를 썼지만, 반응에 대해서는 자신이 없었습니다. 최근 이 강연이 재방송으로 나가면서 아주 반응이 좋아 시청률이 1위라는 소식이 들리고, BBS 방송을 들은 사람들이 우리 인터넷 카페에도 가입하여 회원 수도 많이 늘었습니다. 멀리 지방에서 찾아오는 분들도 많이 있고 열기가 상당히 뜨거웠습니다.

김○○ 선생님이 내용이 좋으니 책으로 만들어서 시중에 배포하면 좋겠다고 제안했습니다. 책을 만들어서 방송사에 배포하면 초청 특강 제안도 받을 수 있고, 나중에 금강경 연수원을 설립하는 데 상당히 도움이 될 수 있다고 권했습니다.

제가 책을 쓴 지 꽤 오래되었습니다. 2005년에 『크리스천과 함께 읽는 금강경』을 쓴 것이 마지막입니다. 이번에 책을 쓰려고 12회에 걸쳐서 말씀드린 내용을 일단 녹취하였습니다. 녹취에 송○○ 보살 님이 상당히 솔선하시고 애를 쓰셨습니다. 또 그 내용을 듣고 대단 한 책이 될 것이라고 격찬을 했습니다. 거기서 용기를 더 얻었습니 다. 과연 내가 말씀드린 것이 그렇게 훌륭한 내용일까? 어쨌든 좋은 책을 만들어서 우리 선생님의 뜻을 받들어야겠다고 생각했습니다.

도반들이 녹취하여 가져왔는데, 막상 내용을 보니 매우 실망스러 웠습니다. 송 보살님은 대단한 칭찬의 말을 했습니다만, 그대로 냈 다가는 망신거리가 될 것 같았습니다. 어떻게 이런 내용을 보고 감 동을 하고 격려하셨는지 이해가 안 갈 정도로 매우 실망했습니다. 오래전에 나온 『성자와 범부가 함께 읽는 금강경』 책은 법회 시간에 한 이야기를 녹음하여 그대로 타자로 쳐서 만든 책입니다. 그때는 수정을 많이 안 해도 책이 괜찮았어요. 이번에도 녹음하고 타이핑 한 것이 괜찮을 것이라는 생각은 완전히 착각이었습니다. 그때는 해 설서였고 이번에는 해설서가 아니라 제가 깨친 것을 얘기하는 것입 니다. 깨친 것을 그렇게 비합리적, 비과학적으로 이야기해서는 세상 에 나가서 망신당할 것 같아요.

책을 쓴다고 했으니 안 할 수는 없어 작년 11월부터 책 쓰는 일을 시작했는데, 저에게는 각고의 노력이었습니다. 이야기한 것을 그대 로 옮기는 것이 아니라 완전히 새로 창작하였습니다. 늦은 나이 40 대에 박사 논문을 썼던 것보다 훨씬 더 어려웠습니다. 더군다나 제 가 이 나이에 새로운 창작을 한다는 것은 어떻게 보면 생명을 깎는 것과 같은 어려운 일이었는지도 모릅니다. 어느 때는 한 2~3페이지 를 쓰는데 보름 이상 전혀 진도가 안 나가는 겁니다. 다음 글을 어떻게 써야 할지 바치며 기도하면서 11월 중순에 대충 완성하였습니다.

써 놓은 글을 11월 중순부터 다시 보는데 나름대로 각고의 노력으로 최선을 다했음에도 불구하고 결과가 아직 미숙한 것입니다. 골격은 어느 정도 세웠지만, 한 얘기를 또 하는 문장을 보면서 내가 망령이 들었나 할 정도였습니다. 처음부터 새로 시작하는 기분이었습니다. 보고 또 보고, 보고 또 보기를 반복했습니다. 마치 때가 몹시 묻은 빨래를 세탁할 때 구정물이 헹구어도 자꾸 나오듯이 보고 또 봐도 틀린 것이 자꾸 나왔습니다. 나중에는 아주 지겨워서 보기 싫을 정도였는데, 자괴감이 들었습니다.

그래도 12월 중순에 두 번째 볼 때는 훨씬 덜했습니다. 그나마 제가 글을 조금이라도 쓸 수 있었던 것은 최근 단식으로 체중이 줄어들어 머리가 맑아졌기 때문인 것 같습니다. 옛날 체중이었다면 도저히 글을 쓸 수 없었을지도 모릅니다. 그런대로 글이 되는 것을 느끼면서 어제까지 거의 다 끝냈습니다. 아마 내주에는 가제본으로 나와서 몇몇 분들에게 읽힐 수 있을 것 같습니다.

11월 중순에 1차 작업을 끝냈고, 그때부터 약 2개월간 2차 작업이 끝났는데 이제는 세상에 내놔도 부끄럽지 않고 괜찮을 것 같습니다. 오히려 예전 책『마음을 어디로 향하고 있는가』보다 훨씬 실감날 뿐 아니라, 특히 사회, 현실에 사는 사람들한테는 매우 도움이 될 수 있겠다는 생각이 듭니다. 또 잘하면 세계적으로 사랑받는 책이 될 수 있겠다는 느낌도 있습니다. 이 느낌이 올바른 판단이기를 바라고 책이 잘 팔리기를 바랍니다.

세상을 밝히는 책

내용은 주로 선지식, 백성욱 박사님의 특성을 나타내는 데에 60~70%를 할애했습니다. 선지식의 티 내지 않는 기적적인 행위와 예언과 같은 도인의 법식입니다.

특히 4년을 소사에 있을 때와 그 이후에 선생님을 찾아뵈면서 들었던 말씀을 생각하며 글을 쓰는 동안 선지식의 말할 수 없이 크신 사랑을 느낄 수 있었습니다.

책 『마음을 어디로 향하고 있는가』에는 주로 깨닫기를 원하는 사람, 출가해서 수도하는 사람에게 적합한 형이상학적인 얘기들이 많이 있었습니다. 이번 책은 수도하며 깨닫고자 하는 사람들한테만 필요한 것이 아니라, 금강경을 현실에 적용해서 현실을 행복하게 살고 유능하게 살고자 하는 사람한테도 도움이 되도록, 제 체험을 바탕으로 썼습니다. 누가 보면 자랑이라고 할지 모를 내용도 있습니다. 자랑하면 좀 어떻습니까? 부처님 기쁘게 해 드리기 위한 자랑은 꼭 나쁘다고는 생각하지 않습니다. 단, 거짓말이 아니라면 말입니다.

이 책은 불자뿐만 아니라 기독교인들을 포함하여 전 세계인이 읽을 수 있는 책이라는 생각이 들어서 금강경의 가르침이 기독교의 가르침과 둘이 아니라는 내용도 추가했습니다. 이렇게 해야 세계적으로 사랑받는 책이 될 것 같습니다.

여기서도 또 착오가 있어 수정하거나 교정해야 할 것이 있을 것입니다. 고치고 또 고쳐서 더 고칠 것이 없는 상태에 이르게 된 느낌인데, 염불하다가 지치면 그 끝에 광명이 온다는 말처럼 이 책에서도 빛이 날 수 있을 것이라는 생각이 잠시 들었습니다.

인류 구원의 빛,
선지식의 크신 사랑

제가 책을 쓰면서 백 박사님은 정말 대단하신 분이라는 생각이 들었습니다. 인류를 구원하기 위해서 온 보살이라는 생각을 많이 했습니다. 백 선생님의 자비로운 사랑과 인격이 사무치게 느껴져서 제목은 가칭 『선지식의 크신 사랑』으로 했다가, 그 앞에 『구원의 빛』 또는 『인류 구원의 빛』 이런 식의 거창한 제목을 넣으면 어떤지 생각해 봅니다. 제목은 제가 결정하는 건 아니고, 가본을 만들어서 다시 전문가를 비롯한 많은 분의 고견을 청취한 뒤에 수정할 수도 있습니다.

이 책이 사람들을 편안하게, 행복하게, 유능하게 하고 드디어는 밝아지게 하는 책이 될 것을 기대합니다. 한두 사람의 노력이 아니라 여기에 공감하시는 회원들의 열과 성이 더해진다면 좋은 결과가 있을 것으로 기대합니다.

이 책은 단순한 교양서적이 아닙니다. 구원의 책이며, 세상의 혁명을 일으키는 서적이 될 것으로 생각합니다. 그런 뜻에서 모두 관심과 열의를 가지고 출판 불사에 참여하시기를 권합니다.

2018.01.06.

자신이
못난 줄 알아야

"자신이 가지껏 못난 줄 알아야 공부할 마음이 난다."

이 표현은 백 선생님께서 부처님께 바치라는 말씀 못지않게 우리에게 자주 하시던 말씀입니다. 오늘은 이 뜻을 검토해 보겠습니다.

후지산에서 도반의 선행과
일본 사람의 답례 편지

십수 년 전 우리 도반들 열댓 명이 동경을 중심으로 일본 관광을 하였습니다. 제가 동경을 두어 차례 갔었는데, 후지산을 등반하려다 못했습니다. 그래서 이번에 후지산을 등반하자고 제안했습니다. 후지산은 3,700m, 백두산보다 1,000m 정도 높은 산으로, 버스로 2,300m까지 가고 나머지 1,400m는 걸어 올라갑니다. 함께 간 대부분 도반이 참여했습니다.

그런데 한 도반이 도저히 등산을 못한다고 해서 남았습니다. 남아 있으면서 어떤 가게에서 청소를 해 드리겠다고 제안했다고 합니다. 말도 잘 안 통하는데 일본 말로 했는지, 영어를 곧잘 하니까 영어로 했는지 모르겠습니다.

여행 후 한 달쯤 지나 일본에서 바른법연구원으로 편지가 왔습니다. 남아 있던 도반이 가게에서 스스로 청소를 해 주어서 너무나 감동했다고 합니다. 그러면서 요즘 일본은 무주상 보시의 정신이 없어지고 너무나 개인적이고 이기적인데, 이 도반에게 대단히 감동하여 답례의 편지를 보낸다며, 한글을 몰라 일본어로 편지하는 것을 양해해 주기 바란다고 했습니다. 편지를 보면서 우리 도반이 이렇게 훌륭한 마음을 가지고 있었는지 알게 되기도 했지만, 무주상 보시가 사람의 마음을 감동하게 한다는 것을 새삼스럽게 깨쳤습니다.

아무런 보수도 바라지 않고 조건 없이 하는 것이 무주상 보시입니다. 무주상 보시는 우리 공부의 가장 핵심적인 실천 사항이기도 합니다.

금강경에도 무주상 보시를 실천할 수 있는 사람은 그 복덕이 불가사량하다는 표현이 있습니다. 저는 무주상 보시를 실제로 실천할 수 있는 사람이라면 주위를 개혁할 수 있다고 봅니다. 자신을 움직일 수 있는 사람이 세계를 지배한다는 말이 있는 것과 같이, 무주상 보시를 할 수 있는 사람은 자신을 이기는 사람, 자신을 지배하는 사람, 세계를 움직일 수 있는 사람입니다. 이것이 우리 공부의 목적이라고 생각합니다.

수도 생활의 어려움

"자신이 가지껏 못난 줄 알아야 한다."

이 뜻을 한번 생각해 보겠습니다.

제가 출가 당시 백 선생님으로부터 여러 가지 어려운 주문을 받았습니다. 밖에서 학생 생활, 군대 생활을 했지만 나 자신은 여전히 세상의 오욕락을 즐기는 사람이었습니다. 맛있는 것 먹고 싶고, 실컷 자고 싶고, 따뜻하고 보드라운 사람과 말하고 싶었습니다. 이것이 본능이고 저 역시 그 본능에서 벗어나지 못하는 보통 사람이었습니다. 수도장에서는 먹는 것도 삼가고 잠자는 것도 자기 마음대로 자서는 안 됩니다. 또 따뜻한 여자 친구를 사귀는 건 더더욱 안 됩니다. 가족에 대한 사랑까지도 버려야 하는 것이 수도장의 풍토였습니다.

처음에는 지저분하고 위험한 3D 업종인 젖소 목장에서 일하는 것이 굉장히 힘들고 어려웠습니다. 그래도 어렵다는 생각, 위험하다는 생각, 지저분하다는 생각을 부처님께 자꾸 바치니까 생전 해보지도 않았던 목장 일이 차츰 힘들지 않게 되었습니다.

힘든 목장 생활 못지않게 어려운 일은 또 있었습니다. 도반들과의 갈등이었습니다. 제가 생각했던 것과는 달리 도반의 마음은 천사가 아니었습니다. 도반들이 못된 점을 어느 정도 고쳐서 수도장에 들어온 줄 알았더니 전혀 그렇지 않았습니다. 세상 사람들의 못된 점을 똑같이 가지고 있었어요. 도반들 사이에 치열한 갈등, 죽이고 싶을 정도로 심한 갈등이 있었습니다. 전생에 살생 업보였나 봅니다.

동시에 부모님과의 정을 끊는 것이 굉장히 어려웠습니다. 몇 가지가 한꺼번에 닥치는데, 바칠 것이 너무 많아서 정신이 없었습니다. 부모 형제 친구와 떨어지는 것은 적지 않게 힘들었습니다. 그것은 해본 사람이 아니면 모르실 겁니다. 승려도 아니고 언젠가는 사회에 나갈 사람인데, 가족과의 정을 끊는 것은 훨씬 어려웠습니다. 차라리 머리 깎고 승려가 되면, 나는 승려라는 생각으로 끊기가 쉬울지도 모릅니다.

견습공으로 써 달라고 해라

저는 잠을 자지 않고 계속해서 경을 읽는 장좌불와도, 가행정진도 별로 어렵지 않았습니다. 선생님께서 시키는 것들은 거의 다 해냈다고 생각했습니다. 그런데 정말 어려웠던 백 선생님의 주문이 있었습니다. 저는 해내지 못했고, 지금도 해낼 수 있을지 의문입니다. 4년을 수도한 후 수도장에서 나와 취직하기 위해 이력서 넣고 별것다 했습니다만, 경력이 너무 없어서 저를 써 주는 데가 없었습니다. 좋은 대학을 졸업하고 목장에 가서 일했다고 하니 정신이상자로 보았습니다. 취직하지 못하고 몇 달을 놀고 있으니, 백 선생님께서 제안하셨습니다.

"네 전공과 맞는 회사에 가서 견습공을 하겠다고 제안해 봐라."

'내가 할 수 있을까? 참 힘들겠지. 하지만 힘들다는 생각도 지금까지 해 왔던 것처럼 착각인 줄 알고 부처님께 바치면 되겠지.' 생각하고, 견습공을 하려고 마음을 냈지만 도저히 할 수 없었습니다. 졸업하고 4년이 지났어요. 미국의 유명대학에서 박사를 따서 서울대학교 교수가 된 친구도 있었고, 취직한 친구들은 대우, 삼성, 금성 같은 대기업의 과장으로 있었습니다. "나를 견습공으로 써 주시오, 견습공으로 써 준다면 즐겁게 일하겠소!" 이런 얘기를 내가 할 수 있을까? 아무리 바치는 공부를 했다고 하지만 도저히 할 수 없을 것 같았습니다.

선생님은 보통 때는 합리적이시고, 자비로우시고, 따뜻하신데 그럴 때는 인정사정없었습니다. 안면몰수하고 말씀하시는데 아주 힘들었습니다.

"그게 뭐 어렵냐! 견습공 하겠다고 해라!"

정말 입에서 나오지 않았지만 회사에 몇 번 찾아가서 견습공을 하겠다고 했습니다. 저도 제 말에 자신이 없었습니다. 정말 하고 싶지 않은데 선생님께서 시키시니까 마지못해서 한 겁니다. 회사에서도 상황을 간파하고, 이상한 사람으로 취급하며 저를 써 주지 않았습니다. "그래도 용케 시도해 보았구나!" 나중에 백 선생님께서 칭찬해 주셨습니다.

지금도 그것이 저에게는 미완의 과제입니다. 그때 제가 속마음까지 당당하였더라면 어땠을까. 마치 동경에서 우리 도반이 "무료로 일할 테니 받겠습니까?" 했던 정신으로 저도 "견습공으로 일할 테니 받아 주겠습니까?" 당당하게 얘기했더라면, 견습공으로 시작했지만 나중에 틀림없이 회사의 중심인물, 큰일을 해내는 위대한 사람이 되었을 겁니다. 저는 그 고비를 넘기지 못했습니다.

백 선생님께서 또 하나의 주문을 하셨습니다. 취직이 하도 안 되니 대학을 찾아갔습니다. 학교에서는 제 사정을 하나도 모릅니다. 마침 좋은 대기업이 있으니까 시험 치래요. 시험 치면 된대요. 그런데 저는 시험 쳐서 들어가고 싶지는 않았습니다. 몇 년을 놀면서 공부한 것도 없고 시험에 떨어지면 창피하잖아요. 그래도 시험을 쳤습니다. 몇 달 놀다 보니 궁했거든요. 교수님이 시키시는 대로 대기업에 지원했는데, 수많은 지원자 중 서울대학 출신은 저 하나였습니다. 상당히 유리했습니다. 영어도 그럭저럭 시험을 치고 전공도 많이 잊어버렸지만 어설프게나마 썼는데, 제일 어려운 과정이 기계공업의 육성 방안에 대해 논문을 쓰는 것이었습니다. 아시다시피 불립문자, 교외별전, 책을 전혀 안 보고 4년 동안 수도장에 있었으니 글을 거의 못 썼습니다. 지금은 논문 쓰라면 누구보다도 잘 쓸 수 있는데, 그때는 한 글자도 못 쓸 것 같았습니다. 시험을 치고 선생님께 여쭈었습니다.

"선생님! 붙겠습니까?"

"공부하는 사람 안 붙여 주겠느냐?"

'아! 그럼 붙겠구나.' 생각했는데…… 그 뒤에 이러시는 겁니다.

"만약에 시험에 떨어지면, 가서 견습공으로 써 달라고 해라."

그 말씀을 들으며 떨어질 것을 알았습니다. 결국 떨어졌습니다. 우리 동기들이 그때 과장으로 있으면서 시험문제 힌트를 주었는데도 못 썼습니다. 그때의 굴욕감은 이루 말할 수 없습니다. 게다가 가서 견습공으로 써 달라고 하려니 도저히 할 수가 없었습니다. 지금 생각해 보니 면접 때 저를 보고 안타까워하던 상무가 있었는데, 그때 그 사람을 찾아가서 견습공으로 써 주시면 열심히 일하겠다고 했더라면 당장 써 줬을 것이고, 몇 달 지나지 않아서 선생님께서 말씀하신 것처럼 틀림없이 그 회사의 주역이 됐을 것입니다.

그때 백 선생님께서 예언하셨습니다. "조금 있으면 한국의 자동차가 중국으로 쏟아져 들어간다. 엔진 주물 공장에 들어가서 자동차

원동기를 만들어라." 미래를 훤히 내다보시고 그것을 준비하라고 하셨던 것 같습니다. 큰 그림을 그려 주시고 저를 영웅호걸로 만들어 주려고 친절하게 알려주셨는데 '내가 견습공 할 사람인가, 이런 천한 일을 내가 할 수 있나.' 하는 나 잘난 생각 때문에 못했습니다.

자기 잘난 생각을 던지는 것이
우리 공부

저는 여기서 분명히 말씀드립니다. 가행정진, 용맹정진 좋습니다. 재앙 소멸과 소원 성취 다 할 수 있습니다. 그런데 자기라는 존재는 착각 속에서 살고 있으며 생각보다 잘난 존재가 아닙니다. 자기를 진정으로 내려놓을 수 있는 사람이 되지 못한다면 가행정진, 용맹정진은 큰 의미가 없는지도 모릅니다.

공부의 진정한 목적은 소원 성취, 재앙 소멸, 부귀영화가 아닙니다. 그런 것들은 저절로 따라옵니다. 도인의 입장에선 한마디만 하면 따라오는 것이 부귀영화이고 재앙 소멸입니다. 우리는 진정한 깨달음을 목적으로 합니다. 인격을 갖춰서 자신을 다룰 수 있음은 물론, 세계나 우주를 주름잡을 수 있는 참다운 사람이 되는 것을 목표로 합니다. 최대 관문은 자기 잘났다는 생각입니다. 그 생각을 던질 수 있는 마음을 갖는 것이 우리 공부의 목적입니다.

우리 공부의 뜻을 잘 알아야 합니다. 진정한 인격자가 되고 자기를 다룰 수 있어야 합니다. 자기를 낮출 수 있어야 하고 무주상 보시를 기꺼이 할 수 있어야 합니다. 그러면 자기는 물론 세상을 다루고 우주를 다루어서 드디어 밝아지게 됩니다.

자신이 가장 못난 줄 알아야
진정으로 공부하는 사람

어떻게 하면 자기 자신이 못난 것을 알 수 있을까?

남을 미워하는 사람은 자기 자신의 못난 것을 볼 수 없습니다. 남을 미워하는 것은 자기 자신이 잘났다는 뜻을 포함합니다. 미워하는 마음에는 미워하는 주체와 객체가 있습니다. 주관과 객관이 있는 두 마음입니다. 미워하는 생각을 자꾸 바치면 미워하는 생각이 없어집니다.

우리는 직장에서, 현장에서, 가정에서 미워하는 사람이 있습니다. 미워하는 사람이 있다면 자신이 항상 잘난 척하고 사는 것이며 세상에 끌려다니는 삶, 먹고사는데 허덕허덕하는 삶을 사는 것입니다. 미운 생각을 자꾸 바쳐서 사랑의 마음으로 바꾸면 불이不二의 마음이 됩니다. 불이의 마음이 될 때 지혜가 생깁니다. 견습공 할 수 있다는 마음이 생깁니다. 자기를 낮출 수 있고 던질 수 있게 됩니다.

우리는 열등감을 자신이 못났다는 참회나 반성으로 알기 쉽습니다. 그러나 진정한 참회나 반성은 열등감과는 다릅니다. 열등감을 자꾸 바쳐서 자신감으로 바꿔야 합니다. 자신감이 있을 때 견습공을 할 수 있습니다. 제가 견습공을 할 수 없었던 것은 자신감이 없었기 때문이며, 그것은 열등감을 바치지 않았기 때문입니다. 열등감을 바치면 자신감이 생기고, 그동안 내가 얼마나 착각 속에서 살아왔는지 알게 되고, 자신이 하찮은 존재로 느껴집니다. 그럴 때 자신을 딛고 일어설 수 있습니다. 자기가 잘났다고 생각하면 세상의 지배를 받게 됩니다.

미워하는 마음, 열등감, 외로움, 바쁘게 설치는 마음이 있으면 안 됩니다. 외로움을 해탈해서 든든한 마음, 바쁘고 설치는 마음을 바쳐서 한가한 마음을 가질 때 내가 얼마나 착각 속에서 살아 왔나를 알게 되고 자신이 못난 것을 알게 됩니다. 이것이 도인의 경지이며 우리의 목표입니다.

우리는 눈앞에 있는 재앙 소멸, 소원 성취도 물론 해야 합니다. 하지 말라는 것이 아닙니다. 그와 동시에 우리는 훌륭한 인격을 갖추고, 특히 자기 자신을 내던질 수 있어야 합니다. 힘든 곳에서 무보수로 일하는 것을 제안할 수 있고 견습공도 할 수 있다는 용기로 공부해야 합니다. 하지만 우리는 소원 성취, 부귀영화를 목적으로 가행정진을 하면서 아상을 키우고 있습니다. 우리 공부는 때에 따라서 우리를 잘되게 하는 것이 아니라 망치게도 할 수 있다는 것을 잘 알아야 합니다.

자신이 가장 못난 줄 알아야 진정으로 공부하는 사람입니다. 이 말씀의 뜻을 잘 새기고 실천하여 주시길 바랍니다.

2018.01.13.

'무슨 생각이든지 바쳐라'
선지식께서 말씀하신 이유

"무슨 생각이든지 부처님께 바쳐라."

백 선생님께서 가장 자주 하신 말씀입니다.

"바친다는 뜻이 무엇인가요?" 제가 가장 자주 듣는 질문입니다.

왜 바쳐야 할까요?

오늘은 부처님께 바치는 의미와 방법에 대해서 검토하겠습니다.

금강경 3분과 5분에 바치는 근거가 있습니다.

금강경 3분과 5분의 실천 가능한 해석

무슨 생각이든지 부처님께 바쳐라.

이 말씀은 백 선생님의 머릿속에서 스스로 지어 낸 이야기가 아니라 부처님의 말씀, 금강경 3분의 말씀을 근거로 한 것임을 분명히 아셔야 합니다. "소유일체 중생지류(모든 중생을)~아개영입 무여열반이멸도지"라는 금강경 3분의 구절을 우리가 실천할 수 있도록 해석하신 것입니다.

금강경 5분에서 구체적으로 말씀하셨습니다.

범소유상　개시허망　약견제상　비상　즉견여래
凡所有相　皆是虛妄　若見諸相　非相　卽見如來

'무슨 생각이든지 바쳐라.'가 아니라 '무슨 생각이든지 착각인 줄 알고 바쳐라.'라는 뜻으로 금강경 5분에서 설명하고 있습니다. 무슨 생각이든지 바쳐라 하는 것이 다소 추상적이라면, 무슨 생각이든지 착각인 줄 알고 당연히 바쳐라 하면 더 구체적입니다. 이것은 금강경 5분의 말씀을 우리가 실천할 수 있도록 해석한 것입니다

그런데 이렇게 구체적으로 해석했는데도 왜 바쳐야 하며 실감 나게 바치는 방법이 무엇인지 말하려면 약간 막연해지는 것도 사실입니다. 왜 바치라는 용어가 등장하는지, 이것도 대답하기 쉽지 않습니다.

바쳐야 하는 원리

왜 올라오는 생각을 가지지 않고 바쳐야 하는가?

생각이 많이 올라옵니다. 날이 추울 때는 춥다는 생각, 추운 것과 쓸쓸한 것이 관련이 있으니까 쓸쓸한 생각까지 같이 올라오기 쉽습니다. 한술 더 떠서 슬픈 생각까지 올라오네요. 왜 춥다는 생각, 쓸쓸한 생각, 슬픈 생각까지 줄줄이 이어서 올라올까요? 춥다고 해야만 자기 몸을 보호할 수 있는 장비를 찾을 수 있습니다. 쓸쓸하다고 해야만 쓸쓸하지 않게끔 하는 무언가를 찾을 수가 있습니다.

올라오는 모든 생각은 자기 자신을 보호하기 위한 몸뚱이 애착으로 인해서 생겨나는 것입니다. 모든 생각은 이기적으로, 나를 위하고 나를 보호하기 위해서 일어나는 것이며 나와 남을 구분하는 마음입니다. 이기적인 목적을 달성하기 위해서 탐심, 진심, 치심을 냅니다. 올라오는 생각은 이기적이고, 나와 남을 구분하는 마음이며, 탐진치라고 할 수 있습니다.

그런데 밝은이가 보면 본래 나라고 할 것도 없고, 남이라고 할 것도 없으며, 나와 남을 구분해야 할 것도 없습니다. 나라는 것이 있다고 생각하고 나와 남을 구분하는 마음의 행위를 굳이 이름 짓는다면 껌껌한 마음 연습입니다. 사물의 실상을 제대로 파악하지 못하는 껌껌한 마음에서 나온 행위입니다.

생각이 올라올 때마다 껌껌한 마음 연습, 즉 이기적인 마음 연습, 탐진치 마음 연습을 하는 것이라고 이해하시면 틀림없습니다. 이 껌껌한 연습은 각종 불행을 불러옵니다. 어두우면 길에 수렁이 있는지 함정이 있는지 모르기 때문에 수렁이나 함정에 빠지기도 하고 부딪히기도 합니다. 껌껌한 것은 모든 고통, 무지와 무능의 근본입니다.

바쳐야 하는 이유가 명확하게 밝혀진 것입니다.

올라오는 생각, 즉 나를 보호하려는 탐진치의 근원이 되는 생각을 가지고 있는 한, 우리는 반드시 고통을 받게 되어 있습니다. 깜깜하니까 모를 수밖에, 무지하게 될 수밖에 없습니다. 깜깜한데 어떻게 능력이 있겠습니까? 능력이 없을 수밖에 없습니다. 이것이 우리가 생각을 바쳐야 하는 이유입니다. 생각을 바친다는 것은 생각을 떨쳐버린다, 생각을 나에게서 멀어지게 한다는 뜻입니다.

금강경 3분을 간단히 줄여 이렇게 해석해도 됩니다.

"무슨 생각이든지 부처님께 바쳐라. 각종 올라오는 생각은 꽝장히 껌껌하고 해로운 것이니, 그것을 떨쳐 버려야 한다."

선지식께서 '부처님께 바친다'를
추가하신 큰 뜻

그런데 거기에 왜 '부처님'이나 '바친다'라는 용어를 추가했을까?

생각이 착각인 줄 알아라, 이것만 해도 족한데 왜 도인께서는 부처님께 바치라는 것을 추가하셨을까요?

생각이 착각인 줄 알고 생각을 잘 떨쳐 버리기만 한다면 우리는 부처님 세계에 들어갈 수 있습니다. 간화선, 위파사나 등의 모든 수도 행위는 탐진치의 근본이 되는 생각을 떨쳐 버리는 행위라고 해도 틀림없습니다. 우리는 그 생각을 떨쳐 버리라고 하는 것에 추가하여 부처님께 바치라고 합니다. 이것은 더 확실하게 떨치기 위해서 백 선생님께서 만드신 방편으로 이해하시면 좋습니다.

부처님을 향할 때만 이 생각을 제대로 떨쳐 버릴 수 있습니다. 도인께서는 부처님 향하는 것만 가지고는 생각을 완전하게 떨쳐 버리기에는 다소 부족하다고 보시고, '부처님께 바친다.'라는 말을 추가하여 확실히 더 떨쳐 버릴 수 있다고 믿으셨던 것 같습니다.

바친다는 것이 무엇입니까? 드린다, 베푼다, 공양한다는 뜻입니다. 기쁘게 해 드린다는 뜻도 됩니다. 이 말에는 이기심을 소멸한다는 뜻, 부처님 마음을 연습한다는 뜻이 포함되어 있습니다.

다시 정리해서 말씀드립니다.

우리의 모든 생각은 상당히 해로운 것입니다. 우리의 모든 생각은 깜깜하고, 모든 고통과 무지와 무능의 근본이기 때문에 떨쳐 버려야 합니다. 여기에 몇 가지 조건이 있습니다. 이것이 착각인 줄 알아야 떨쳐 버릴 수가 있습니다. 그래서 금강경에서 "범소유상 개시허망凡所有相 皆是虛妄", 착각인 줄 알라고 먼저 말씀하셨습니다.

모든 고통의 근원이 되고 껌껌한 것의 근원이 되는 이 생각을 떨쳐 버리기만 하는 것으로 족합니다. 그러나 우리는 그렇게 단순한 이야기를 가지고 생각을 완전히 떨쳐 버리기가 불가능합니다. 백 선생님께서는 확실히 떨쳐 버리게 하기 위해 부처님을 향하게 하셨고 공경하게 하셨고 더 확실하게, 바치라는 말씀을 추가하셨습니다.

백 선생님께서는 부처님을 향해야만 확실히 떨쳐 버릴 수 있으니 부처님을 향하라고 말씀하시고 싶으셨을 것입니다. 그러나 우리가 제대로 하기 힘들 것 같아서, 더 틀림없이 하기 위해서 '부처님께 바쳐라.'를 추가하셨습니다. 바치라는 말은 부처님 향하라는 말과 동의어입니다.

바치라는 것은 바치는 어떤 행위가 아니며 부처님 마음을 연습하는 것입니다. '이기적인 마음을 내지 마라. 헌신적인 마음을 내어라. 무주상 보시의 마음을 내어라.' 이것이 바치라는 말 속에 포함되어 있습니다. 그래야 우리의 해로운 생각을 확실하게 떨쳐서 부처님 세계에 들어갈 수 있습니다.

부처님께 바치라는 것을 드리는 행위 자체로 해석하여 그 참뜻을 잘 이해하지 못하고 종종 헷갈리게 되고 왜 바쳐야 하는지, 왜 바친다고 해야 하는지 질문하게 되는 것입니다.

바친다는 것은 부처님 마음 연습

어떻게 생각을 확실히 떨쳐 버릴 수가 있을까?

바치는 방법이 무엇일까?

사실은 이 생각이 착각인 줄 알기만 하면 됩니다. 그런데 우리는 그렇게 해서는 거의 성공하지 못합니다. '부처님~' 해도 됩니다. 또 '이 생각을 바칩니다.'만 해도 됩니다. 부처님을 넣지 않고 '바칩니다.'만 해도 생각을 떨쳐 버릴 수가 있습니다. 거기에 '착각인 줄 알고'를 보태면 더더욱 좋습니다.

바친다는 것은 부처님 마음 연습이며, 이것을 실천하여 분별을 떨쳐 버릴 수 있습니다.

부처님 마음 연습!

부처님 마음은 어떤 마음일까요?

모든 사람이 잘되기를 바라는 마음이 바로 부처님 마음입니다.

우리가 근심 걱정으로 굉장히 괴로울 때, 모든 사람이 이런 근심 걱정으로 괴로워하는 마음을 해탈 탈겁하여 부처님 시봉 잘하기를 발원합니다. 모든 사람이 고통에서 벗어나기를 바라는 자비로운 마음, 이것은 부처님 마음입니다.

부처님 마음을 연습할 때, 확실히 생각이 나한테서 떨어지고 버려지는 것입니다. 모든 사람을 위하는 마음 연습은 부처님 향하는 것과 동의어요, 바치는 것과도 동의어이며, 생각을 떨쳐 버리는 확실한 수단입니다.

또 백 선생님께서는 자주 이렇게 말씀하셨습니다.

"나는 무시겁으로 근심 걱정을 한 적이 없노라.

나는 무시겁으로 죄지은 일을 한 적이 없노라.

부처님께서 가르쳐 주신 것이니, 부지런히 연습하여 고통에서 벗어나라."

왜 이 말씀이 고통에서 벗어나게 하는 수도일까요?

내가 죄짓지 않았다고 거짓말하는 것이 아닙니다. '나는 무시겁으로 죄지은 적이 없노라.' 하는 것은 아무나 하는 게 아닙니다. 오로지 부처님만이 할 수 있는 것입니다. 부처님만이 모든 죄가 착각인 줄 알고 '죄지은 일이 없노라.' 할 수 있습니다.

"나는 무시겁으로 죄지은 적이 없노라." 할 때 우리는 부처님 마음을 연습하는 것입니다. 부처님 마음을 연습할 때 모든 죄를 확실히 떨어 버리고 모든 생각을 확실히 떨치고 벗어나 부처님 세계에 들어갈 수 있습니다.

올라오는 생각을 확실히 떨칠 때
기적을 이룬다

무슨 생각이든지 부처님께 바쳐야 하는 원리와 방법을 설명하였습니다. 이 가르침을 잘 이해하시고 실천하신다면 우리는 부처님 세계에 확실히 들어갈 수 있습니다. 부처님 향하고, 바치고, 확실히 생각을 떨쳐 버려서 기적을 행하는 것입니다.

기적이 어떻게 일어납니까?

올라오는 생각을 그대로 가지고 있을 때 우리는 고통 속에서 살면서 부처님과 멀게 느껴집니다. 반면, 이 생각이 착각인 줄 알고 부처님께 바쳐서 생각을 확실히 떨쳐 버릴 때 기적이 동반됩니다. 오랫동안 무시겁으로 쌓였던 죄업이 일시에 소멸할 수 있습니다. 평생 가난했던 사람이 하루아침에 큰 부자가 될 수 있습니다. 하루아침에 큰 부자가 못 되는 것은 확실히 떨쳐 버리지 못하기 때문입니다.

　도인은 부처님 향하라고 하는 데서 그치지 않고 부처님께 바치라고 하셨고, 거기에 추가해 착각인 줄 알고 바치라고 하셔서 생각을 확실히 떨쳐 버리게 하셨으며 기적을 창조하게 하셨습니다. 부처님 세계에 아주 편안하고 쉽게 들어가게 해 주시는 도인의 가르침을 고맙게 생각하며 실천해야 할 것입니다.

2018.01.20.

아상의 함정에서 벗어나
부처님과 바로 만나는 금강경

———

지난 일요일에 고왕경을 독송하여 절체절명의 위기에서 벗어났다는 이야기를 말씀드린 적이 있습니다. 오늘은 고왕경에 담긴 이면의 뜻이 무엇인가를 살펴보고, 금강경의 위대성에 관해서 다시 한 번 생각해 보겠습니다.

지난 시간에 말씀드렸던 고왕경은 중국에 있었던 이야기로 어느 시대인가는 분명하지 않습니다. 손경덕이라고 하는 벼슬아치가 억울한 누명을 쓰고 죽음에 이르게 되었습니다. 손경덕은 평소에 법화경의 관세음보살 보문품, 즉 관음경을 늘 수지 독송했다고 합니다. 관음경을 열심히 수지 독송했던 공덕이 있었는지, 꿈에 도인이 나타나 말씀을 해 주셨습니다.

"네가 관음경을 수지 독송하는 것만으로는 죽음에서 벗어나기가 어렵다. 지금부터 내가 일러 주는 이 부처님 명호를 잘 수지 독송해라. 관음경과 함께 내가 얘기해 주는 이 경, 부처님 명호를 사형장에 가기 전에 천 번을 읽어라. 그러면 너는 죽음을 면할 수 있을 것이다."

꿈속의 도인이 말씀하신 것은 스토리 없이 보살과 부처님 명호만 쭉 나열한 것인데, 꿈이 하도 생생해서 그것을 다 기억할 정도였습니다. 꿈에서 깨어서 천 번을 수지 독송하고 사형장에 도착하였습니다.

형장에서 칼잡이가 목을 쳤으나 칼은 부서지고 사람은 전혀 티끌만한 손상도 없습니다. 또다시 칼을 들어서 목을 쳐도 여전히 아무 이상이 없었습니다. 이런 일은 처음이니까 놀랄 수밖에 없었겠지요.

"어떻게 이런 이적異蹟을 나타냈느냐?"

"꿈에 어떤 도인이 나타나서 관음경만으로는 부족하니 이 가르침을 천 번 읽으라고 해서 따랐을 뿐이다." 하였습니다.

하도 이상해서 다른 사형수한테도 고왕경을 천 번 읽게 하고 사형을 집행하려고 했었는데 역시 칼이 부서져서 죽지 않았다는 고사가 있습니다. 이것이 고왕경이라는 가르침으로 전해졌습니다. 전혀 실현 불가능한 일처럼 들리지만 저는 충분히 가능한 일이라고 생각합니다. 여기에 중요한 메시지가 있습니다.

왜 관음경으로는 안 되고
고왕경은 될까?

관음경은 무진의 보살의 질문으로부터 시작해 관세음보살의 정체성, 능력, 특성을 나타내는 이야기로 이어집니다. 결론적으로 관세음보살은 이런 특성이 있고 이러한 위대한 능력과 덕성을 지니기 때문에 관세음보살을 열심히 하라는 내용입니다. 관세음보살을 해야 하는 이유를 쭉 설명해 놓고, 관세음보살을 함으로써 죽을 목숨에서도 살아나고 밝아지기도 한다고 이야기합니다.

많은 사람이 관음경을 읽으면서 바로 관세음보살 염불을 하지 않습니다. 무엇 때문에 관세음보살 염불을 해야 하는지 그 이유를 알기 전에는 조건 없이 하지 않습니다. 관음경에는 무엇 때문에 관세음보살 해야 하고, 관세음보살 덕분에 죽을 목숨이 살아난다는 이야기로 구성되어 있습니다.

이 속에 무서운 아상의 함정이 있다는 것을 아는 사람은 아주 드뭅니다. 그러나 저는 도인한테서 배웠기 때문에, 거기에 사람들이 해석하지 못하는 뜻이 담겨 있다는 것을 알 수 있습니다. 무엇 때문에 관세음보살을 한다는 것이나, 관세음보살 염불하기 때문에 죽은 목숨이 살아난다고 하는 것은 말이 되는 것 같지만 밝은이가 볼 때는 말이 안 됩니다.

'무엇 때문에' 관세음보살 해서는 아니 되는 겁니다. 당연히 해야 하는 겁니다. 당연히 할 짓을 해서 사는 것이지, 관세음보살 때문에 사는 것이 아닙니다.

대부분의 경전은 공부의 당위성이나 필요성을 구체적으로 설명하고, 이런 합리적인 설명을 들었기 때문에 믿음을 내서 실행하라는 식의 스토리가 있는 것이 특징입니다. 이 스토리를 통해서 믿음이 없는 사람이 믿음을 내는 효과는 있지만, 거기에 또한 함정이 있고 부작용이 있다는 것은 부인할 수 없습니다. 그런 스토리를 읽으면 무엇 때문에 믿고, 믿기 때문에 밝아질 수 있다는 '때문에'라는 사고 방식에 익숙해질 수 있습니다. 우리는 무엇 때문에 불교를 믿어서는 안 됩니다. '때문에' 믿는다는 것은 불교의 참뜻을 모르는 겁니다.

그럼 경전에서는 왜 그런 식으로 썼을까요?

안 믿는 사람들을 위해, 그들이 믿음을 갖도록 하기 위한 방편으로 그런 표현을 쓸 수밖에 없었기 때문입니다.

도인은 경전을 수지 독송함으로써 밝아질 수 있다고 말하지 않습니다. 스토리가 있는 경전을 읽음으로써 믿음이 커지기는 하지만, 무엇 때문에 된다고 하면서 아상을 키우는 부작용도 동시에 있어서, 부처님과 만나지 못하고 금생에 밝아지기는 어렵다고 하는 것이 도인의 가르침입니다.

관음경은 관세음보살을 불러야 하는 이유를 설명한 경이고 '때문에'라는 연습을 해서 부처님을 직접 만나지 못하고 부처님과 멀어지게 하므로, 꿈에 도인이 나타나서 관음경으로는 부족하다, 관음경으로는 살 수 없다고 말씀하신 것입니다.

왜 고왕경을 하라고 했을까요?

고왕경은 '무엇 때문에'라는 스토리가 없고 설명이 없어요. 우리는 부처님과 둘이 아니기 때문에 바로 부처님의 자리를 내 것으로 알고 당연히 자연스럽게 들어가면 되는 것이지, 무엇 때문에 그 자리에 들어가는 것이 아니라는 내용이 고왕경의 특징입니다.

손경덕은 죽음에 이르러서야 비로소 '무엇 때문에'라는 사고방식에서 벗어나서 직접 부처님과의 만남을 이룩함으로써 기적을 창조할 수 있었고, 관세음보살의 참뜻을 알 수 있었다고 해석할 수 있습니다.

금강경은 무엇 때문에 하는 것이 아니라, 당연히 해야 한다

제가 이 말씀을 드리는 이유는 금강경의 위대성을 말씀드리고자 함입니다. 백 선생님께서 늘 하시는 말씀이 있습니다.

"다른 경과 금강경의 차이는 무엇이냐?

다른 모든 경은 무엇 때문에 불교가 위대하고, 위대한 불교를 믿음으로써 밝아지게 된다는 설명이 있고 특징이 있고 스토리가 있다. 어리석은 사람이 믿음을 갖게 하는 데는 도움이 되지만, 직접 자기가 부처인 것을 깨닫게 하는 최상승의 경이라고 할 수 없다.

그런데 금강경에는 무엇 때문에 금강경을 읽어야 한다는 설명이 없다. 당연히 해야 하는 것이기 때문에 할 뿐이라는 내용으로 되어 있다."

금강경을 읽어 보면 구체적인 설명이 없습니다. 우리는 부처님의 맏아들이기에 부처님한테 사정해서 그 재산을 상속받을 이유가 없고, 당연히 나한테 올 것을 내가 받기만 하면 된다는 내용으로 가득 차 있습니다. 금강경은 그런 내용이기 때문에 바로 고왕경과 같은 뜻이고, 고왕경과 같은 금강경을 수지 독송함으로써 절체절명의 위기에서도 벗어날 수 있는데 그것이 바로 당처즉시, 이 자리에서 된다는 겁니다.

다른 경들은 달을 가리키는 손가락만 보는 겁니다. 그런데 고왕경이나 금강경은 '무엇 때문에'라는 아상의 함정을 벗어나 부처님과 바로 만남으로써 달을 보는 효과를 얻는다고 이해해야 합니다. 우리가 금강경을 읽는 이유는 다양하지만 백 선생님의 말씀처럼 분명하고 선명하게 금강경의 위대성을 나타내는 말씀은 드물다고 생각합니다.

금강경은 읽으면 잘된다고 하니까 욕심으로 하는 게 아닙니다. 잘되는 것은 너무나 당연한 겁니다. 당연한 것으로 믿고, 가지기만 하면 될 뿐입니다. 무엇 때문에 금강경을 읽어야 하고 금강경 읽은 공덕으로 잘된다는 표현은 틀린 것이며, 아상의 연습입니다.

우리는 고왕경이 주는 참뜻을 깨우쳐서, 금강경으로 절체절명의 위기에서 벗어나 밝음의 길로 가고, 부처님의 위대한 재산을 당연히 상속받을 수 있는 불자가 되는 길을 가야 하겠습니다.

2018.02.03.

불평이 착각인 줄
알고 바치면

고난의 참뜻이 무엇인가?

고난은 영원히 고난일까, 또는 축복으로 바뀔 수도 있는 것일까?

오늘 한번 검토해 봅니다.

1960년대, 제가 학생 때 학생들에게 우상으로 존경받는 교수님이 한 분 계셨습니다. 국민 교수라고 할 정도로 학생들뿐 아니라 전국민이 그를 알아줬습니다. 재주가 출중해서 일제 강점기에 이미 행정고시와 사법고시를 다 합격하시고 서울대학교 법과대학 교수로서 수많은 법조인을 양성해 내신 분입니다. 재주만 좋은 게 아닙니다. 주위 학생들의 이야기에 따르면 아주 훌륭한 인품을 지닌 것으로 알고 있습니다. 티 나지 않게 자기 재산을 털어서 어려운 학생들한테 장학금을 지급할 정도로, 재주 있는 사람이 흔히 갖기 어려운 인격까지도 갖춘 훌륭한 분이었습니다. 인격만 갖춘 게 아니라 복력도 대단했습니다. 그이는 대학 총장을 했고, 법무부 장관과 교육부

장관, 장관을 두 번이나 했습니다. 유명한 복력의 에피소드가 두 가지 있습니다. 그이가 5·16 쿠데타 정부 때 검사의 기소도 없이 감옥에 갇힌 적이 있었습니다. 검사들이 대부분 그의 제자였을 뿐만 아니라 그이가 하도 훌륭하니까 모두 기소를 회피했다고 합니다. 그이가 장관이 됐을 때 야당에서 그에게 질문할 국회의원이 없었다고 합니다. 그런 정도로 그이는 카리스마가 있었고 인격이 뛰어났습니다. 학문, 인격, 복력, 모든 점에서 아주 훌륭하신 분인데 풍채까지 좋았습니다. 누가 보아도 아주 점잖았던 분입니다. 그뿐이 아닙니다. 그이는 불교계에서도 대단히 존경받는 인물이었습니다. 큰스님도 그이를 어려워했습니다. 아무리 노력해도 그이의 재주나 인격과 복력을 따라갈 수 없을 것 같았습니다. 그런 정도로 그이는 대단했습니다.

그분이 말년에 지은 『복귀』라는 명저가 있습니다. 그 저술에 그의 모든 인격과 사상을 유감없이 표현했는데, 아주 불티나게 팔렸습니다. 사지 못하면 빌려서 볼 정도로 훌륭한 대표적인 저술이라고 알려져 있습니다. 그 내용은 주로 불교의 가르침이 중심입니다.

그 후 제가 『복귀』라는 책을 읽어 봤습니다. 학생 때 존경했던 분, 수많은 사람이 책을 베껴서 보고 빌려서 봤던 이 책, 어떤 점이 훌륭했기에 사람들이 그렇게 열광했을까? 저는 그 『복귀』라는 책을 보면서 많은 것을 느꼈습니다. 학생 때 하늘같이 쳐다본 교수님의 저서인 『복귀』라는 책이 저한테는 참 싱겁기 짝이 없었습니다.

학생 때 그렇게 높게 봤고 내가 아무리 노력해도 도저히 따라갈 수 없다고 봤던 그분의 철학이 어째서 이렇게 싱겁게 느껴질까 생각해 봤습니다. 제가 잘나서가 아닙니다. 제가 착각해서도 아닌 것 같습니다. 싱겁게 느껴진 이유가 있다면, 저는 고생의 참뜻을 알았기 때문이라고 말씀드립니다. 고생이 금강경 공부하는 사람한테는 축복이 될 수 있다는 진리를 깨달았기 때문에, 나와 같은 부족한 사람도 이런 훌륭한 사람의 책을 싱겁게 느낄 수 있다고 믿습니다.

초년 고생과 말년 복

우리나라 속담에 초년고생은 말년 복의 근원이라고 합니다. 반면 초년에 고생을 하는 사람은 말년까지도 계속 고생한다는 말도 있습니다.

어떤 게 맞는 이야기입니까?

저는 금강경 공부를 하면서 어떻게 초년고생이 말년 복의 근원이 되는지, 또 어찌하면 계속 말년까지 고생하는지도 알게 되었습니다.

결론적으로 말씀드린다면, 고생하면서 불평을 하는 사람은 말년까지 고생합니다. 그러나 고생을 하면서 절대 불평하지 않고 이것이 말년 복의 근원이라고 믿고, 나아가서는 고생을 고생이 아닌 줄 알고 부처님께 바치는 사람이 있다면 그 고생이 말년 복의 근원이 되는 것은 틀림없습니다.

저는 불평하지 않고 고생이 착각인 줄 알고 부처님께 바치는 마음을 연습했기 때문에, 결과적으로 초년고생은 말년 복의 근원이 된다는 진리뿐만 아니라 고생이 변해서 축복이 될 수 있다는 진리를 알게 되었습니다.

제가 실감하는 금강경 공부의 최대 보람을 말씀드립니다.

저는 금강경을 읽은 지 상당히 오래됐는데, 금강경만 읽으면 금강경 말씀 그대로 무량 공덕을 얻고 큰 복이 터져서 매우 신나는 인생을 살 것으로 생각한 적이 있었습니다. 그런데 금강경을 읽어도 저한테 그런 신나는 복은 오지 않았습니다. 오히려 금강경을 하면서 수많은 재난, 견딜 수 없는 재난, 심지어는 숨 막히는 재앙까지 왔습니다.

저는 보통 사람들과 똑같이 불평하는 기질이 있었습니다. 다행히 젊었을 때 몇 년 동안 금강경을 했던 공덕인지 수많은 고생을 불평하기보다는 그것을 부처님께 바치려고 애썼고, 입을 벌려서 말하지 않으려고 애썼습니다. 그런 인고의 세월이 지나면서 결국은 젊어 고생은 말년 복의 근원이 된다는 진리, 즉 고생이 축복이 된다는 진리를 깨치게 됐고 이것이 제가 금강경 공부하면서 얻은 최대 소득이라고 감히 말씀드리고자 합니다.

불평이 착각인 줄 알고
바치는 사람에게 고생은 축복이 된다

고생이 축복으로 바뀐다는 말씀에서 한층 더 나아가서 불교에서 얘기하는 위대한 진리, 번뇌가 보리요 생사가 열반이라는 말씀을 실감하게 됐습니다. 저는 번뇌가 보리고 생사가 열반이라는 것이 너무 거창하고 말로만 있는 이야기라고 생각해 왔고, 과연 그런 것이 있을 수 있나 의심해 왔습니다. 그것을 명쾌하게 설명하는 스님도 본 적이 없었습니다. 그런데 금강경을 계속하면서 수많은 고생을 축복으로 바꾸는 과정을 겪으며 번뇌가 보리가 될 수 있다는 것을 실감하게 됐습니다. 또 생사가 열반, 평상심이 도라는 말도 이해하게 됐습니다.

번뇌즉보리煩惱卽菩提는 아무나 되지 않습니다. 바치는 사람, 불평하지 않는 사람만이 가능합니다. 많은 스님이 자기가 바치지도 않고 불평하면서 번뇌가 보리라는 말을 함부로 씁니다. 제 속에 진심이 여전히 있으면서 평상심이 도라는 말을 씁니다. 불평하는 사람에게 고생이 복이 될 수 없습니다. 고생은 영원한 고생일 뿐입니다. 진실로 부처님을 향하는 사람, 자기 불평이 착각인 줄 알고 바치는 사람에게만 고생이 변해서 축복이 됩니다.

가난을 극복하고 풍요로워진, 저의 실감 나는 체험을 지난 일요일에 말씀드렸습니다. 제가 이렇게 고난의 참뜻을 깨쳤기 때문에, 아무리 노력해도 못 따라갈 위대한 그 선생님의 경지가 이제는 평범하게 보이게 됐습니다. 그분은 재주가 좋고 인격이 훌륭하고 복력이 많았지만, 고난의 참뜻을 깨치시지 못한 것임이 틀림없는 것 같습니다. 그의 대표적인 명저인 『복귀』에 잘 드러나 있습니다. 그 내용이 싱겁게 느껴진 것은 제 착각이 아닙니다. 번뇌즉보리의 진리를 제가 비로소 느낄 수 있었기 때문에, 세상에서 영웅호걸이고 위대한 그분의 명저가 저한테 평범하게 느껴진 것입니다.

저는 여기서 같이 공부하는 도반님께 말씀드리고자 합니다. 고생을 축복으로 바꾸십시오. 금강경에 그런 진리가 있습니다. 이것은 기독교에 없고 불교에만 있습니다. 또 여타의 가르침 속에도 없고 금강경에만 있습니다. 고생을 축복으로 알면 세상에 대해 실망할 것이 없습니다. 절체절명의 위기에서도 벗어날 수 있기 때문입니다. 이 말씀만 잘 기억하여 이 뜻을 빨리 안다면, 우리는 백번 죽었다 깨어나도 도저히 따라가지 못할 영웅호걸의 반열을 훨씬 뛰어넘어 부처님의 경지로 바로 갈 수 있지 않을까 생각해 봅니다.

2018.02.10.

진정한 신심,
신심을 키우는 수행

신심이란 무엇이고 어떻게 신심을 키우는지 논의해 봅니다.

진정한 신심이 있는 수행은 빠른 시일에 부처님 세계로 가는 것을 도와줍니다. 그런데 진정한 신심이란 것은 알기도 어렵고 실행하기도 어려워서, 대개 신심이 있다고 하는 사람들도 진정한 신심이 아닐 수 있습니다. 진정한 신심이 없다면 아무리 오래 수행해도 부처님 세계로 들어가지 못함은 물론, 행복도 누리지 못합니다. 그런 의미에서 신심의 진정한 뜻을 이해하는 것과 신심을 키우는 방법에 대해서 아는 것은 매우 중요합니다.

세상에서 생각하는 신심

신심이 가장 좋은 사람으로 알려진 분은 혜가 대사입니다. 그는 달마 대사의 법제자입니다. 달마 대사가 인도에서 중국으로 법을 전하러 왔는데, 사람들이 잘 못 알아들어서 그랬는지 9년간 면벽面壁하고 지냈습니다. 도인이 말을 안 하고 지내니 도인의 입을 열게 하려고 많은 사람이 찾아 왔습니다. 혜가 대사와 같이 신심이 깊고 수행도 많이 했던 스님이 법문을 청해도 달마 대사는 전혀 대답하지 않습니다. 눈이 펑펑 내리는 추운 엄동설한인데도 신심이 깊은 혜가 대사는 떠나지 않았습니다. 달마 대사가 신심의 증표를 보여 달라고 하니, 무인 출신인 혜가 대사는 그 자리에서 왼쪽 팔을 잘라 피를 뚝뚝 흘리며 달마 대사에게 신심의 증표를 보여 주었습니다. 이 이야기를 들으면 혜가 대사처럼 신심 깊은 사람이 있을까 싶습니다.

수많은 가톨릭 신자들이 순교 현장에서 목숨을 바치고 사라졌습니다. 목숨을 버릴지라도 진리에 대한 믿음은 버리지 않으리라고 한 베드로나 김대건 신부 같은 사람은 찬송을 부르며 웃으면서 세상을 떠났을지도 모릅니다. 그런 사람들을 보면 대단히 신심이 깊어 보입니다.

미국이 낳은 최대의 부자 록펠러는 대단한 신심의 소유자라고 합니다. 자서전에서 그는 스스로 부자가 된 원인이 늘 십일조를 했고 교회에서는 항상 제일 앞자리에서 목사의 설교를 들었기 때문이라고 했습니다. 록펠러는 유명한 시카고대학을 비롯하여 종합대학만 16개를 세웠을 정도로 큰 부자이며 청교도 신앙으로 철저히 무장한 사람이라고 생각합니다. 아마 전 재산보다도 하나님의 세계를 더 좋아했을 듯합니다.

하지만 이 사람들이 과연 진정한 신심을 가졌을까?

반드시 진정한 신심은 아닐 것이라는 생각이 듭니다. 저는 공부하면서 신심에 대한 관점이 달라졌습니다. 어떤 것이 진정한 신심인지 알아보도록 하겠습니다.

진정한 신심이란 무엇인가?

저는 한때 불교 경전에 빠져 닥치는 대로 경전을 읽으면서 승려가 되는 것이 불교를 제일 잘 믿는 길이라고 생각했습니다. 승려가 되는 것이야말로 신심이라고 생각했습니다. 학생 때는 가톨릭 신자인 친구와 열띤 토론을 했는데, 서로 종교를 위해서 순교를 하라면 할 용의가 있다고 할 정도로 신심이 깊다고 생각했습니다. 그런 신심이 저를 출가까지 하게 했는지 모릅니다. 백 박사님이 워낙 훌륭하니까 출가했다고 생각할지도 모르겠습니다만, 당시 선생님은 이미 현직에서 물러나 계셨고 도인으로 알려지지는 않았습니다.

저는 출가할 정도로 불교에 신심이 있다고 생각했습니다. 하지만 막상 수행하고 보니 신심이 없다는 것을 발견했습니다. 소원이 이루어질 때만 신심이 났기 때문입니다. 일이 잘 안 풀리면 선생님에 대한 의심이나 불신이 생깁니다. 어느 때는 신심이 나고 어느 때는 불신이 생긴다면 진정한 신심이 아닙니다.

시간이 지나면서 소원이 성취되지 않아도 선생님을 불신하지 않게 되었습니다. 저는 이제 신심으로 꽉 찼다고 자신했는데, 주위 도반들이 못마땅해졌습니다. 그들을 계속 꾸짖다 보니 결국 미워하게 됩니다. A라는 도반을 꾸짖으니 그의 친한 친구도 같이 꾸짖게 됩니다. 한데 이상하게도 내가 못마땅하게 생각하는 도반을 선생님이 칭찬합니다. 그러면 선생님까지도 싫어집니다. 저는 누구보다도 신심이 강하다고 생각하고 있었는데, 내가 사람을 미워하는 마음이 신심을 떨어지게 합니다.

　시간이 흘러 미워하는 마음도 극복했고, 도반들도 도량을 떠난 후 저에게 진심이 사라지고 공경심만 남았습니다. '이제는 탐욕심도 바치고 부모도 버리고 오로지 부처님만 향한다. 내 몸과 마음은 마냥 가볍다. 오로지 선지식에 대한 공경심으로만 가득 찼다. 선지식이 섶을 지고 불로 뛰어들라고 하면 할 수 있다.' 이렇게 생각할 정도였습니다. 아마도 저는 선지식을 향해 무례하게 실례를 하는 사람이 있다면 맨몸으로라도 달려가서 목숨을 바쳐 막을 정도로 신심이 컸는지도 모릅니다만, 시간이 지나 그것이 진정한 신심이 아님을 알게 되었습니다.

　얼마 뒤 도량을 떠나서 먹고사는 일에 신경을 쓰게 되었습니다. 저는 최선을 다한다고 하는데 취직은 안 되고 백수로 노는 기간이 한 1년 되니까 희망이 점점 없어지고 맥이 빠졌습니다. '최선을 다해서 살았는데 나는 왜 이렇게 복이 없나. 몸과 마음을 바쳐 수행한 신앙의 결과가 결국 이건가? 공부 괜히 했나 보다.' 이런 생각이 듭니다. 조금 전까진 어른에 대한 공경심이 가득했지만, 상황이 바뀌니 내 마음도 바뀌었습니다. 이것은 진정한 신심이 아닙니다.

　과연 혜가 대사는 진정한 신심을 가졌을까? 김대건 신부는? 록펠러는? 많은 사람이 그들은 진정한 신심을 가졌다고 하겠지만, 저는 그들이 반드시 진정한 신심의 소유자는 아니라고 말씀드릴 수 있습니다.

둘이 아님을 아는 것이
진정한 신심

어떤 것이 진정한 신심일까요? 저는 경험을 통해서 알게 되었습니다.

스스로 꽤 너그러운 줄 알았더니, 어느 순간 마음이 고요해지고 참회할 때 내가 참 인색한 것을 느낄 때가 있습니다. 무료 급식은 주려는 마음으로 시작했는데 주기 아까울 때가 있습니다. 생떼 부리는 사람에게 주는 것이 싫고 마냥 쫓아내고 싶습니다. 이런 것을 보면 나에게 인색한 마음이 많이 있다는 것을 느낍니다. 수시로 그런 생각이 들었습니다. 하지만 계속하다 보니 주는 것이 받는 것임을 알게 되었고, 주는 것에 대해 아까운 생각이 덜 듭니다. 저의 신심이 한 단계 올라감을 느낍니다.

제가 백수로 1년 놀 때 '괜히 공부했다.' 하며 신심이 떨어진 때가 있었다고 말씀드렸습니다. 역경에 흔들리는 마음이 있을 때는 반드시 신심이 떨어집니다. 힘들 때 흔들리지 않기는 쉽지 않습니다. 금강경을 오래 읽다 보니 역경이 축복이 되어 돌아오는 것을 여러 번 느꼈습니다. 제가 백수로 있을 때 공부에 대해 의심하고 선생님을 불신했었지만, 꾸준히 공부한 결과 백수의 고통을 극복하였습니다. 그 외에도 수많은 역경을 당하며 공부하다 보니 역경이 축복으로 변화한 경험이 있습니다.

공부하며 느낀 최대의 보람은 역경이 축복과 둘이 아님을 알게 된 것입니다. 역경이 축복과 다르지 않음을 알 때 역경에 흔들리지 않게 됩니다. 맹자가 얘기하신 항심이 됩니다. 소인은 재산이 없으면 마음이 궁해지지만, 군자는 재산이 없어도 항심이 됩니다. 소인은 항산恒産이 없으면 항심恒心이 안 되지만 군자는 항산이 없어도 항심이 됩니다. 항심이 무엇인지 알게 되며 저는 신심이 무엇인지도 비로소 알게 되었습니다.

역경을 축복으로, 주는 것을 받는 것으로 알고, 나아가서는 생사가 열반이라고 아는 사람은 항심을 얻은 사람이요 영원한 신심을 얻는 사람이라 생각합니다. 역경과 축복이 둘이 아닌 것을 아는 것이 신심입니다.

승찬 대사의 신심명 중에 둘이 아닌 것이 신심이라는 구절이 있습니다.

불이不二가 신심信心이요 신심이 불이다.

인격을 갖추지 못한 사람은 신심이 나오지 않습니다. 예수를 위해서 모든 것을 바치지만 인격이 동반되지 않는 사람, 화를 잘 내는 사람은 진정한 신심을 가진 사람이 아닙니다.

신심을 키우려면 기쁨이 생길 때까지
무보수한 일을 한다

그러면 어떻게 신심을 키우는가?

신심을 키우는 방법을 주위에서 많이 발견했습니다.

가행정진은 무보수한 일과 다름없습니다.

새벽에 집을 떠나 법당에 와서 7독을 하는 것, 우선 육체가 싫다고 합니다. 돈도 듭니다. 잘된다는 보장도 없어요. 가행정진 자체가 무보수한 일입니다. 부처님 기쁘게 해 드리기 위한 가행정진은 무보수입니다. '이걸 하면 잘되겠지.' 하는 가행정진은 완전히 무보수 무주상이 되지 못합니다.

가행정진을 하시되 기쁨이 나올 때까지 하시기 바랍니다. 무주상, 무보수의 행위로 연결된다면 반드시 기쁨으로 끝나게 되어 있습니다. 거기서 얻는 기쁨은 무주상으로 인하여 마음속 본래 항심이 나오는 겁니다. 우리는 가행정진이라는 좋은 수행을 알기 때문에 항심, 참된 신심을 얻을 수 있고 불이를 체험할 수 있습니다.

또 가능한 무보수한 일을 연습해 보시길 바랍니다. 사람은 이득이 되는 일 아니면 손 하나 까딱 안 하는 데 익숙해져 있습니다. 억지로라도 무보수한 일을 해보시기 바랍니다. 좋은 일을 하고서 일체 잊어버리시기 바랍니다. 처음엔 아무 재미도 실감도 없고, 좋은 일 했다고 자랑하고 싶은 마음이 들지만 힘써 이런 생각을 바쳐 보시기 바랍니다. 계속하면 언젠가 주는 것이 기쁘게 됩니다. 처음엔 받는 것이 좋지만 나아가서는 주는 것이 영원한 기쁨으로 이어질 때가 있는데 그때가 큰 신심이 세워질 때라고 생각합니다.

그 외에도 찾아보면 매우 많습니다. 우리는 툭하면 미워합니다. 사촌이 땅을 사면 배가 아픕니다. 샘내는 것을 끝까지 바쳐 보세요. 남을 미워하지 말고 사랑해 보시기 바랍니다. 금강경을 아무리 많이 읽어도 패거리 짓고 욕하고 흉보는 것을 즐기는 사람이 있는데, 이러면 끝까지 신심이 생기지 않고 공덕도 없습니다. 양무제가 공덕을 계산하며 한 보시가 좋은 예입니다. 억지로 사랑할 필요 없습니다. 저녁에 잠들 때 나에게 실례한 모든 사람을 위해 진정으로 기도해주는 연습만 꾸준히 해보세요. 그럼 아무 이유 없이 기쁨이 생겨요. 그때 진정한 신심이 생기지 않을까요.

금강경 공부하는 사람은 법당에 와서 무주상으로 보시합니다. 올력을 꾸준히 하십시오. 기쁨이 생길 때까지 한다면 반드시 부동의 신심이 되고, 내생까지 가져가는 소중한 자산이 되고, 인격을 훌륭하게 성장시킵니다.

우리는 신심의 참다운 뜻을 알아야 합니다. 혜가 대사는 나중에 깨쳤기 때문에 진정한 신심으로 이어졌습니다만 김대건 신부나 록펠러는 깨달음으로 연결된 것이 아니어서 일시적인 신심이 아닐까 생각합니다. 신심의 참뜻을 알고 공부한다면 빠른 시일 내에, 잘하면 금생에 큰일을 이루지 않을까 합니다. 반면 습관대로 끊임없이 계산하면서 이기적인 목적을 위해 기도를 계속한다면 금생에 안 되는 것은 물론, 세세생생 더딥니다. 조금 어렵더라도 무보수, 무주상 보시를 실천해 봅시다.

2018.03.03.

제3장

처음부터 부처님 시봉하는
마음으로 시작해야 한다

슬기롭게 소원을
이루는 방법

저는 철학을 잘 모릅니다만, 나이가 들고 세상을 오래 살다 보니 인생이라는 게 무엇인가에 대해 나름대로 정의할 정도는 되었습니다.

인생은 한恨을 풀어가는 과정이고, 드디어 한이라는 것이 본래 없는 것을 깨치는 과정이라고 생각하게 되었습니다. 쉽게 말하자면 인생은 소원을 이루어 가는 과정이고, 나중에는 최고의 소원, 즉 열반으로 가는 과정이라고 말씀드립니다.

왜 소원을 이루어야 하나?

사람은 태어날 때부터 바라는 것, 한恨, 소원이 많습니다. 우리는 그 소원을 이루기 전에는 눈을 감을 수가 없고 내생에 태어나서도 못 이룬 소원을 또 이루려고 합니다. 저도 꽤 많은 소원이 있었고 그것을 이루려고 무척 노력했습니다.

많은 사람이 자신의 힘으로 안 되면 신을 찾고 부처님을 찾아 매달리며 소원을 빕니다. 우리는 수많은 소원을 이루기 위해 부처님께 가서 염불하고 절하며 매달립니다. 그러다가 이루어지기도 합니다. 그러나 왜 이루어지는지 원인을 잘 모릅니다. 간절히 비니까 이루어졌다고, 부처님의 가피로 이루어졌다고 자기 멋대로 해석합니다. 그러다 이루어지지 않으면 등지고 떠나기도 합니다. 종교를 믿는 사람들도 순수하게 가르침을 따르기보다 잘되면 믿고 안 되면 떠나는 경향이 있습니다.

얼마 전 종교 인구 통계 조사를 보면 10년 전과 비교해서 불교 신자가 천만에서 칠백만으로 삼백만 명이 줄었다고 합니다. 승려도 현저하게 감소하여 불교의 위기라고 합니다. 불교 지도자들이 위기를 타파하기 위해 연구하고 있습니다. 조계종 포교원에서 내린 불교 신자 감소에 대한 처방은 이렇습니다.

'부처님의 가르침을 소원 성취하는 도구로 사용하는 기복 불교가 문제이다. 잘될 때는 믿고, 안 될 때는 떠나는 장사꾼의 마음으로는 영생의 삶을 사는 진정한 불자가 될 수 없다. 기복 불교를 하지 않고 부처님처럼 살면 불교를 활성화할 수 있다. 이루어질 때만 믿다가 안될 때는 떠나는 얄팍한 정신을 떠나, 영원히 변치 않는 부처님처럼 살자는 운동을 전개하면 불교 신자가 감소하지 않을 것이다. 부처님처럼 살아라.'

그러나 우리가 바라는 마음으로 꽉 차 있는 한, 부처님처럼 살라는 구호는 실천할 수가 없습니다. 실현이 거의 불가능한 "부처님처럼 살아라."라는 구호를 내세우는 것은 마땅치 않다고 봅니다. 소원을 비는 것은 본능입니다.

소원을 빌되 이루어지게끔 효과적으로 기원하라고 말씀드리고 싶습니다. 금강경 공부에서 무슨 생각이든지 부처님께 바치라는 것은 부처님처럼 살라는 말도 되지만 효과적으로 소원을 빌라는 의미도 됩니다. 효과적으로 빌 때 소원이 이루어집니다. 우리는 반드시 소원을 이뤄야 합니다. 소원을 이루지 않고 부처님처럼 고상하게 살라고 한다면 종교가 필요 없습니다.

가장 효과적으로 비는 몇 가지 방법을 생각해 봤습니다.

첫째, 모든 사람을 위하여 발원한다

많은 사람이 본인 잘되기 위해 소원을 빕니다. 병들었을 때, 가난할 때, 사람들과 갈등이 있을 때 현실을 벗어나기 위해 빕니다. 본인이 잘되기 위해서 비는 방법은 효과가 적습니다. 금강경에서 일러주신 효과적으로 소원을 바라는 방법은 절대로 자기자신이나 가족을 위해 소원을 빌지 말라는 것입니다. 이런 소원은 이루어지기 어렵습니다.

설사 나와 가족의 병 또는 가난을 면하기를 원한다고 하더라도 의도적으로 모든 사람을 위해 소원을 빌어야 합니다. 모든 사람이 가난, 병, 갈등을 벗어나길 발원합니다. 이런 방법은 좀 싱겁고 짭짤하진 않지만, 자꾸 되풀이하면 소원이 굉장히 빠르게 이루어진다는 것이 밝은이의 말씀입니다.

우선 모든 사람을 위하여 발원하십시오.

둘째, 처음부터 서두르지 말고
금강경을 즐겁게 읽고, 즐겁게 바친다

빠른 시일에 소원을 이루고 싶을 때, 금강경을 읽으면 소원이 속히 이루어진다는 소리를 듣고 금강경을 많이 읽었습니다. 하루에 7독, 10독도 했고 주위에서 하루에 몇십 독을 읽은 사람도 봤습니다. 하지만 이것은 소원을 효과적으로 이루는 방법이 아니라 잘 못 이루는 미련한 방법이라고 생각합니다.

그러면 금강경 많이 읽지 않고 소원 성취가 되는 방법이 무엇일까?

부처님이 감동하도록 금강경을 많이 읽어서 소원을 이루는 것이 아닙니다. 바로 금강경을 즐겁게 읽는 방법입니다. 염불하더라도 속히 이루기를 바라지 말아야 합니다. 속히 이루겠다는 생각을 할 때, 설칠 때 어리석은 길로 가고 있음을 알아야 합니다. 얼른 그 생각을 바쳐야 합니다. 효과적으로 소원 성취를 하려면 즐겁고 여유 있게, 재미있는 길이 무엇인가를 찾아서 연구해 가면서 금강경을 읽어야 합니다.

급하게 읽어서 소원이 이루어질 수도 있습니다. 안 되지는 않습니다. 하지만 한 번 하고 나면 힘들어서 다시는 빌기 싫어집니다. 반면 금강경을 즐겁게 읽으면 자기도 모르게 소원이 이루어지는 것을 느낍니다. 이렇게 소원을 이룰 때는 힘들어서 다시는 안 한다고 하지 않습니다. 삼천 배, 육천 배, 만 배를 해서 소원을 이루는 사람도 있습니다. 하지만 소원을 이루고 나서는 다시는 절을 하고 싶지 않습니다. 이것은 효과적인 소원 성취 방법이 아닙니다. 많이 하는 것은 즐겁지도 않을 뿐아니라 효과적이지 않습니다.

금강경 독송을 즐겁게, 바치는 것을 즐겁게 해보세요. 소원을 이루더라도 즐겁게 이루고, 무한한 소원을 이루게 됩니다. 탕자의 삶에서 벗어나서 열반까지 가는 최후의 승자가 되려면, 처음부터 급하게 해서는 절대로 안 됩니다. 급하게 하면 공부가 싫어지게 됩니다. 이것이 소원을 슬기롭게 이루는 방법이라고 말씀드립니다.

셋째, 구족具足에서 출발한다

금강경을 많이 읽거나 절을 많이 하는 방법에 의존하지 않고, 마음에 그리는 방법으로 하는 사람들이 있습니다. 특히 기독교 신자들은 마음에 간절히 그리면 이루어진다는 말을 많이들 믿습니다. 두드리면 열릴 것이요, 구하면 얻을 것이요. 백만 명의 성도를 이끄는 유명한 목사가 처음에 오만 명의 성도를 마음에 그렸더니 이루어졌고 십만 명을 그리니 이루어졌대요. 나중에 욕심이 나서 몇 십만 명을 그렸더니 다 이루어졌대요. 마음에 그리면 일체유심조의 진리로 모든 것을 다 이룰 수 있습니다. 그러나 그이는 말년에 감옥에 갔습니다. 소원은 성취했지만 지혜롭지 못했던 겁니다. 마음에 그리는 대로 이루어지는 것은 소원 성취는 되지만 슬기로운 방법이 아닙니다.

그럼 어떻게 해야 할까요? 손자병법에도 있습니다마는, 백전백승하는 장수는 처음부터 이기고 있어야 하듯이 자신을 가져야 합니다. 대개 내가 소원을 이루려는 사람이라고 생각하고, 마음에 그리고 노력합니다. 이때 이렇게 생각해야 합니다.

'나는 소원을 이루려는 사람이 아니라, 소원이 당연히 나한테 오는 것이다. 내가 찍는다(정한다).'

나는 소원에 매달리고 바라는 사람이 아니며, 당연히 가져올 것을 자연스럽게 가져오는 것입니다. 찍기만 하면 저절로 되는데 굳이 노력해서 소원을 이루려고 할 필요가 있겠습니까. 처음부터 구족의 마음, 당당한 마음을 가지고 출발하라고 밝은이들은 말씀하실 것입니다. 이것이 슬기로운 소원 성취법입니다.

슬기롭게 소원을 이루는 방법을 제시하는 것이 불교 신자를 늘리고 불교를 활성화하는 가르침이지, 소원 성취의 마음을 내지 말고 부처님처럼 살라고 하는 것은 현실적으로 도움이 되지 않습니다.

이렇게 전체적인 소원 성취의 윤곽을 알고 공부하시는 것과 그렇지 않고 절하기, 다라니 독송, 염불, 간절히 비는 법 등 밝은이가 보면 어리석은 방법으로 하는 것은 차이가 있습니다. 소원 성취가 안되면 효과가 없다고 등지고 떠나는 것은, 인격적으로도 문제가 있고 큰일을 원만히 이루는 데에도 도움이 되지 못합니다. 우리 공부를 오래 하셔도 이 원리를 잘 모르시는 것 같아요.

가장 효과적인 방법, 부처님 마음을 연습한다

가장 효과적으로 소원을 이루려면 중생의 마음으로는 안 됩니다. 내 마음을 이기적인 마음에서 일시적으로라도 부처님 마음으로 변화시키려고 노력하면 소원이 이루어집니다. 부처님 마음이 되면서 소원이 이루어집니다. 그래서 무슨 생각이든지 부처님께 바치는 것입니다. 바치는 것과 소원을 이루는 것이 다르지 않습니다.

효과적으로 소원을 이루는 가장 좋은 방법은 부처님 마음을 연습하는 것이고 무슨 생각이든지 부처님께 바치는 것입니다. 또 무슨 일을 하되 자기 자신과 가족을 위해서 하지 말고, 부처님 시봉하기 위해서 합니다. 부처님 마음 연습이 곧 효과적인 소원 성취 방법입니다. 이렇게 알고 기원할 때 빠른 시일 내에 원하는 것을 이루고 그 이상으로 원할 것도 없는 상태, 찍으면 다 되는 상태가 됩니다.

적게 먹는다

사족 같지만 한 가지 주의해야 할 것이 있다면 밥을 적게 먹으라는 말씀을 드리고 싶습니다. 밥 많이 먹고 배부르면 모든 것이 수포로 돌아갑니다. 배가 부른 것은 살생이나 도둑질과 못지않게 심각한 죄악과 같습니다. 배를 가득 채우는 것은 무서운 죄악이고 독이므로 여기서 벗어나야 한다는 점을 유념해야 합니다. 이 하나만 주의하시며 금강경 공부를 한다면, 분명히 밝고 행복한 삶을 살 수 있다고 생각합니다.

2018.03.10.

현재 현재에 진실하면
미래 미래는 완전할 것이다

금강경 18분을 말씀드릴 때 인용하는 고왕경 이야기입니다. 고환국高歡國의 손경덕이 사형당할 위기를 고왕경이라는 경전을 독송하여 극적으로 모면했다고 합니다. 고왕경을 사흘 동안 천 번을 수지 독송해서 본인의 죽음을 면했을 뿐 아니라, 다른 사형수들도 고왕경을 독송했더니 죽음을 면했다고 전해집니다. 이 이야기는 소설이나 설화같이 도무지 믿기지 않습니다. 이것을 믿는다고 하면 불교 광신주의자라고 하거나, 전설 같은 이야기로 취급하거나, 또는 가피력에 의존하는 기복 불교라고 할 겁니다.

하지만 이 이야기를 금강경 식으로, 현대적으로 풀어 본다면 지극히 보편타당한 진리로 우리에게 새롭게 다가올 수 있습니다. 또한 잘 활용한다면 죽음과 같은 절체절명의 위기를 충분히 극복할 수 있습니다. 그 원리를 막연하게 부처님의 가피력으로 밀어붙이지 말고, 잘 응용해서 현실의 위기를 해소하면 좋겠습니다.

한 생각만 잘 바쳐도
미래의 운명을 바꿀 수 있다

밝은이들은 고왕경의 공덕으로 그이가 살아난 것이 아니라 올라오는 한 생각을 모두 바쳤기 때문이라고 합니다.

의상 스님이 말씀하신 일념즉시무량겁一念卽是無量劫이라는 구절이 있습니다.

한 생각에는 수많은 오랜 세월의 모든 업보 업장이 다 담겨 있습니다. 한 생각에 들어 있는 분별을 바쳐서 해탈한다면 무량겁의 죄업도 즉시 해탈이 가능합니다.

다음은 원각경 말씀입니다.

"일심一心이 청정하면 다심多心이 청정하고 다심이 청정하면 팔만사천다라니문이 청정하다."

한 생각 올라오는 것에 무시겁의 모든 업장이 다 담겨 있어, 이 생각을 가지고 있으면 모든 불행을 끌어들이고 심각한 재앙을 당할 수 있습니다. 재앙은 한 생각에서 오는 것이니, 이 한 생각만 부처님께 바쳐서 해탈한다면 미래의 모든 재앙은 다 소멸할 수 있을 것이다. 즉, 일심(한 생각)이 청정하면 다심(미래의 모든 재앙)도 다 청정하다고 연장해서 해석할 수 있습니다.

이것을 뒷받침하는 현대 과학의 이론이 있습니다. 생명과학자들은 피 한 방울에서 유전학적으로 그 사람의 재능, 성격, 특성, 질병, 발병 시기 등을 다 예측해 볼 수 있습니다. 유전자 검색 능력이 나날이 발전해서 머지않아 피 한 방울만 뽑으면 사주팔자가 다 드러날 것입니다. 이를 통해, 한 생각 한 분별 속에서 미래의 사주팔자가 전부 결정된다는 논리는 충분히 이해할 수 있습니다. 달리 말해서 한 생각만 잘 바쳐도 미래의 운명을 바꿀 수 있습니다.

백 선생님께서는 저에게 말씀하셨습니다.

"한 생각을 잘 바치면 미래의 운명을 바꿀 수 있듯이, 너는 너의 어머니와 맺은 업보만 해탈한다면 너의 모든 고통이 사라져서 부처님의 세계에 들어갈 것이다."

이 말씀이 너무 엄청나서 저는 잘 믿어지지 않았습니다. 어떻게 어머니와 맺은 업보가 내 일생의 사주팔자를 결정할 수 있을 정도로 막강한 영향력을 가질까? 업보를 해탈한다고 해서 어떻게 내 팔자가 바뀌고 부처님 세계로 들어갈까? 그런데 오랜 세월이 지나면서, 피 한 방울로 모든 것을 분석할 수 있다는 생명과학자들의 말을 인용하면서 저는 그 말씀을 믿게 되었습니다. 한 생각이 무량겁과 동일하다는 의상 대사의 말씀, 어머니와의 업보를 해탈한다면 내 사주팔자도 바뀐다는 백 선생님의 말씀, 일심이 청정하면 다심이 청정하다는 원각경 구절도 이해하게 되었습니다. 이즈음 저는 고왕경 이야기를 새로 해석할 수 있게 되었습니다.

손경덕 이야기의 현대적 해석

손경덕은 사흘 후 사형을 당하게 되었습니다. 죽음에 대한 공포로 미칠 지경이었을 겁니다. 어떻게 그 공포에서 벗어날 수 있었을까요? 현재 올라오는 이 생각, '내가 죄를 지어 사형을 당한다. 나쁜 일을 했기 때문에 과보를 받아야 한다.'는 생각이 사흘 뒤 사형이라는 무서운 일을 불러오는 것입니다. 현재의 내 생각만 부처님께 진실하게 바친다면 사흘 후의 재앙도 소멸할 수 있을 겁니다.

손경덕이 제대로 공부했다면 하루만 바쳤어도 사형을 면했을 겁니다. 좀 더 믿음이 있었다면 한나절만 바쳐도 되었을 겁니다. 선근이 더 많았다면 한 시간만 바쳐도 됐을 것입니다. 한 생각 속에 미래의 모든 운명이 결정되어 있는 것이 확실하다면 천 일, 백 일, 십 년을 공부하면서 업장이 없어졌다가 또 생기기를 반복하지 않아도 됩니다. 한순간만 제대로 바쳐서 업장을 없앨 수 있다면 당장 절체절명의 위기도 벗어날 수 있다는 결론입니다.

"현재 현재에 진실하면 미래 미래는 완전할 것이다."

백 선생님께서는 이렇게 간단히 풀어서 말씀하셨습니다.

저는 미래로부터 오는 막연한 불안으로 괴로웠습니다. 합격자 발표, 재판 결과 발표 직전에 공포에 떨었고 거기에 끌려갔습니다. 현재 올라오는 공포심만 제대로 바친다면 마치 손경덕이 극적으로 살아남은 것처럼 미래의 모든 재앙은 순식간에 사라질 수 있다고 생각합니다. 시대는 달라도 진실로 바친다면 손경덕의 설화 같은 이야기가 다시 현실로 이루어진다고 생각합니다.

하루에 열두 시간만 살라

백 선생님께서는 좀 더 쉽게 풀어서 이렇게 말씀하셨습니다.

"하루에 열두 시간만 살라."

우리는 내일도 살고, 모레도 살고, 내년도 살면서 몇 년 후의 고통을 끌어들여 오늘을 괴롭게 삽니다. 백 선생님께서는 그것을 딱하게 여기셔서 하루 열두 시간만 살라고 하시면서 우리의 마음을 편하게 해 주셨습니다.

　고통의 원인은 하루에도 몇 년을 살기 때문입니다. 미래의 근심 걱정은 현재 분별만 바치면 소멸하기 때문에 저는 소사에 있을 때 하루에 열두 시간만 살려고 하였고, 그 결과 마음이 상당히 편해졌습니다. 무조건 열두 시간만 사는 게 아니라 현재 올라오는 공포를 진실하게 바치는 것입니다. 하루 열두 시간만 산다면 마음이 편안해짐은 물론 미래의 모든 절체절명의 위기를 순식간에 녹여 버릴 수 있습니다.

　금강경에서 "과거심 불가득 현재심 불가득 미래심 불가득"이라고 표현했습니다. 백 선생님께서는 "현재 현재에 진실하면 미래 미래는 완전할 것이다. 하루에 열두 시간만 살라."라고 풀어 이야기 하셨습니다.

　이 말을 잘 기억하셔서 하루만 즐겁게 살아보시기 바랍니다. 올라오는 모든 분별을 잘 바친다면, 미래 미래는 완전할 것이고, 미래의 모든 공포와 위기는 다 사라질 것입니다. 손경덕의 고왕경 이야기는 천 년 전의 일만이 아니며, 금생에 충분히 실현이 가능한 희망적인 말이라고 생각하시고 제대로 실천하셔서 행복한 삶을 창조하시기 바랍니다.

2018.03.17.

바람직한 수행은
나를 없애는 수행

우리 법당은 어느덧 자시子時 가행정진이 공식적인 수행 방법이 되었습니다. 망원동이나 원당 법당에 나와서 하지 않아도 여러 도반이 집에서 조용히 하고 있습니다. 공식적으로 수행 발표를 통해서 자시 가행정진의 성과가 크다는 것을 많이 들었습니다. 그러나 발표하지 않은 분에게서 금강경 7독을 해도 가행정진해도 별 성과가 없었다는 이야기도 듣습니다. 가행정진을 해서 큰 성과를 얻었다는 분들 중에도, 발표와는 달리 속으로는 신심을 내지 못하고 발심하지 못하시는 분들을 가끔 봅니다.

그러면 어떤 것이 바람직한 가행정진일까?

어느 분은 단기간 가행정진을 해도 놀랄 만큼 큰 성과를 얻지만, 다른 분은 오랫동안 가행정진을 하는데도 별로 달라지지 않고 신심도 나지 않는 이유가 무엇인가?

바람직한 수행 방법은 무엇인지 생각해 봅니다.

내가 하는 수행,
무지와 재앙으로 연결된다

세상에서는 좋은 일을 권장합니다. 예전에는 착한 일을 좋은 일로 규정했지만, 요즈음 그 범위가 넓어졌습니다. 각종 봉사 등은 예전에는 착한 일로 규정하지 않았지만 최근 봉사도 좋은 일이며 복을 많이 받는 일이라고 합니다.

악행-살생, 투도, 사음, 망어-을 하면 벌을 받는다고 해요. 세상에서도 남을 속이고 이간질하고 신용을 지키지 않는 악행들이 고난과 재앙을 불러온다고 합니다. 실제로 좋은 일-보시, 지계, 인욕, 정진-을 하는 사람은 복을 받고, 악행을 하고 탐진치를 내는 사람에게 고난이 오고 재앙이 오는 것은 분명한 사실입니다.

저는 좋은 일을 하고 나쁜 일은 하지 말라는 말을 많이 들었고, 저 자신도 그렇게 이야기했습니다. 좋은 일을 하여 복을 받았고, 반대로 죄를 짓고 탐진치를 범하여 재앙이 왔다는 말씀을 드렸습니다. 이제 공부가 되며 생각이 달라졌습니다.

아무리 좋은 일-보시, 지계, 인욕, 정진-을 철저히 하는 것 같아도, 내가 하는 선행은 결국은 무지요 재앙입니다. 내가 없는 좋은 일을 하고, 내가 없이 탐진치를 범하지 말아야 진실로 축복이 됩니다.

악행-살생, 투도, 사음, 망어-은 나쁘고 재앙이 되는 것은 사실입니다. 그러나 내가 없는 악행이 있을 수 있습니다. 부처님 시봉하기 위해 살생, 도둑질, 거짓말, 삿된 음행을 하는 수도 있습니다. 부처님 시봉이란 것은 내가 없는 것입니다. 내가 없는 악행은 악행이 아니라 보살행입니다.

'나'가 들어가는 것은 선행처럼 보여도 무지와 재앙으로 연결되며, 내가 하는 가행정진도 역시 무지와 재앙으로 연결됩니다. 내가 없는 선행, 내가 없는 정진이야말로 효과적입니다. 나를 없애는 정진을 해야 진실한 축복이 됩니다.

내가 없는 수행, 부처님 시봉하는 마음

공부를 오래 해도, 가행정진을 많이 해도 효과가 없다는 사람에게는 '내가 하는' 마음이 있습니다. 내가 하는 것은 탐진치로 하는 것입니다.

바라는 마음이 가득 찬 탐심으로 가행정진 많이 해보세요. 별 효과가 없습니다. 바라지 않는 마음, 부처님 시봉하는 마음으로 한다면 단시간에 놀랄만한 성과가 나타납니다.

남을 원망하거나 불평하는 마음을 바칠 생각을 하지 못합니다. 내 마음에 불평과 원망이 가득 찬 상태로 가행정진을 해도 별 효과가 없습니다.

치심을 바탕으로 자기를 드러내고 과시하는 수단으로 각종 선행을 하고 가행정진을 하는 것은 아닌지 생각해 보세요. 이렇게 하면 거의 성과가 없고 무지와 재앙으로 연결됩니다.

이 정도 이야기하면 지혜 있는 사람들은 곧 알아듣습니다.

가행정진을 할 때는 탐내거나 바라지 말고, 불평하거나 남을 원망하지 말고, 오로지 부처님 시봉하는 마음으로 모든 사람을 부처님으로 보며 합니다. 일하되 욕심내지 않고 부처님 기쁘게 해 드리기 위해, 직장에서 돈 벌기 위해서가 아니라 부처님 시봉하기 위해 일하며 가행정진하는 사람에게는 단기간에 놀랄 만한 축복이 옵니다.

'내가 하는' 것의 반대는 부처님 시봉입니다.

나를 없애는 구체적인 마지막 방법

그래도 알아듣지 못하는 사람들을 위하여 선생님께서 나를 없애는 구체적인 방법을 제시하셨습니다. 이것이 마지막 길일 수 있습니다.

"탐진치를 내지 마라. 남을 원망하지 말고 바라지 말고 기도해라!"

이 방법이 효과가 없다고 느끼는 분들에게 마지막 방법입니다.

• 죽은 셈 치고 살라

죽은 셈 치고 가행정진하면 놀랄 만한 부처님의 축복을 받습니다. 우리는 살고 발전하고 잘되기 위해, 날뛰기 위해 가행정진을 하는지도 모릅니다. 거기에는 내가 있고 탐진치가 있습니다.

죽은 셈 치고 사는 삶, 진정으로 나를 없애는 길입니다.

죽은 셈 치고 살 때, 손자병법의 필사즉생必死卽生 이라는 말대로 진실로 더 잘살게 됩니다.

• 자신을 가장 못난 존재로 알라

또 한 가지, 자신을 가장 못난 존재로 알며 지극히 겸허하고 참회하는 마음으로 가행정진을 해야 합니다. 자신을 가장 못난 존재로 알라는 말을 하도 많이 들어서 한 귀로 듣고 한 귀로 흘리는 것 같습니다. 실지로 겸손한 사람들이 드뭅니다. 항상 자기(가짜 나)를 참 못나고 형편없는 존재, 드러내서는 안 되고 절대로 친해서는 안 되는 존재로 알고 가행정진을 해야 합니다.

우리는 수시로 잘난 척합니다. 잘난 척하는 맛에 산다고 합니다. 이렇게 가행정진하면 아상을 점점 키우게 되어 부처님 세계에 들어가지 못합니다. 자기가 가장 못난 줄 알고 수행할 때 더 잘나게 됩니다. 자기 아상이 못난 줄 알아야 합니다.

• 한순간만 살라

틈틈이 선생님께서 해 주신 말씀입니다. 한순간만 사는 기분으로 가행정진을 하십시오. 우리는 천년만년 살며 부귀영화를 누리려고 가행정진을 합니다. 이럴 때 아상이 커집니다.

'나는 한순간밖에 못 산다. 하루에 열두 시간만 산다. 이 시간만이라도 진실하게 산다. 더 이상의 기회는 나한테 없다. 이것이 마지막이다.' 이런 기분으로 가행정진하시기 바랍니다.

한순간만 살고 하루에 열두 시간만 살지, 하루에 천년만년 살려고 하지 않을 때 영원히 살 수 있습니다. 순간순간 진실할 때 미래미래는 완벽하다는 말씀대로, 한순간만이라도 최선을 다하고 부처님과 함께하는 삶을 살면서 가행정진을 하는 사람은 빨리 변하고 기적을 창조합니다. 반대로 탐진치로 천년만년 살고자 하며 부처님과 멀어질 때 아무리 오래 해도 별 효과가 없습니다.

수행의 대원칙을 알고 공부하는 것이 필요합니다. 당장이라도 효과를 얻을 수 있는 이 원칙을 잘 지키셔서 밝고 행복하게 수행하는 삶을 사시기를 발원합니다.

2018.03.24.

취해서 사는
삶에서 벗어나라

무슨 생각이든지 바치라는 말씀의 뜻을 글로 적어 보았습니다.

우리는 24시간 취해서 살고 있는지 모릅니다. 색에 취하고, 식에 취하고, 잠에 취해서 살고 있습니다. 탐진치에 취해 살고 부귀영화에 취해 살고 처자식에 대한 애정에 취해 살고 있습니다. 취해서 살면 정신을 잃어버리고, 정신을 잃어버리면 각종 재앙이 생깁니다. 우리는 불평이라는 마약에 취해서 무능해졌고 오만이라는 술에 취해서 무지해졌는지도 모릅니다. 취해서 사는 삶은 음주하면서 정신없이 운전하는 것과 마찬가지입니다. 술에 취하면 잘 보이던 길이 제대로 보이지 않게 되어 각종 사고를 내듯, 취해서 사는 삶은 우리가 부처님처럼 위대한 존재임을 망각하게 하고 스스로 탕자가 되게 하여 각종 고난을 받고 살게 됩니다.

"무슨 생각이든지 부처님께 바쳐라. 무슨 일을 하든지 부처님 기쁘게 해 드리기 위해 하라. 무슨 일을 하되 습관적으로, 즉흥적으로 하지 말고 원을 세워서 하라"는 말씀이 무슨 뜻일까요?

바로 취함에서 벗어나 제정신을 차리라는 말씀입니다. 항상 깨어 있으라는 말씀입니다. 탕자의 삶에서 벗어나 본래 고향으로 돌아가라는 말씀과도 같습니다.

우리가 마음속에서 일어나는 각종 생각을 바칠 때 취함에서 벗어날 수 있습니다. 무슨 일을 할 때 이기적인 목적으로 하지 않고 부처님 기쁘게 하려는 마음으로 일하면 부귀영화에서, 처자식에서, 각종 본능이라는 마약에서 벗어날 수 있습니다.

취함에서 벗어나 부처님 세계로 들어갈 때, 세상이 밝게 보입니다. 태양이 하늘에 몇 개 떠 있는 듯이 찬란하게 보입니다. 찬란하게 보이는 이 세계는 모든 근심 걱정이 다 사라지고 우울함이 조금도 없습니다. 그 세계에는 빈곤도 병도 외로움도 절체절명의 위기도 전혀 없습니다. 불평이 없고 오만이 없고 오직 감사와 공경만이 가득할 뿐입니다. 그 세계는 모든 좋은 일로 꽉 차 있습니다.

이것이 무슨 생각이든지 부처님께 바치는 뜻이요, 일을 하되 부처님 기쁘게 해 드리기 위하여 일하는 뜻입니다.

2018.04.07.

처음부터
부처님 시봉하는 마음으로

1967년 백 선생님이라는 걸출한 선지식을 만나서 출가의 마음을 내기 전에도, 저는 대학 4년 동안 독실한 불교 신자로서 거의 매주 절에 나가서 스님들과 학자들의 법문을 듣고 우리말 팔만대장경을 즐겨 읽었습니다. 경전 읽기, 스님들의 말씀, 학자들의 이야기를 통해서 저의 불교관이 형성되었다고 할 수 있습니다.

여기서 유념할 것이 있습니다. 경전을 많이 읽고 스님들의 법문을 듣고 또 학자들의 강의를 들었던 것은 지식 교육을 받은 것입니다. 경전을 많이 읽어서 지식은 많이 늘었지만 대화나 토론은 없었습니다. 스님들의 법문과 학자의 강의를 들었어도, 그분들과 속 깊은 대화를 나누거나 구체적인 질문을 해본 적은 없었어요. 일방적인 지식 교육으로 저 나름대로의 불교관이 형성되었습니다. 좋게 말해서 불교관이지만, 제 선입견으로 본 불교관입니다.

백 선생님을 만나기 전,
나의 불교관

경전에 부처님께서 6년간 고행하셨다는 이야기가 있습니다. 부처님께서 6년 동안 얼마나 고생을 많이 하셨던지, 일찍이 과거 어느 수행자들도 나와 같은 고생을 견딘 적이 없었고 앞으로 어떤 수행자들도 나와 같은 고통을 견딜 사람은 없을 것이라고 하셨습니다. 보리수나무 아래서 수행할 때는 칡넝쿨이 몸을 감았습니다. 배를 만지면 등이 만져질 정도로 아주 극한 고행을 하셨다고 합니다. 그러다가 고행만이 다가 아니며 고행에서 깨달음이 오는 게 아니라고 생각하시고, 몸을 추슬러 유미죽을 드시고 건강을 회복하셨습니다. 그 뒤 정진하시던 어느 날, 새벽에 별빛을 보면서 큰 깨달음을 얻으셨다고 합니다.

제가 아는 불교는 어떤 식으로 수행한다는 것이 대체로 정해져 있었습니다. 신구의身口意, 몸과 입과 마음은 절대로 가만두는 것이 불교 수행의 요체라고 생각했습니다.

'부처님께서 6년 동안 그렇게 하셨듯이 우리도 몸을 움직여서는 아니 될 것이다. 말을 자주 해서는 안 될 것이다. 절에서 묵언하는 것도, 말을 삼가는 것도 역시 수행에는 꼭 필요한 것이다. 흙탕물이 출렁거리면 달이 비치지 않지만 가만히 두면 흙탕물이 가라앉아 하늘의 달과 별이 비치듯이 우리 마음도 고요하여야 깨달음의 세계에 갈 것이다. 신구의를 절대로 움직이지 않고 가만둘 때 마음의 안정을 얻고, 마음의 안정을 얻을 때 어느 날 깨달음이 와서 부처님 세계에 들어갈 것이다.'

저는 막연하게 불교 수행은 그렇게 해야 한다고 믿었습니다.

아마 지금도 그렇게 해야 한다고 생각하는 불교 수행자들이 상당히 많을 것 같습니다. 간화선 수행자들은 특히 깨달음을 얻기 위해서는 몸을 가만두고 말도 많이 하지 않고 마음도 가만두어서 드디어 깨달음을 얻는다는 사고방식을 가지고 있어서 무문관無門關이 생겼던 것 같아요. 무문관에 들어갈 때는 눈썹을 면도하고 하루에 한 끼 먹으면서 철저하게 극기 훈련을 합니다.

저는 극기 훈련을 하면 아상이 소멸되니, 간화선 수행자처럼 철저한 극기 훈련을 하는 것이 매우 필요하다고 생각했습니다. 무문관에 들어가서 신구의身口意를 전혀 움직이지 않고 가만히 두면 모든 아상은 소멸할 것이라고 생각했습니다. 비록 사회적 인간을 키워 내는 수행은 아니지만 깨달음을 이루기 위한 가장 좋은 수행 방법이라고 생각했습니다. 아무리 극기 훈련을 해도 선입견이 소멸되지 않는다는 것, 아무리 고행을 해도 자기 고집, 자기 견해까지 없어지지 않는다는 것은 생각하지 못했습니다. 이것이 백 박사님을 만나기 전에 저의 불교관입니다.

백 선생님을 만나고 난 뒤, 새로운 패러다임의 불교관

백 박사님을 만나고 난 뒤 저의 불교관은 바뀌기 시작했습니다.

몸뚱이를 가만히 두어서는 안 된다는 겁니다. 자주, 규칙적으로 움직이라는 겁니다. 일을 하라는 겁니다. 또 묵언을 강조하시지 않습니다.

"묵언하다가는 까딱하다 벙어리 되기 쉽다. 남이 질문을 할 때는 친절하고 정성스럽게 대답해야 한다."

이런 것이 종래 불교하고는 상당히 다른 점이었다고 느낍니다. 불교에서는 일체 말을 걸지도 하지도 말라는 묵언 정신 때문에 사람과의 만남을 극도로 피하고 있습니다. 그런데 백 선생님의 가르침은 사람 만나는 것을 피하지 말고 오히려 사랑하라고 합니다. 사람을 사랑하지 못하면 사람 몸을 못 받는다고 가르치십니다.

"사람을 사랑해라. 묵언보다 묻는 말에 정성스럽게 대답해라."

이로 인해 제가 기존에 알았던 불교관이 상당히 바뀌었습니다.

기존 불교에서는 온전하게 마음을 고요히 하라고 합니다. 육체도 정신도 가만히 두라는 겁니다. 백 선생님의 가르침은 이렇습니다.

"정신을 가만둔다는 원칙에는 동의하지만 어떻게 가만두느냐? 우리 마음은 끊임없이 움직이고 있어서 가만둘 수가 없다. 마음을 가만두는 길은 집중하는 것이 아니라 부처님께 공경심을 내는 것이다. 부지런히 배우는 마음을 내는 것이다. 자신이 못난 줄 알고 부지런히 배우는 것이다. 그리고 자기 고집을 일절 가지지 않는 것이 정신을 가만두는 것이다."

"마음을 안정시키려면 보통 혼자 있어야 한다고 생각하는데, 꼭 그런 것은 아니다. 특히 선지식과는 반드시 같이 있어야 한다. 선지식과 함께 있으면서 자주 대화해야 한다. 복 지은 사람들과 함께 토론도 해야 한다. 묻는 말에 정성스럽게 대답하고, 밝은 선지식이나 많이 아는 사람과 대화하고 토론하는 것이 필요하다. 공부는 절대로 혼자서 되는 것이 아니다. 법회에 들어와라. 반드시 선지식을 공경하는 마음을 내라."

매일같이 법회에 들어오라고 하시며 아침 법회를 강조하셨습니다. 이것은 제가 아는 기존의 불교와 아주 달랐습니다.

아상을 소멸하는 길

극기, 난행고행을 통해서만 아상을 없애는 것이 아니라 배우려는 마음, 공경하는 마음, 묻는 말에 대답하는 것으로도 아상이 없어 진다고 생각하게 되었습니다. 특히 전에는 공경심도, 무엇을 배우려 하는 것도 분별이라고 생각했습니다. 그런데 백 선생님은 오히려 무 엇을 배우려는 과정에서 부처님 공경하는 마음을 통해 분별심이 소 멸하고 아상이 죽는다고 말씀하셨습니다.

저는 백 선생님을 통해 새로운 패러다임의 불교를 공부하면서 서 서히 바뀌기 시작했습니다. 선생님은 경을 많이 읽으라고 강조하지 않으셨습니다.

"아침에 한 번 금강경 읽고 저녁에 한 번 읽어라. 나 잘되려고 하 기보다 부처님 시봉하는 마음으로 무슨 생각이든지 바쳐라. 말을 안 하려고 하지 말고, 말하고 싶은 생각만 바치면 된다."

이런 과정에서 저는 적지 않게 아상이 소멸되고 마음도 편안해졌 습니다.

부처님께 열심히 바라고 매달려서 소원을 이루는 것을 기복 불교 라고 합니다. 우리 가르침은 아상을 소멸한다는 점에서 아상을 키우 는, 무엇을 바라는 기복 불교와 다르다고 생각했고 기존의 간화선 수행도 역시 아상을 소멸한다는 점에서 아상을 키우는 기복 불교와 전혀 다르다고 생각했습니다.

저는 백 선생님의 가르침으로 새로운 불법을 만났지만, 간화선 수행에 대한 미련을 버릴 수가 없었습니다. 백 선생님께서 가르치는 불교는 어딘가 짬짜름하지 않았어요. '무문관 같은 데 들어가서 6년을 철저히 아상을 죽여야 제대로 하는 공부지, 여기서 사람들 만나고 대화도 하고 무언가 부지런히 배우려 하고 공경심을 내고 매일 법회에 들어가는 것이 과연 아상을 죽이는 길일까? 오히려 공경심을 내고 배우려고 하면서 아상을 키우는 것은 아닌가?' 이렇게 생각하면서 막연하게 극기를 하는 불교, 간화선 수행, 무문관에서 하는 공부에 대한 향수를 간직하고 있었습니다.

자기 잘되려고 하는,
자기 고집을 키워가는 불교 수행

최근 『○○○기』라는 책이 출간되었습니다. 「현대불교신문」에 『○○○기』에 관한 이야기가 상세하게 나온 것을 읽고 저는 새삼스럽게 백 선생님 가르침의 위대성을 실감했습니다.

『○○○기』에 나오는 스님은 지금 어느 절에 주지로 계십니다. 출가하셔서 화두를 받고 간화선 수행을 하셨습니다. 어머니도 서산 대사처럼 훌륭한 도인이 되라는 격려를 하며 기쁘게 그의 출가를 허락했습니다. 그이는 출가해서 열심히 화두 참구도 하며 최선을 다했는데 화두에 도저히 집중하지 못합니다. '하느라고 했는데 왜 이렇게 발전이 없을까? 무문관에 가서 짬짜름하게 극기를 하고 아상을 소멸해야 제대로 된 수행이 아닐까? 밖에서 사람을 만나서 가끔 대화도 하며 세상의 일에 마음을 쓴다면 불교 수행이라고 할 수 있겠는가?'

하며 드디어 무문관 출가를 하였습니다.

무문관에 들어가며 머리는 물론 눈썹도 깎고 극기 훈련을 시작했습니다. 얼마나 철저하게 했는지 자리에 한 번 앉으면 일어나지 않아서, 궁둥이와 바닥이 밀착되어 궁둥이가 다 헐었습니다. 그럴 정도로 화두에 몰입하고 철저하게 극기 훈련을 했습니다. 그 결과 수없이 코피가 터지고, 몸은 무척 쇠약해졌습니다. 그 스님뿐만 아니라 간화선 수행을 한 여러 스님께 이야기를 많이 들었는데 한결같이 나타나는 증상입니다. 몸이 점점 가라앉고 코피를 쏟고 힘이 약해지는데, 극기로 버티는 겁니다. 무문관에서 개미가 쭉 올라가는데 떨어져도 올라가고 또 떨어져도 올라가 드디어 정상에 오르는 것을 보면서 '나는 개미만도 못하구나. 힘들어도 어떻게 해서든지 극기하여 서산 대사가 되라는 어머니의 말씀대로 열심히 하겠다.' 하였지만 안 됐습니다.

그러던 어느 날 절을 하기 시작했습니다. 하루에 천 배를 하면서 새 정신이 나고 몸이 아주 건강해졌습니다. 그이는 죽으려고 들어간 무문관에서 다시 살아났다, 간화선을 한 결과 깨달음이 보답으로 돌아왔다고 하면서 간화선을 예찬하였습니다. 하지만 백 선생님의 가르침으로 보면 간화선으로 화두를 깨친 게 아니라 사실은 몸을 안 움직이고 가만히 두니 병이 더 깊어졌고 천 배를 하면서 몸을 움직여서 드디어 살아난 건데, 그이는 몸을 움직이라는 원리를 이해하지 못하고 간화선을 열심히 하던 끝에 결국은 깨쳤다고 해석한 것 같습니다.

나는 그 책을 읽으면서 몇 가지 결론을 내렸습니다.

수행이 왜 실패로 돌아갈 수밖에 없었을까?

그 수행을 보면 대단한 수행이었습니다. 궁둥이가 방바닥에 붙어서 떨어지지 않을 정도이니 그 고통이 얼마나 심했겠습니까! 그러나 선지식 만났다는 이야기가 없어요.

무문관에서는 선지식을 만날 수 없어요. 자기 생각과 자기 고집을 키워가는 것이지, 아상을 없애는 것이 아니라고 느꼈습니다. 자기 고집을 키워가는 것은 변형된 아상의 연습, 변형된 기복 불교입니다. 자기 잘되려고 하는 불교입니다. 이런 불교로 어떻게 밝아질 수 있겠습니까?

이에 비해서 백 선생님의 가르침은 공경심을 강조하고, 매일같이 법문을 들으면서 배우는 마음을 통해 철저히 고집을 꺾고 아상을 꺾는 데 주력합니다. 처음부터 나 잘되려 하지 말고 부처님 기쁘게 해 드리는 불교를 하라고 강조하셨습니다. 이 점이 기존 불교, 특히 간화선 수행자들이 자칫 잘못하기 쉬운 것과 다른 부분입니다.

출발부터 부처님 시봉하는,
기쁘게 해 드리는 불교 수행

제가 소사에서 한 가지 깨친 것이 있습니다. 처음에 저는 정신적인 고통을 해결하기 위해서 백 선생님을 찾아갔는지도 모릅니다. 제가 불교 지식은 많이 알고 있었지만, 그것이 저의 정신적 고통을 해결하는 데는 아무런 도움이 되지 않았습니다. 백 선생님께 갔더니 몸을 규칙적으로 움직이고, 올라오는 모든 생각을 자꾸 바치고, 대화와 토론을 하도록 유도하셨습니다. 그 과정에서 고집이 죽고 아상이 죽었습니다.

"네가 잘되려면 철저히 바쳐라."

이렇게 시키셨고, 저는 나 잘되기 위해서 바쳤습니다. 자꾸 바치다 보니까 나 잘되려는 생각이 잘못이라는 것을 알게 됐어요.

'부처님 시봉하는 마음으로 해야지, 나 잘되려는 마음으로 출발해서는 안 되겠다.'

막연하게 이런 생각을 하고 있던 어느 가을 밤, 저는 뱀에 발을 물렸습니다. 벌에 쏘이는 것보다 훨씬 더 아팠습니다. 랜턴을 비춰봤더니 말로만 듣던 독사였어요. 밤중에 병원으로 달려갔습니다. 응급실에 의사가 급히 와서 마취도 안 하고 칼로 뱀에 물린 자리를 째고 실로 꿰맸습니다. 그때 바치는 힘이 있어서 그런지 마취 안 하고 째고 꿰매는데도 그 통증을 바칠 수 있었습니다. 바치는 사람은 통증도 덜하다는 것을 알았습니다. 그런데 며칠 뒤 서서히 독기가 아래 발에서부터 시작해서 넓적다리를 타고 올라왔습니다.

'아, 나는 죽을지도 모른다. 그동안 내가 최선을 다해서 무슨 생각이든 부처님께 바치는 연습을 했는데, 바치는 결과가 결국 죽음이라는 재앙으로 돌아오다니. 그렇다면 바치는 공부가 무엇인가? 고통을 면하기 위해서 바쳤는데 결국 고통은 면하지도 못하고 여기서 죽는다면 공부한 보람이 무엇인가? 바쳤는데 이렇게 죽음으로 되돌아온다면 더이상 할 것이 뭐가 있을까?'

퇴원하여 백 선생님께 여쭤보고서 한 대 크게 얻어맞은 것 같았습니다.

"너는 네가 잘되기 위해서 불교를 믿었느냐, 아니면 부처님 시봉하기 위해서 불교를 믿었느냐?"

저는 부처님 시봉하기 위해서 불교를 믿었다고 말하지 못합니다.

저 잘되기 위해서 고통을 면하기 위해서 믿었습니다. "선지식 공경해라. 무슨 생각이든지 바쳐라. 무슨 일을 할 때 부처님 기쁘게 해 드리기 위해서 해라." 그 이야기를 귀가 닳도록 들었어요. 그런데도 부처님 기쁘게 해 드리기 위해서 행동한 게 아니라, 알지 못하게 나 잘되기 위해서 했던 것을 인정할 수밖에 없었습니다.

"내가 그토록 '나는 부처님 시봉하는 사람이다.' 무슨 일이든 부처님 기쁘게 해 드리기 위해서 하라고 강조했건만, 너는 아직도 나 잘되려고 불교를 믿고, 잘 안 되는 듯하니까 불교에 대해 의심하고…… 지금부터라도 내 몸의 안위를 생각하지 말고 부처님 시봉하는 마음을 내라."

백 선생님의 말씀에 저는 새 정신이 번쩍 났습니다. 방심하지 않고 백 선생님의 말씀을 잘 들으려고 했지만 잘 못 들었던 것 같아요.

우리 가르침은
내가 노력해서 성공하는 불교가 아니다

저한테 찾아와서 "다라니를 30만 독을 했습니다. 하루에 천 배 절하기를 수없이 많이 했습니다. 그러나 점점 더 고통을 받고 있습니다." 마치 『○○○기』와 비슷한 이야기를 하는 사람들이 너무나도 많습니다. 그것은 일종의 변형된 기복 불교입니다. 비록 극기를 통해 어느 정도 이상이 죽는 것은 사실이지만, 고집은 하나도 죽지 않습니다. 이런 불교는 자기 잘되기 위한 불교입니다. 기복 불교는 말할 것도 없고 간화선도 결국은 자기 고집으로 한다면 그것은 자기 잘되려고 믿는 불교입니다. 우리는 거기에서 벗어나야 합니다.

금강경 가르침이 다른 가르침과 다른 점이 무엇입니까?

출발부터 나 잘되기 위해서 금강경을 읽고, 나 잘되기 위해서 바치지 마십시오. 출발부터 부처님 기쁘게 해 드리는 마음으로 이 가르침을 믿으십시오. 내 몸의 안위가 걱정되거나 위험한 경우에도 내가 잘되려는 마음이 조금이라도 있다면, 깜짝 놀라서 부처님 시봉하기를 발원하십시오. 이것이 빠른 시일 내에 부처님 세계에 들어가는 길이며 진짜 자기가 잘되는 길입니다. 스스로 철저하게 부처님 시봉하고 내 몸을 생각하지 않는 불교 신자라고 믿게 될 때, 자신을 이롭게 하는 일에 빠르게 도달할 수 있습니다.

우리 가르침은 다릅니다. 내가 노력을 해서 성공하는 불교가 아닙니다. 처음부터 부처님 기쁘게 해 드리는 마음, 나 자신이 잘되는 것을 생각하지 않는 넓은 마음, 부처님 마음을 연습할 때 진정으로 자기 자신에게 도움이 된다는, 필사즉생의 가르침입니다.

처음부터 이런 마음으로 불교를 신앙하시기 바랍니다. 굉장히 효과적인 수행 방법이며, 자신을 진정으로 잘되게 하는 수행 방법입니다.

2018.04.14.

진실한 소원이
이루어지는 원리

ㅣ

🐦

오늘은 소원을 성취하는 방법과 과정을 말씀드려 볼까 합니다.

제가 불교를 처음 만났을 때는 대학교 1학년이었고, 그때는 인생이 고통이라고 생각하지 못했습니다. 마음 닦는 불교, 인격을 완성하는 불교를 하려고 했고, 재앙을 소멸하거나 소원을 성취하려고 불교를 믿지는 않았습니다. 마음 닦는 불교를 하려 했던 대학 1학년 때는 금강경을 중심으로 경전을 열심히 읽었습니다. 그러나 고학년이 되면서 삶이 좀 고달파지는 것 같았고 특히 군대 생활할 때는 더욱 힘들었습니다. 그때는 마음 닦는 불교, 인격을 완성하는 불교보다도 재앙을 소멸하거나 소원을 이루는 불교 쪽으로 마음이 더 기울었습니다. 어떻게 보면 기복 불교의 경향으로 가지 않았나 생각합니다.

좁은 마음과 넓은 마음

백 선생님의 가르침을 따라 출가 생활을 했을 때도 삶이 매우 고달팠기 때문에 재앙은 물러가고 소원이 이루어지기를 바라는 기복 불교를 했던 것 같습니다. 그땐 기복이라고 생각하지 않았지만, 지금 돌아보니 바라고 구했던 것이 매우 많았어요.

백 선생님께서 맨 처음에 이렇게 물으세요.

"부처님께 무엇을 잘되게 해달라고하면 마음이 넓으냐, 좁으냐? 부처님 잘 모시길 발원하면 마음이 넓으냐, 좁으냐?"

상식적으로 '해 주시옵소서' 하는 것은 구하는 마음이고, 구하는 마음은 이기적일 뿐만 아니라 좁은 마음이라는 것, 반면에 부처님 시봉 잘하길 발원한다면 이기적이지 않은 넓은 마음이라는 것을 어렵지 않게 알 수 있습니다.

"나 잘되게 해 주기를 바라지 말고, 부처님 잘 모시기를 발원하는 넓은 마음을 연습해서 부처님처럼 되는 연습을 해야 한다."

백 박사님의 제일성이었습니다. 아마 제 마음이 뭘 구하는 마음, 즉 기복 불교인 것을 아시고 그것을 깨뜨리기 위해서 그런 말씀을 하시지 않았나 생각합니다.

무슨 생각이든지 바치라고 말씀하셨음에도 불구하고 제 마음은 항상 무엇을 구하고 있었습니다. 특히 수도장에서는 백 선생님께서 말씀하시는 숙명통, 타심통 같은 것을 구하는 마음이 매우 많았습니다. 인격적으로 훌륭하게 되고 싶은 생각도 없지는 않았지만, 당면 과제가 너무나 고달프고 수도 생활이 힘들어서 좀 편안해졌으면 했어요. 그리고 더 나아가 숙명통이나 타심통 같은 신통을 얻어서 내가 여기 들어온 목적을 달성하겠다는 마음이 있었습니다. 지금 생각해 보면 상당히 기복적이었습니다.

진실한 마음은 소원을 이룰 수 있다

"어떻게 하면 소원을 이룰 수 있겠습니까?
어떤 마음을 가져야 소원을 이룰 수 있겠습니까?"
이런 질문을 많이 했습니다.
그 대답을 제가 생생하게 기억하는데, 간단하게 대답하셨어요.
"진실한 마음이면 다 성취된다. 진실하지 않으면 성취되지 않는다."
진실한 것은 무엇이고, 진실하지 않은 마음은 무엇인가에 대해서는 뚜렷이 알 수 없었습니다. 어쩐지 이기적이라면 진실하지 않은 것 같아요. 이기적이지 않을 때 진실하여 소원을 이룬다는 뜻으로 생각했습니다.
또 선생님께서는 '부처님 시봉'을 같이 발원하라고 하셨습니다.
"원을 세울 때 바라는 마음이면 이루어지지 않지만, 그 바라는 것에 부처님 시봉 잘하기를 발원하면 소원이 이루어진다."
이런 말씀 때문인지 도반들은 한결같이 그냥 돈 벌겠다고 하지 않고 돈 많이 벌어서 부처님 시봉 잘하길 발원합니다. 근데 그 소리가 참 낯간지러웠어요. '차라리 솔직히 돈 벌겠다고 하지, 돈 벌어서 부처님 시봉 잘하길 발원하는 건 뭐지?' 하는 거부감이 들었습니다. 돈 버는 것을 이기적으로 보지만, 사실 꼭 이기적인 것만은 아니에요. 돈 벌어서 나와 가족이 잘 먹고 잘 쓰겠다고 하면 이기적이지만,

돈 벌어서 부처님께 드리겠다고 하면 이기적이지 않다는 생각을 처음으로 했습니다.

돈 번다고 하면 무조건 이기적이고 아상의 연습, 탐진치의 연습이라고 생각했었지만, 수도 과정에서 돈을 번다는 것 자체는 나쁜 것도 좋은 것도 아니며 이기적이라고 생각했던 것은 내 선입견일 뿐이라는 것을 알았습니다. 돈을 벌어 부처님께 드린다면 이기적이 아니고 진실한 것이기 때문에, 그냥 돈 벌겠다고 하면 소원이 이루어지지 않지만 부처님께 드리겠다는 소원이라면 이루어지리라 하는 생각으로 바뀌었습니다. 저도 바라는 마음을 이루려면 이런 식으로 원을 세워야겠다고 생각하게 되었습니다.

지금도 여기 바라는 것을 가지고 오신 분들이 많이 있습니다.

"바라는 것이 나 잘되겠다는 뜻이면 소원을 이룰 수 없습니다. 바라는 마음에 부처님 기쁘게 해 드린다는 원을 반드시 보태세요."

이런 말씀을 드리곤 합니다. 저는 아마 그런 식의 원을 세워서 여러 가지 소원을 이루었는지도 모릅니다.

소원이 대단하게 보이지 않고 쉽게 느껴질 때 이룰 수 있다

제 앞에 당면 과제가 생겼습니다. 여기 제가 책을 가지고 있습니다만, 초파일 즈음 책 『우리는 늘 바라는 대로 이루고 있다』가 출간됩니다. 그런데 언제부터 시작이 되었는지 백만 부를 판매한다는 얘기가 돌아요. 십만 부만 하더라도 굉장히 잘 팔리는 책입니다. 언제, 누구로부터 시작되었는지 모르겠습니다만 이 책이 백만 부가 나가면 대한민국의 불교계를 바꿀 수 있다며, 원願을 세우는 분위기가 형성되었습니다. 사실 꿈같은 이야기입니다. 요새 같이 출판계가 몹시 어려울 때 백만 부를 판매한다고 하면 아마 누구든지 꿈 깨라고 이야기할 겁니다. 주위 분위기가 이런데, 오만 부도 못 팔아 본 내가 어떻게 백만 부로 원을 세우나. 용감하게 백만 부 팔아서 시봉 잘하길 발원하는 것은 감히 엄두가 나지 않아요. 그래도 다른 사람이 다 원 세우는데 내가 그냥 가만히 있을 수만 없으니 원을 세워야겠다고 생각했습니다. 백만 부 팔아서 나 잘되려고 하는 것이 아닙니다. 돈도 벌고 명예도 얻으려는 것이 아닙니다. 저는 백만 부 팔아서 부처님 시봉하기를 진심으로 원합니다. 이런 마음으로 백만 부 판매에 대한 원을 세우려고 했습니다.

집에서 원을 세우는 것보다 유명한 기도처에 가서 기도하면 백만 부 발원이 더 효과적이지 않을까 하는 생각이 잠깐 스쳐 갔습니다. '유명한 기도처에 가서 기도하면 잘되리라 하는 생각 자체가 이기적인가? 그렇지만 나 잘되려고 하는 게 아니라 부처님 시봉 잘하겠다고 하면 진실한 것이다.' 이런 생각을 잠깐 했습니다.

며칠 전 유명한 기도처에 갔습니다. 거기에는 많은 사람이 모입니다. 불상을 봤더니 불상이 옆으로 기울어져 있어요. '수많은 사람이 내 소원을 이루어 달라고 매달리니 부처님께서 오죽 피로하실까! 그 피로가 누적되어 부처님도 이렇게 피로한 모습으로 비스듬하게 기울어진 게 아닐까? 나만이라도 백만 부가 잘 이루어지게 해 달라는 기도를 하지 않아야겠다.'라고 생각했습니다. 백 선생님이 시켜서가 아니라 기울어진 불상의 모습이 너무나 딱해 보였어요. '저분의 피로를 풀어 드리고, 저분을 기쁘게 해 드리고, 저분을 도와 드리는 마음을 내야겠다.' 이런 생각으로 진심으로 원을 세웠습니다.

'백만 부 팔아서 저분을 기쁘게 해 드리기를 발원.'

'백만 부 팔아서 내 소원을 이루게 해 주시옵소서'라고 빌지 않고 백만 부 팔아서 부처님 기쁘게 해 드리기를 발원하는 이기적이지 않은 원을 세웠습니다.

전에는 이기적이 아닌 원, 진실한 원이면 다 된다고 생각했습니다. 그곳에서 걸어 내려오면서 깨쳐진 게 있어요. 아무리 이기적이지 않고 진실하고 또 정말 부처님 시봉하기 위해서 꼭 필요한 원이라 하더라도, 그 원이 원체 커서 실현되기 힘든 것이라면 이루어지지 않을 것이라는 생각이 들었습니다. 예를 들어 남북통일해서 부처님 시봉 잘하길 발원할 수 있습니다. 그런데 남북통일이 쉬운 게 아니죠. 백만 부가 쉬운 일이 아니듯이 남북통일은 더 어려울 겁니다. 아무리 이기적이 아닌, 또는 진실한 원을 세웠다 하더라도 스스로 생각하기에도 벅찬 원이라면 과연 이루어질까요?

소원이 거창하게 보이지 않으려면
부처님 마음이 되어야 한다

소원을 이루기 위해서는 두 가지 조건이 필요합니다.

우선 진실할 것, 이기적이 아닐 것. 이것은 필수조건입니다.

또 거창하게 보이지 않아야 합니다. 이루기 힘들다는 생각을 가진다면 이루어질 수 없을 것입니다.

어떻게 하면 이것이 나에게 힘들고 벅찬 원이 아니라고 생각될까?

어떻게 하면 남북통일 같은 거창한 원이 아주 쉬운 원처럼 보일 수 있을까? 백만 부 팔리는 게 엄청난 원이 아니라 쉬운 것으로 느껴질까?

내가 부처님 마음이 되는 겁니다. 부처님에게 남북통일, 백만 부판매는 아주 쉽습니다. 부처님 마음이 되는 연습을 한다면 백만 부판매는 아주 쉽게 느껴지고, 그 순간 바로 이루어질 수 있을 것입니다.

어떻게 하면 부처님 마음이 될까?

'부처님 나 잘되게 해 주시옵소서.' 하면 부처님 마음과는 완전히 멀어지게 됩니다. 좁은 마음이 됩니다. 반면에 '부처님 시봉 잘하기를 발원.' 하면 그 순간 나는 부처님 마음이 됩니다. 제가 그 기도처에서 그런 마음을 내서일까요? 내려오는 순간 부처님 마음이 되었는지 백만 부 판매가 그렇게 대단하게 보이지 않았습니다.

저는 백만 부 판매를 대단하게 보지 않았던 순간이 없었습니다. 항상 어려운 과제로 생각하고 있었습니다. 그런데 부처님 기쁘게 해 드리겠다는 마음을 내는 순간 굉장히 쉽다는 느낌이 들었습니다. 쉽게 느껴져야 반드시 소원이 이루어지지, 이기적이지 않다는 것만으로는 소원이 이루어지지 않는 것 같습니다.

소원이 대단하게 느껴지지 않는 순간, 일사천리로 일이 이루어진다

그리고 참 신기한 일이 벌어졌습니다. 꿈같은 이야기입니다. 백만 부 판매가 이루어질 것 같아요. 그 이튿날입니다. 전부터 뜸을 들이던 B방송국의 국장과 부장이 원당 법당에 왔습니다.

잘 아시다시피 얼마 전 ○ 방송국에서 상당히 거액을 요구하면서 12주 강의를 제안했었던 적이 있습니다. 만약 이 이야기를 백 선생님께 여쭌다면 돌아올 대답은 너무나 자명했습니다. "그렇게 잘나고 싶어서 돈 내고 가서 잘난 척하려고 그러느냐?" 그런 벼락같은 호령이 떨어질 것 같아서 단칼에 거절했습니다. 그리고 그런 말을 들은 것 자체를 굉장히 불쾌하게 생각했습니다. "내가 일생 동안 티 내지 않고 선생님의 가르침을 잘 따르려고 애써 왔는데, 무엇이 아쉬워서 지금 와서 내 명예를 위해 거액을 내고 방송에 나간단 말인가!" 단칼에 취소했더니 며칠 후에 상당히 낮춘 금액으로 다시 제안이 들어왔습니다. 다시 거절했습니다. "만약에 거기서 아무 조건 없이, 강의료 주면서 요청한다면 나는 전 재산을 바칠 용의도 있다. 그렇지만 돈을, 그것도 꽤 큰돈을 요구하면서 출연하라고 하면 절대로 승낙할 수 없다."고 했지요. 그런데도 갑자기 출연하라고 해서 이상하게 생각했는데, 나중에 알고 봤더니 같이 갔던 어떤 분이 나에게 말하지 않고 자기가 대납하여 출연하게 된 것이었습니다. 나중에 12주 강의 끝나고 받은 강의료가 그분이 낸 돈하고 비슷해서 그분에게 드렸습니다.

B방송국에서도 몇 번 제안이 왔어요. 상당히 큰 액수를 요구했습니다. 더군다나 B방송국은 주식회사입니다. 그래서 돈을 안 내고 출연하는 것은 기대하기가 어려웠고, 그전에 상당한 거액을 요구한 것으로 알고 있습니다. 그런데 어제는 B방송국에서 책『우리는 늘 바라는 대로 이루고 있다』로 6개월 동안 출연료 없이 강의를 요청하는 겁니다. 그래서 제가 이야기했습니다. "B방송국에서 강의료를 받더라도 즐겁게 다시 희사할 것이다. 훌륭한 백 선생님의 가르침이 알

려지지 않는 것이 아쉽고, 그것을 알리는 게 내 목적이다. 백 선생님의 가르침은 너무나 귀한 가르침이어서 전 세계에 알리려고 금강경 연수원도 만들 예정이다." 그랬더니 백 선생님의 다큐멘터리도 만들어 주겠다는 거예요. 방송이 나가서 백 선생님의 가르침이 무르익을 때 다큐멘터리를 동시에 만들어 주겠다는 겁니다. 꿈같은 이야기지요? 정신이 얼떨떨할 지경입니다. 아주 구체적으로 날짜까지 정했어요. 이야기가 일사천리로 잘되었습니다.

소원을 성취하는 방법

소원 성취하는 방법을 가르쳐 드립니다.

이기적이지 않은 원을 세우셔야 합니다. 고왕경 이야기처럼 내가 죽을 때 살고 싶은 마음을 내는 것은 이기적이라 생각할 수 있습니다. 그러나 살아서 부처님 시봉한다고 하면 이기적인 것이 아닙니다. 우선 진실한 원을 세워야 합니다. 그러나 진실한 원만으로 소원이 이루어지지 않습니다.

그 원이 대단하게 보이지 않아야 해요. '죽을 목숨을 살리는 게 뭐 대단한가? 부처님 입장이라면 대단하지 않다. 내가 부처님 마음이 되어 보자.' 무슨 생각이든지 부처님께 바치라고 하는 뜻은 부처님 마음이 되어 보라는 뜻이며, 부처님 마음이 되면 이것이 대단하게 보이지 않아요.

백만 부 판매가 대단하게 보이지 않게 되는 순간 그 일은 일사천리로 진행됩니다. 아무 예고도 없이 어떻게 이튿날 그런 기회가 찾아올 수 있을까요? 그리고 이 책을 교재로 6개월 동안 방영을 한다고 생각해 보세요. 광고가 저절로 되어 백만 부 판매도 그리 어렵지 않게 될 것은 자명합니다. 그뿐 아니라 금강경 연수원도 다 잘될 것 같아요.

여기에서 소원 성취하는 요령을 잘 배우십시오. 이기적이 아니어야 합니다. 그리고 그것이 우습게 보이도록 부처님 마음이 되어보세요. 부처님이 내 등에서 호념 부촉하시듯이 모든 것이 잘될 겁니다.

제가 실감 나는 실례를 말씀드리게 된 것을 기쁘게 생각합니다.

2018.04.21.

진정한 종교개혁과
르네상스

———

책『우리는 늘 바라는 대로 이루고 있다』가 초파일 전후로 출간될 것 같습니다. 그 책이 새로 나오는 것에는 여러 가지 다양한 뜻이 있고, 책이 잘 보급된다면 우리나라 불교계는 물론, 국가와 사회에까지 적잖은 영향을 미쳐 상당한 변화를 줄 수도 있을 것으로 생각합니다. 이 책에 어떻게 그런 뜻이 있을까? 좀 거창하고 딱딱하지만 역사적인 고찰을 해보겠습니다. 이런 생각으로 책이나 인터넷을 찾다가 적절한 글을 발견했어요.

마르틴 루터의 종교개혁

종교개혁은 마르틴 루터라는 독일인이 중세 암흑기에 부패하고 타락한 가톨릭교회와 무지한 삶을 한번 개혁해 보고자 시작했고, 그 뒤로 개신교가 탄생한 것으로 압니다. 다음은 마르틴 루터의 종교개혁 500주년을 기념하여 기독교 쪽에서 나온 글을 인용한 것입니다.

「기독교인이라면 누구나 예외 없이 오늘날 한국 교회의 부패와 타락에 안타까워한다. 한국의 대형 교회는 황제나 재벌과 같이 생활하는 목사, 교회의 재정을 자기 호주머니 돈 쓰듯 사용하는 목사, 허위 학력에 논문 표절로 유명한 가짜 목사, 엉터리 가르침으로 우상 숭배를 이끌어가는 목사, 성 추문에 휘말린 목사, 자식 등 일가족에게 담임 목사직을 세습하려는 목사에 이르기까지 부패와 타락, 오류가 극에 달한 모습이다. 500년 전 종교개혁 당시에 로마 가톨릭교회가 딱 그랬다. 잘못된 길로 들어선 로마 가톨릭교회로부터 초대 교회로 돌아가고자 했던 것이 종교개혁이었다. 종교개혁자들 가운데 리더 격인 마르틴 루터와 그의 3대 논문은 우리에게 의미가 크다.」

아마 500년 전 가톨릭교회의 부패 상황이 오늘날 한국 교회와 비슷하다는 이야기인 것 같습니다. 500년 전에 마르틴 루터라고 하는 아주 신선한 인재가 나타나서 종교개혁을 하여, 가톨릭교회의 횡포가 사라지면서 종교가 많이 발전하였습니다. 중세 가톨릭의 폐단을 딛고 개신교가 탄생하면서 종교 발전이 이루어진 것입니다. 오늘날 한국 교회에서도 비슷한 생각을 하면서 마르틴 루터와 같은 종교개혁자가 나오기를 기대하고 있는 것 같습니다.

이것은 남의 이야기가 아닙니다. 요새 〈PD수첩〉에 나오는 불교계의 현상과 너무나도 유사합니다. 저는 불교에서 새바람이 일어나고 불교 개혁 운동이 일어나기를 바라고 있습니다. 요새 조계종의 사태―그것이 사실인지 아닌지는 모릅니다만, 어느 정도 사실이라 할 때 심각한 우려를 금할 수가 없습니다.

대만 불교를 생각해 보았습니다. 제가 대만을 한 두어 번 가 봤습니다. 한국의 손꼽히는 학자들도 이구동성으로 얘기합니다만, 대만은 가장 발전된 불교의 모습을 보이고 있다고 합니다. 불광사의 회주가 되시는 성운 대사와 같은 선각자가 나타나서 오늘날 대만 불교의 위업, 종교개혁을 이루었다고 생각하였습니다.

종교를 개혁하고 발전하게 한 동력

그러면 이렇게 종교를 개혁하고 발전하게 한 동력은 무엇일까요?

우리가 요새 자주 쓰는 표현인 선지식, 선각자인 분이 있었다고 생각합니다. 500년 전 가톨릭교회를 개혁한 선각자는 마르틴 루터입니다. 그때는 종교적인 부패도 굉장히 심했습니다. AD 1~5세기에는 그리스의 영향으로 정신문화가 매우 발전했습니다. 그런데 중세 AD500~1500년에는 신중심주의神中心主義의 사고방식으로 문화발전이 멈췄고, 그때를 중세 암흑기라고 합니다. 사람의 지혜가 발전이 안 되었던 거죠. 즉, 종교는 부패했고 무지가 만연했다고 볼 수 있습니다. 종교 쪽으로는 마르틴 루터, 문화 발전 쪽은 잘 알다시피 코페르니쿠스, 레오나르도 다빈치, 군주론으로 유명한 정치 분야의 개혁자 마키아벨리 같은 사람이 선각자로 등장하면서 종교를 개혁했고 문예를 부흥시켰습니다. 이 문예부흥을 르네상스라고 합니다.

지금 그러한 선각자들을 꼭 필요로 하는 시대가 아닌가 생각합니다. 오늘날 기독교는 종교개혁 이후 새로운 무지가 만연해 있습니다. 문예부흥 시기 레오나르도 다빈치와 같은 선각자에서 데카르

트, 뉴턴으로 이어지면서 과학기술이 급속도로 발전했습니다. 과학 만능시대가 되면서 인간성이 상실됐고 인간의 존재감 또한 점차 약화되었습니다. 앞으로 4차 산업혁명 시대에 들어서면 컴퓨터나 로봇 중심이 되면서 인간 부재의 시대가 온다는 우려가 굉장히 큽니다.

그러면 어떻게 해야 종교도 개혁하고 컴퓨터나 로봇에 지배받는 무지의 세계에서 벗어날 수 있을까요? 사람들은 코페르니쿠스, 레오나르도 다빈치 같은 위대한 선각자가 다시 나오길 기대하고 있는 것 같아요. 종교적으로는 마르틴 루터나 성운 대사 같은 사람이 나타나기를 바라고 있는 것 같습니다.

올바른 지혜에 이르는 원리

어떻게 해야 그런 선각자들이 나타날까요? 또 선각자는 어떤 원리로 종교를 개혁했고 문예를 부흥시켰을까요? 우리는 이것을 생각해 볼 필요가 있습니다.

마르틴 루터 같은 이는 종교적인 현실을 개탄했을 거라고 사람들은 생각합니다. 성직자들의 향락주의로 부패가 만연한 것을 개탄했을 거고 그것을 바꿔보려고, 한술 더 떠서 내가 가르쳐 주겠다고 나섰을 것이라고 추측할 수 있습니다. 그런 사람들을 선각자라고 생각하는 것 같습니다. 현실의 여러 가지 불합리를 개탄하고 그것을 혁신하려는 의지가 있어야 거기서 깨달음이 나온다고 생각하고, 선각자가 되기 위해서는 그 깨달음으로 교화를 시켜야 한다고 생각하는 것 같습니다.

저는 그런 생각에 결코 동의하지 않습니다.

그럼 어떻게 해야 새로운 지혜가 나올까?

마르틴 루터, 코페르니쿠스, 또는 성운 대사와 같은 혁신적인 지혜가 나오려면 단순히 현실을 개탄하는 것으로는 안 된다고 생각합니다. 현실을 개탄하는 것은 꾸짖는 겁니다. 혁신해야겠다, 바꿔 봐야겠다. 누가 누구를 바꿉니까. 이것은 굉장히 오만한 자세입니다. 내가 누구를 가르쳐 줘야겠다는 탐진치의 자세로는 올바른 지혜가 나온다고 생각하지 않습니다.

마르틴 루터, 코페르니쿠스는 어떻게 올바른 지혜에 이르렀을까?

종교적인 현실을 개탄해서가 아니었다고 봅니다. 종교적인 현실의 여러 문제점을 종교의 문제점으로 보지 않고, 자기의 문제점으로 보았을 것 같습니다. 제 추측으로는 주위를 개혁하기보다 자기를 개혁하려고 했을 것 같습니다. 남을 꾸짖지 않고 허물은 자기한테 있다고 봤을 것입니다. 남을 개혁하거나 가르치려 하지 않고, 그 마음, 즉 나의 탐진치를 바치려고 했을 것 같습니다. 소위 선각자들은 그렇습니다. 꾸짖지 않고 자기 자신을 바꾼 결과로 그에게는 놀라운 지혜가 임했고 그것이 마르틴 루터의 종교개혁으로, 코페르니쿠스의 문예부흥으로 이어졌다고 생각합니다.

종교개혁, 문예부흥(르네상스)을 이룩한 사람들, 또 성운 대사와 같은 사람들은 현실을 개탄하고 개혁하려고 하기보다 '현실은 잘되고 있다. 꾸짖을 필요가 없는 것이다. 소원을 성취하는 것이다. 단지 사람들은 자신에게 그렇게 무한한 능력이 구족한 것을 모르고 잠시 눈앞에 있는 것에 탐착한 나머지 스스로 그런 것을 불러올 뿐이다. 일이 잘되는 것이지 결코 개탄할 일이 아니다.' 했을 것 같습니다. 현실을 꾸짖기보다 '일이 상당히 잘되고 있다. 원하는 대로 이루어지고 있다. 시시각각으로 소원 성취가 되고 있다.'고 분석하여 자기 마음속 탐진치를 몰아내고 지혜의 판단에 이르렀다고 생각합니다.

모든 문제는 남이 아니라
나에게 있다

불자들이 오늘날 조계종의 사태를 개탄합니다. 획기적인 선각자가 나타나서 종교개혁을 해야 한다고 합니다. 저는 그 말에 동의하지 않습니다. 오늘날 기독교의 현실이나 불교적인 문제점을 꾸짖어서는 안 됩니다. 꾸짖기 전에 내 문제라고 생각해야 합니다. 그들의 문제가 아닙니다. 그들은 소원 성취를 잘하고 있습니다. 절대로 남을 꾸짖을 일이 아닙니다.

'잘못된 것으로 보는 나 자신이 문제다. 왜 잘못된 것으로 보나? 잘못된 것으로 이름 짓는 나한테 문제가 있다. 모든 것을 긍정적으로 보자. 좋은 이름을 짓자. 문제는 남에게 있는 것이 아니라 나에게 있다.' 이렇게 보아야 합니다.

지금 많은 불자, 또 소위 앞서가고 있는 분들은 황금만능의 현실을 굉장히 개탄합니다. 또 한편으로는 컴퓨터나 로봇에 의한 과학만능주의의 현실에도 개탄합니다. 저도 요새 일 처리를 하면서, 사람들이 이렇게 돈에 눈이 멀어서 양심도 팔고 지혜도 팔고 의리도 팔아 대니 이 세상은 말세가 아닌지 개탄한 적이 있습니다. 하지만 말세는 그들한테 있는 것이 아니라 나 자신에게 있다는 것을 저는 또다시 느끼게 됐습니다. 문제는 남이 아니라 나입니다. 왜 남을 개탄하고 남을 바꾸려고 하고 남을 가르쳐 줍니까. 현실을 보면서 나 자신의 문제점을 발견하고, 그것이 본래 없다는 사실을 아는 것이 이런 난국을 헤쳐 나가는 지혜를 개발하는 데 매우 필요한 자세라고 생각합니다.

일체유심조와 공의 진리로
지혜로운 삶을 찾을 수 있다

초파일에 나올 책의 제목이 『우리는 늘 바라는 대로 이루고 있다』입니다. 그 책에는 새로운 지혜를 바탕으로 해서 한국의 불교적인 현실뿐 아니라 교육 현실에 희망을 주는 내용이 실려 있습니다.

'현실을 꾸짖거나 혁신하려고 하거나 가르쳐 주려고 하지 말자. 그것도 다 나의 문제라고 보자.' 일체유심조를 강조했습니다. 이런 식의 사고방식을 가지면 우리는 희망이 있고 발전이 있고 대한민국은 무한히 뻗어 나갈 수 있다고 했습니다.

이름 짓는 데 따라서 달라진다는 내용을 강조했습니다. 현실을 개탄하며 나쁜 이름을 짓지 말자는 겁니다. 나쁜 것이 아니고 잘되고 있습니다. 스님들이 여자와 명성을 탐하는 것을 '사람이란 한을 풀어야 하는 존재구나.'라고 판단할지언정 그것을 꾸짖거나 무지라고 하지 말자는 것입니다.

이 책에서는 남을 꾸짖고 혁신하기에 앞서서 그것을 나의 문제로 보는 일체유심조의 원리를 깨닫고, 좋은 이름을 지으면 좋게 전개된다는 공의 원리를 실행한다면 희망적인 사실을 발견할 수 있다고 결론을 내렸습니다.

혁신적 사고방식이 아니라 긍정적 사고방식, 일체유심조의 사고방식, 공空으로 보는 사고방식을 가질 때 우리 마음속에 무한한 지혜와 능력이 있다는 것을 알게 되고, 또 나와 남이 둘이 아니라는 것을 알게 되어 당장이라도 빛나는 교육 과제를 성취할 수 있다는 것이 이 책의 내용이며 특징입니다.

인성교육의 해결책

지금 인성교육이 상당히 문제가 되고 있습니다. 대한민국이 눈 감으면 코 베어 가는 살벌한 세상이 되어서 재작년에는 여야 국회위원이 만장일치로 인성교육 진흥법을 통과시켰는데, 세계적으로 이런 나라가 없다고 합니다. 한국은 예전에 철저한 도덕 국가였는데 지금 도덕 부재시대가 되었습니다. 말하자면 종교개혁을 이룩하자는 뜻으로 인성교육 진흥법이 통과된 것 같습니다. 그런데 각 종교단체에 인성교육을 진흥하는 방안을 제시하라 했지만, 아직 획기적인 방안이 없습니다. 인성교육이 잘 안 될 것 같아요. 인성교육을 하면 먹고 살 수가 없고, 먹고살자니 인성교육이 안 되는 겁니다. 이것이 현실입니다.

이 책에서는 개탄하는 사고방식, 세상을 꾸짖는 사고방식에서 벗어나 일체유심조와 공空의 진리를 바탕으로 그것을 나 자신의 문제라고 인식하면 인성교육과 먹고사는 문제가 둘이 아니게 된다는 것을 강조하였습니다. 참된 인성교육을 받은 사람은 먹고사는 문제를 해결할 수 있다는 것이 일체유심조와 공의 진리를 바탕으로 한 결론입니다. 이것은 마르틴 루터 이상의 새로운 교육개혁입니다. 이 개혁은 바로 일체유심조와 공의 진리로 가능하다는 것을 이 책은 강조하고 있습니다.

'안 된다, 못한다.'라는 분별심, 즉 나의 문제를 제거하여 내 속의 무지하고 무능한 마음을 해탈하고, 내재한 무한한 지혜와 능력을 개발하는 수행으로 건강한 사회인이 된다는 것입니다.

종교인의 수도와 생활

지금 불교계의 문제는 먹고살자니 수행을 할 수가 없고, 수행을 제대로 하자니 먹고살 수가 없습니다. 그리고 수행을 하며 결혼도 하고 싶은 경우가 있습니다. 결혼하려면 돈이 있어야 하는데 무능하니까 사회에 나가서 돈을 벌 수 없습니다. 이런 것들이 여러 가지 비리를 만듭니다. 수행을 통해서 먹고사는 문제가 해결된다면 얼마든지 결혼도 가능합니다.

결혼이라는 게 나쁘다고 보는 자체가 문제입니다. 결혼이 나쁜 게 아닙니다. 나쁘다고 보는 나에게 문제가 있습니다. 어떻게 보면 역경 속에서 처자식을 거느리면서 수행이 더 잘될 수 있다는 혁신적인 깨달음이 필요합니다. 지금까지는 그런 것을 가르쳐 주는 사람이 없었습니다.

마르틴 루터는 금욕적인 생활을 하는 신부였습니다. 겉으로는 금욕적인 생활을 하고 뒤에서는 문란한 짓을 하는 위선적인 풍조에서, 그는 신부직을 버리고 수녀 출신의 여자와 결혼을 했습니다. 이것이 종교개혁의 시초입니다. 유명한 만해 한용운 스님도 결혼을 했고, 승려도 결혼을 해야 한다고 하며 조선불교 유신론으로 불교개혁을 주장했습니다. 결혼이 나쁜 것이라고 보는 것이 오늘날 조계종의 문제를 더 크게 하는 것은 아닌지 생각하며, 새로운 지혜의 도입이 필요다고 생각합니다.

역경을 극복하는 지혜

사회에서 한번 역경에 처하면 내리막길을 가고 다시 올라올 줄을 모릅니다. 우리나라뿐 아니라 유명한 하버드 대학 출신들도 승승장구 하다가 한 번 절망에 떨어지면 다시 기사회생하지 못해요. 잘 나가는 원리도, 떨어지는 원리도 모르기 때문입니다.

이 책에서는 일체유심조와 공의 진리를 통해 향상 발전하는 원리를 가르쳐 주고, 재앙의 늪으로 떨어지는 원리도 알려주어 재앙의 늪에 빠진 사람이 다시 기사회생할 수 있게 가르쳐 줍니다. 이 책은 심각한 역경에 처했을 때, 내리막길에 맞닥뜨렸을 때, 향상 발전하는 길을 제시하여 항상 낙관적이고 행복하게 살 수 있게 합니다.

4차 산업혁명시대의 대안

또 4차 산업혁명 시대, 인간 역할의 부재 시대에 대안을 제시하였습니다. 지금 많은 사람이 로봇의 지배를 받는 것을 걱정하고 있습니다. 지금은 과학이 지배하는 과학만능주의의 시대, 인간 부재의 시대라고 생각합니다. 그것은 사람과 과학을, 사람과 물질을 다르게 보기 때문입니다. 이 사고방식에서 벗어난다면 지배받을 것도 없다고 생각합니다.

우리는 금강경의 가르침으로 4차 산업사회에서 위기라고 생각하는 여러 가지 일을 다 극복하고, 인간의 위대성과 본성을 찾음으로써 새로운 종교개혁과 새로운 문예부흥을 이루어 극락세계를 실현할 수 있을 것입니다.

이 책이 가진 의의는 대단히 획기적이라 생각하며 저는 이 책이 많이 보급되어 사람들이 무지에서 지혜로, 불행에서 행복으로 나아가기를 바랍니다.

2018.05.05.

불교 발전의 길,
선지식의 가르침

저는 늘 개인의 행복과 발전을 생각합니다. 근래에 와서는 한국 불교의 침체상 등 여러 가지 문제점을 생각하면서 불교 발전의 길은 무엇인가 하는 생각도 종종 해봅니다. 그리고 만약 그런 길이 있다면 우리 선지식의 가르침으로 되돌아가는 것이라는 결론을 내리곤 합니다. 백 박사님께서는 늘 이렇게 말씀하셨습니다.

"무엇을 '하겠다'고 하면 탐심, 목표가 '왜 안 되느냐' 하면 진심, 목표가 이루어졌다 해서 '이만하면 되었다' 하고 만족하고 자만하는 마음은 치심이다. 탐진치를 내면 무지하고 무능해지지만, 탐진치를 내지 않으면 지혜로워지고 능력이 생겨 모든 재앙에서 벗어나게 된다. 탐진치를 내지 않는 것, 이것이 참 불법을 행하는 길, 밝아지는 길이다."

불자들이 탐진치를 내지 않을 때 개인의 행복은 말할 것도 없고 불교가 융성해집니다. 불자들이 탐진치를 낼 때 개인의 불행은 말할 것도 없고 불교가 침체됩니다.

권위주의적인 용심은
무지와 무능, 부패와 재앙을 초래한다

어떤 사람이 부지런히 노력해서 자기가 목표했던 것을 성취했다고 합시다. 큰 부자, 큰 학자가 되었거나 열심히 수도해서 밝아졌다고 합시다. 돈 명예 권력을 얻고 크게 성취했지만 티내지 않는 사람이 있고, 티내고 자만하며 남을 무시하는 사람이 있습니다. 이런 경향을 세상에서는 권위주의라고 하는 것 같습니다. 이와 달리 세상에서 존중할 만한 성취를 했어도 티내지 않는 소수의 사람은 권위 존중자라고 할 수 있습니다. 학자들이 권위와 권위주의가 어떻게 다른가를 비교한 신문 칼럼을 본 적이 있습니다. 권위를 존중하는 마음의 자세는 개인의 행복과 발전을 가져오지만, 권위주의의 용심은 무지와 무능, 부패, 재앙을 초래한다고 할 수 있습니다.

종교지도자가 돈, 명성, 권력을 얻고 너무 과분한 대접을 받으면 권위주의가 되기 아주 쉽습니다. 중세의 가톨릭이 그랬습니다. 돈, 명성, 권력이 뒤따랐습니다. 그러면서 사람들이 깜깜해지고 무지해지고 무능력해지며 부패가 만연되었습니다. 이것을 바로잡고자 종교개혁이 일어났고, 지혜를 계발하기 위한 르네상스가 일어났다고 생각합니다. 중세 기독교가 종교개혁과 르네상스로 인해서 거듭 태어난 것처럼 현대 종교에서도 권위와 부귀영화로 인한 무지와 무능을 바로잡기 위해 개혁의 필요성을 느낍니다. 불교도 예외가 아니라고 생각합니다.

권위주의적인 귀족불교가
불교를 쇠퇴의 길로 들어서게 하였다

　우리나라 불교는 고려 시대에 융성하며 돈, 명성, 권력을 다 얻으면서 권위주의에 물들게 되었고 무지, 무능, 부패로 이어졌습니다. 결국은 고려는 몰락하였습니다. 고려불교는 귀족불교였는데, 이런 전통이 아직 한국에 남아있습니다.

　귀족불교는 작은 성공을 성공이라 하지 않고 큰 성공만 성공이라 합니다. 깨달음에서도 작은 깨달음은 깨달음이라고 하지 않고 큰 깨달음만 깨달음이며 용맹정진만 수도라고 합니다. 아침에 금강경 1독, 저녁에 1독 하는 소시민적 수도는 수도의 반열에 넣지 않습니다. 한달음에 깨쳐서 부처가 되는 것만이 진정한 수도라고 생각하며, 행복하고 슬기롭게, 무난하게 사는 것은 수도라고 하지 않습니다. 이것은 권위주의의 영향이며, 권위주의로 인해 불교는 일부 소수에 국한되어 대중화되지 못했습니다. 이것이 불교를 쇠퇴하게 만든 결정적인 요인이라고 생각합니다.

　특히 견성성불만 깨침으로 보고 작은 깨침은 깨침의 반열에 넣지 않는 것이 오늘날 불교의 특징인데, 이것은 귀족적·권위주의적 불교에서 비롯한 산물이라고 할 수 있습니다. 속인의 부귀영화는 꿈이나 구름과 같다고 하면서 세상의 삶을 무시하고 출세간의 삶만 최고의 가치로 압니다. 어떻게 보면 당연한 것 같지만 이것이 불교의 대중화를 어렵게 만들고 쇠퇴의 길로 가게 합니다. 최고만 존중하고 작은 것은 경시하는 사고방식이 불교를 무지하게 하고 발전을 저해합니다. 인간 지혜의 무한한 가능성을 차단합니다.

저도 법사라는 소리를 듣게 되면서 성직자 대접을 받고 있습니다. 이 성직자 자리는 자칫하면 권위주의가 되기 쉽고, 돈과 명성이 따르면 다른 사람을 무시하고 압박하거나 부패하기 쉽습니다. 바로 귀족불교의 특징인데, 이로 인해 서민불교와 멀어지게 되면서 대중 속에 파고들지 못합니다. 대중들의 진정한 존경과 공감을 이끌어 내지 못합니다.

권위주의에서 벗어나
개인의 행복과 불교 중흥을 이루자

대만 불교는 서민불교를 통해 대중 속으로 파고들면서 발전했습니다. 한국 불교도 귀족불교, 엘리트 불교에서 벗어나서 대중 속으로 들어가 서민불교를 지향하는 것이 살길이라고 생각합니다. 그래서 서민불교, 생활불교, 대중불교가 되기 위한 길이 무엇인가를 생각해 보았습니다.

'작은 성공을 그까짓 것, 하며 무시하지 말자. 그러나 만족하고 안주하지도 말자. 큰 성공을 향해서 달려가고자 하지 말자. 큰 깨침, 도통만을 위해서 달려가지 말자. 자신의 작은 허물을 하나하나 고쳐나가기만 하면 큰 성공은 저절로 오는 것이라는 사고방식을 가지자. 한 가마의 검정콩 속에서 하나의 흰콩을 찾을 때 검은콩을 헤집어 찾지 않고 검은콩을 하나하나 들어내면 흰콩이 저절로 나오는 것처럼, 그런 마음 자세로 불법에 임하자.'

권위주의적 불교, 엘리트 불교, 귀족불교에서는 속인들을 무시하고 여자를 무시하고 세상의 가치를 무시합니다. 출세간出世間의 가치만 소중히 여긴 나머지 모든 사람을 부처님으로 보라고 하는 부처님 가르침의 대전제, 대원칙을 무시합니다. 개인의 발전과 불교 중흥을 위해서 불자들은 나를 비롯한 모든 사람을 부처님처럼 보고 존중하는 마음을 가지는 것이 매우 필요합니다. 그까짓 것 하는 마음, 작은 성공을 무시하는 마음속에 사람을 멸시하는 마음이 포함되어 있습니다.

한층 더 나아가서 우리는 불법만이 최고라고 하고 기독교를 유일신의 종교라고 해서 무시합니다. 우리는 이것을 죄가 안 된다고 생각하는데 밝은이의 입장에서는 그렇지 않은가 봅니다. 모든 사람을 부처님처럼 보듯이 모든 가르침을 다 부처님의 작품으로 보면서, 나의 가르침이 소중한 것처럼 다른 가르침에도 무언가 좋은 것이 있을 것이라 생각하고 존중하는 자세가 불자 개인의 행복은 물론 불교 전체의 중흥을 위해 매우 필요합니다.

이러한 사고방식으로 경전을 연구하고 학문을 발전시키고 지혜를 계발할 때 제2의 르네상스를 창조할 수 있습니다.

'금강경의 가르침을 교육으로 제도화하고 조직화해서, 금강경 연수원 같은 교육기관을 만들어 길이길이 후손한테 물려주도록 하자.'

개인의 행복과 불교 발전을 위한 길을 생각하다가 선지식의 가르침을 받들어 근래에 내린 결론입니다.

한국의 종교 현실을 볼 때 반드시 개혁이 필요합니다. 개인의 행복을 위한 지혜 계발이 필요합니다. 이것이 르네상스라고 말씀드립니다.

2018.05.12.

지혜와 능력을 개발하는
금강경 가르침

오늘은 책 『우리는 늘 바라는 대로 이루고 있다』의 의의를 생각해 보겠습니다.

어렸을 때를 회상해 보았습니다.

중학교 때까지 저는 온순한 학생이었으나 모범적인 학생까지는 되지 못했습니다. 전생의 인연이라고 해야 할지, 고등학교에 입학하면서는 머리가 어지러워졌고 더 내성적인 성격으로 바뀌었습니다. 나중에 알고 보니 그럴 만한 이유가 있었던 것 같은데, 그때는 전혀 몰랐습니다.

그때 읽은 책 중에서 가장 깊은 영향을 미쳤던 책이 도산 안창호 선생의 책이었습니다. 안창호 선생은 정말 도덕적이고 양심적이고 조국의 독립에 대한 일념으로 뭉쳐 있는 대단히 훌륭한 분이라고 생각했고, 그분의 삶을 따라서 살겠다고 마음먹었습니다. 이후 저는 고등학생 때부터 철저히 모범생이 되려고 노력했습니다. 일절 커닝하지 않을 뿐만 아니라 항상 정직하고 공중도덕과 예절을 잘 지키려고 했습니다. 법대로, 옛날 도덕기준이지만 삼강오륜대로 살아보려고 하였습니다.

이런 정직하고 모범적인 사고방식, 어떻게 보면 매우 고지식한 사고방식은 대학을 졸업할 때까지 이어졌습니다. 거의 모두 커닝하는 ROTC 군사학 시험조차도 커닝하지 않았습니다. 그런 정직하고 모범적인 태도가 대학 졸업할 때까지는 통했습니다. 나는 영원히 이렇게 살겠다고 생각했습니다. 모범적으로 사는 것이야말로 세상에서 성공하는 길이라고 생각했습니다.

모범적이고 도덕적인 삶이
행복과 성공의 길인가?

군대에 장교로 간 것이 사회생활의 첫걸음이었습니다. 군대에서는 지금까지 제가 유지해 왔던 정직하고 도덕적이고 법대로 사는 방식이 통하지 않았습니다. 그래도 저는 학생 때 사고방식을 그대로 유지하려고 했습니다. 2년간의 군대 생활은 그야말로 지옥이었어요. 하는 일마다 깨지고 수시로 충돌하였습니다.

'과연 사회생활을 이렇게 도덕적, 모범적으로 하는 것이 성공하는 길인가?' 깊이 회의를 느꼈습니다. 그리고 보니 사회에서 소위 성공했다는 사람치고 저처럼 모범적이고 도덕적이었던 사람은 거의 없었던 것 같습니다.

어느덧 학창시절의 모범적 사고방식이 점차 바뀌게 되었습니다. 도산 안창호 선생님처럼 사는 것이 행복으로 연결되고 나아가서는 성공으로까지 연결된다는 도덕 지상주의 사고방식에서 점차 벗어나기 시작했습니다.

성직자의 길 즉, 모범적으로 사는 길은 고달픈 길이라는 생각에 깊이 공감하게 되었고, 그것은 나뿐만이 아니라 우리 사회의 보편적인 사고방식이었습니다. 모범적인 사고방식으로 군대 생활을 해보니 너무나 가시밭길이었기 때문입니다. 특히 성직자의 길은 매우 고행의 길이라고 생각하게 되었습니다. 아마 지금 대부분의 지식인, 사회지도층 인사들도 이 말을 부인하지 않을 것입니다. 그리고 도덕적으로 사는 사람들이 대개 잘살지 못했고, 도덕은 밥 먹는 것과 무관하다고 생각하게 되었습니다.

수도의 길은
부귀영화의 길과 다른가?

도덕적이고 고지식한 불교의 대학자가 있었습니다. 언젠가 제가 식당을 한다고 하였더니 그분 말씀이 도道를 행하는 사람은 돈과는 멀어져야 한다고 했습니다. 돈을 버는 길과 도를 행하는 길은 다르다고 했습니다. 그분은 불교에 대해 깊이 깨달았다고 하는 소위 사회지도층인데, 돈을 버는 길과 도의 길은 분명 다르다고 말씀하셨습니다. 저도 그렇게 믿었고 많은 불자가 그렇게 믿을 것입니다.

한층 더 나아가서 저는 최근까지도 이런 생각을 했는지도 모릅니다. '부귀영화의 길과 영원의 길, 열반의 길은 다르다. 부귀영화를 취하려면 영원의 세계에서는 멀어지고, 또 영원의 길을 추구하다 보면 부귀영화와 멀어진다.' 제 생각일 뿐만 아니라 상당히 지혜로운 사람들도 그렇게 생각할 것입니다. 여기 있는 분들도 아마 그렇게 생각하시겠지요?

한층 더 나아가서 금강경 공부하는 길은 기적을 체험하고 소원을 성취할 수 있는 길일지는 모르지만, 세상을 지혜롭고 유능하게 살며 새로운 문명을 창조하는 길과는 전혀 다르다고 생각하실지 모릅니다.

영생을 추구하는 진실성이 있어야
부귀영화도 얻는다

그런데 불교를 깊이 공부하면서 이런 저의 사고방식이 많이 바뀌게 되었습니다. 지식인, 사회지도층, 많이 배운 사람들에게까지 거의 보편적인 관념이라고 할 수 있는 이 생각을 수정하기 시작했습니다.

'성직자의 길은 고행의 길이 아니다. 겉으로만 성직자인 것이 고행이지, 속으로도 성직자의 길을 간다면 이것은 고행의 길이 아니라 행복의 길이다. 많은 사람이 성직자의 길을 고행의 길로 보는 것은 속마음까지 철저히 성직자가 아니기 때문이다. 성직이 고행이라는 사고방식 때문에 고행이지, 속마음까지 진정한 성직자가 되어 참 행복을 느끼는 사람이 어찌 성직을 고행의 길이라고 하겠는가?'

요즈음 대부분의 사람이 양심적으로 살면 손해라고 합니다. 심지어 어린 학생들까지도 그렇게 생각합니다. 하지만 저는 이제 생각이 바뀌었습니다. 속마음까지 진정으로 도덕적이라면 밥도 먹여 줄 수 있다고 생각합니다.

마찬가지로 보통 부귀영화의 길은 영생을 사는 길과는 다르다고 생각합니다. 종교인들도 대부분 그렇게 생각합니다. 그런데 저는 부귀영화를 얻는 길과 영생을 얻는 길이 서로 다르지 않다고 생각이 바뀌었습니다.

'영생을 추구하는 진실성이 있어야 부귀영화도 얻는다.'

밝으신 선생님께서도 제 말을 인정하시리라 봅니다.

금강경 수행은
무한한 지혜와 능력을 개발하는 행복의 길

금강경을 읽으면 재앙을 소멸하고 소원을 성취하는 건 물론이고 사람들을 지혜롭고 행복하게 할지언정, 새로운 문명을 창조하고 새 시대의 주역이 되게 한다는 말에는 여기 있는 분들도 아마 공감하지 않을 것입니다. 예전에는 저도 공감하지 않았습니다. 그러나 상당히 오래전부터 이 금강경 공부가 재앙 소멸하고 소원 성취하는 그 이상의 대단한 무엇이 있다는 것을 알게 되었습니다. 사람의 인성을 개발함은 물론 지혜를 만들어 새 시대의 주역이 되게 합니다.

불법을 제대로 알게 되면 종교의 패러다임이 바뀌고 종교개혁을 이룰 수 있다고 봅니다. 금강경 공부를 제대로 하면 내 마음속에 무한한 지혜와 능력을 만들어 새 시대에 걸맞은 지혜로운 사람이 되어서 제2의 르네상스를 창조할 수 있다고 믿습니다. 금강경 가르침을 제대로 실천한다면 모든 인류는 참다운 종교적인 삶, 행복한 삶, 제2의 르네상스를 살게 되면서 부처님 세계로 들어갈 수 있습니다. 이것이 새로 나온 책 『우리는 늘 바라는 대로 이루고 있다』의 핵심적인 내용입니다.

책에서는 그런 말을 뚜렷이 하지는 않았습니다만, 성직의 길은 고행의 길이라는 기존의 패러다임을 바꾸는 내용이 들어 있습니다. 진정한 성직, 진정한 금강경 수행은 고행의 길이 아니라 즐거움의 길이요, 행복의 길이요, 지혜의 길입니다.

저는 이 책이 널리 보급된다면, 한국 종교에 새바람을 일으키고 4차 산업혁명 시대에 걸맞은 제2의 르네상스를 이룩해서 많은 인재를 배출할 것으로 믿습니다. 또한 언젠가 만주 땅까지도 우리 땅이 되면서 한국이 세계 중심 국가가 되는 데에도 결정적인 역할을 할 수 있다고 생각합니다. 새로운 책이 나오는 의의가 참으로 크다고 말씀드리고자 합니다.

2018.05.19.

제4장

고통의 원인을
정확히 진단하고 해결하는 가르침

금강경 공부한 보람,
고난이 축복으로 된다

제가 요새 법문을 통해서 또는 신문·방송기자들을 통해서 종종 받는 질문 중 하나가 금강경 공부한 지 얼마나 오래되었고 무엇을 깨쳤는지 하는 것입니다. 그러고 보니 제가 금강경을 공부한 지도 상당히 오래되었습니다. 스물다섯에 백 선생님 가르침을 만나고 출가해서 본격적으로 금강경을 읽기 시작한 지 50여 년이 지났습니다.

50년 동안 금강경을 읽으면서 가장 큰 보람이라면?

깨친 것은 무엇인지?

저는 깨친 것이 있는지 모르겠습니다. 별로 크게 깨친 것은 없지만 보람 있는 것은 있습니다. 금강경을 공부한 최대의 보람을 말씀드리고 싶습니다. 이 이야기를 해야 금강경 공부를 더 잘할 수 있다고 생각합니다.

금강경을 공부하면
고난이 축복으로

금강경 공부를 하면서 가장 보람 있었던 것을 하나로 요약할 수 있습니다. 저는 무無와 유有는 다른 것으로 알았습니다. 전혀 없는 것과 있는 것이 어떻게 같을 수 있을까? 제가 금강경을 공부하여 무에서 유가 나올 수 있다는 사실을 발견한 것을 큰 보람으로 생각합니다. 하지만 이렇게 표현하면 실감이 나지 않습니다. 이해하기 쉽게 이렇게 설명할 수 있습니다. 고난이 바뀌어서 축복이 된다는 것을 안다.

즉, 금강경 공부의 가장 큰 보람은 금강경을 공부하면 고난이 바로 축복으로 바뀐다는 사실을 알게 된 것입니다.

'이 고난이 언제쯤이면 끝날까? 언제쯤이면 내가 바라는 소원을 이룰 수 있을까? 쥐구멍에 볕들 날이 있듯이 고난을 벗어나서 영광스러운 삶을 살 날이 내게도 올까?' 이런 생각을 하면서 점쟁이를 찾아 점치고 싶은 유혹을 종종 느꼈습니다.

그러나 금강경 공부하고 고난이 바로 축복으로 바뀐다는 것을 느낀 뒤에는 점쟁이를 찾을 필요가 없었습니다. 언제 좋은 때가 올 것이라는 점쟁이의 이야기는 저한테 아무런 도움이 되지 않으며 제 속에 있는 무한한 창의성이나 능력을 말살한다는 것을 알게 되면서, 영험한 점쟁이를 찾고 싶은 마음이 완전히 사라졌습니다. 이것은 금강경 공부의 큰 보람 중 하나라고 생각합니다.

저한테 상담하며 "고달프고 힘들고 외로운데 언제쯤 좋은 날이 오겠습니까?"라고 질문하시는 분들이 있습니다. 설사 제가 안다고 하더라도 언제쯤이면 좋은 날이 올 것이라고 점쳐 주지 않습니다. 점쳐 주는 것은 그의 능력을 말살하고 지혜를 퇴보시키는 것이기 때문입니다. 같이 공부하던 사람이 용한 점쟁이의 말을 믿다가 그의 아는 능력이 사라지는 것을 자주 봤습니다. 저는 금강경을 통해서 고난이 축복으로 바뀔 수 있음을 알기에, 고난이 나쁜 것이 아니라 축복의 근원이라는 것을 알기에 점을 쳐 주거나 아는 소리를 하기보다는 "고난에 감사하십시오. 그 고난은 축복의 근원이 되는 것입니다."라고 말씀드립니다.

실제로 무에서 유를 창조한 이야기, 고난을 축복으로 바꾼 이야기가 궁금하실 것입니다.

먹고사는 문제의 해결,
무에서 유를 창조하다

금강경 19분에 이런 표현이 나옵니다.

이복덕　무고　여래설　득복덕다
以福德　無故　如來設　得福德多

복덕이 실지로 없는 것 같은 것, 이것이 참 복덕이 많다는 표현입니다. 저는 처음에는 이 말이 무슨 말인지 몰랐습니다. 그런데, 가난하여 재산이 완전히 제로였고 아무런 희망이 없었던 때에, 오로지 부처님께 가난을 바치는 이 공부 하나만으로 넉넉해지고 먹고살 걱정이 없어졌습니다. 이것이 무에서 유로 바뀐 체험이라 말씀드린 적이 있었습니다. 내용이 궁금하신 분은 몇 달 전에 말씀드린 금강경 19분을 다시 살펴 보시기 바랍니다.

저는 바치는 공부만으로 먹고사는 것이 해결될 수 있다는 것을 그때 실감하였습니다. 잇몸에서 피가 나고 아팠는데 치과에 갈 돈이 없었습니다. '제가 넉넉해질 때까지는 치아가 건강해서 치과에 가지 않도록 지금 이 고비를 넘겨 주시기를 발원.'하며 마음으로 빌었습니다. 가난한 것을 원망하거나 탈출하려고 하지 않았습니다. 오로지 바쳤습니다. 완전히 재산이 제로인 상태에서 어느 순간부터 넉넉해지기 시작했고 돈에 대해서 자유로운 시절이 왔습니다. 그것이 바로 무에서 유를 창조한 것입니다.

금강경을 공부하고 15여 년 만의 결실이었습니다. 저는 금강경 공부를 통해서 먹고사는 문제가 해결되었다고 감히 말씀드리고, 큰 번뇌 중에 절반을 해탈했다고 생각합니다.

남아 있는 또 하나의 번뇌

먹고사는 문제가 해결된 1981년도에 백 선생님께서 세상을 떠나셨습니다. 세상을 떠나시기 전에 제게 몇 가지를 말씀하셨습니다. 그 교훈의 말씀이 여전히 생생합니다.

"네가 비록 먹고사는 문제는 해결했다고 하지만 너한테는 또 하나의 넘어야 하는 큰 번뇌가 있다. 사람의 양대 번뇌는 재색財色이다. 재물에 대한 번뇌, 또 하나는 색에 대한 번뇌이다. 너는 이제 재물에 대한 번뇌는 해결했는지 모른다. 하지만 색, 외로움과 애욕으로 인한 번뇌를 벗어나지는 못했다."

그렇게 보시고 그 애욕의 번뇌에서 벗어나는 준비를 해 주는 말씀을 하셨던 것 같습니다. 무슨 준비를 하셨을까요? 구체적으로 이야기하지 않으십니다. 도인 말씀의 특징은 점쳐 주지 않는 것입니다. 점쳐 주는 것, 점쟁이를 따라다니는 것은 자기 지혜를 말살하는 겁니다. 능력을 다운시키는 것입니다. 따라서 도인은 점쳐 주지 않습니다. 힌트만 줘서 스스로 깨치도록 합니다. 그때 힌트를 주신 말씀이 있습니다.

"너는 그 고통을 어떻게 감내하겠느냐? 숨 막히는 고통을 어떻게 감내할 수 있겠느냐?"

저는 백 선생님께서 그런 말씀을 하셨을 때 스스로 상당히 지혜로웠기 때문에, '결혼을 하게 되면 심한 고생이 있을 것이니 고생을 극복하라는 준비의 말씀 아닐까?' 그런 것을 이해할 정도는 되었습니다. 될 수 있는 대로 결혼하지 말고 오로지 선생님 말씀을 받들어 일평생 공부해야겠다고 굳게 마음먹었습니다.

잃어버린 20년

공교롭게 백 선생님께서 돌아가시는 것과 동시에 저에게는 또다시 불행이 시작되었습니다. 불행의 고비를 잠시 넘기는 순간, 어머니께서 집요하게 결혼을 요구하시고 재촉하셨습니다. 백 선생님께서 예언하신 것도 있어서 저는 결혼을 안 해야겠다는 생각을 했었습니다. 그러나 어머니의 재촉도 있었고 또 제가 고생해야 할 어떤 과보가 있었나 봅니다. 그런 운명이었는지 저는 어느덧 업보의 실에 이끌려 40이 넘은 늙은 나이로 결혼하게 되었습니다.

결혼을 하면서도 백 선생님의 말씀이 떠나지 않았습니다.

"네가 그 고통을 어떻게 감내할 수 있겠느냐?"

'내가 가난을 극복한 것과 마찬가지로 이 고난도 극복할 수 있을 것이다' 그렇게 마음을 단단히 먹었지만 결혼할 때도 마음이 편치 않았습니다. 닥칠 고생을 아마 예감했는지도 모릅니다. 역시 백 선생님 말씀이 하나하나 맞아 들어가는 것을 실감했습니다.

한 20년 살았을 것입니다. 한방을 쓴 기간은 1년 정도밖에 안 됩니다. 나머지 19년은 한집에 살면서 완전히 각방을 쓸 정도로 지극히 사이가 나빴습니다. 집에 들어와도, 나갈 때도 인사하지 않습니다. 어머니가 아프실 때도 손 하나 까딱하지 않고 도와주지 않습니다. 분하고 얄미운 것은 이루 말할 수가 없었습니다. 죽이고 싶을 정도로 미웠습니다. 각방을 쓸 수밖에 없게 되었습니다. 당장이라도 고소하고 이혼하고 싶었습니다.

하지만 우리는 바치는 것이 생명 아닙니까? 저는 그때 백 선생님께서 하신 말씀을 생각하면서 고통스러운 이 시절을 바치고 또 바치면 언젠가 나아질 수 있을 것이라는 희망을 가졌습니다. 1년이 지나도 2년이 지나도 개선의 기미가 보이지 않았습니다. 10년이 지나도 바뀌지 않았습니다. 20년이 다 되어서야 드디어 헤어지게끔 되었는데, 저는 이 20년을 완전히 잃어버린 세월로 생각했습니다.

'그 20년 동안 결혼이라는 재앙을 겪지 않고 오로지 부처님 시봉하면서 살았다면 학문적으로 대성했을 것이고 불사를 했어도 큰 불사를 하고 도통도 했을 텐데. 저런 악업을 만나서 숨 막히는 고통을 겪다니 참 나한테는 되돌릴 수 없는 불행이다. 잠깐의 실수가 이런 고생을 가져오다니 하늘은 나한테 참 가혹하시다.' 잃어버린 20년 결혼생활을 저는 그렇게 뼈저리게 후회했습니다.

고진감래라고, 업보가 해탈하면서 드디어 저한테는 행복의 시절이 도래했습니다. 비로소 사는 것 같았고 제 마음대로 할 수 있었습니다. 집에서 무료 급식을 하면서 저에게는 찬란한 부처님의 광명이 임하였고, 그때부터 본격적인 불사가 시작되었습니다.

자, 여기까지 들으신다면 잘못한 결혼 얘기로 결혼하고자 하는 청춘 남녀들에게 초를 친다고 생각하실 것 같습니다. 하지만 저는 그 이야기를 하는 게 아닙니다.

잃어버린 20년 세월에서
얻은 큰 축복

'무에서 유가 창조된다.' 제가 재산이 없을 때 바침으로써 넉넉해졌다는 말씀을 드렸습니다. '고난이 축복이 된다.' 그 뒤에 다른 케이스를 통해서 자주 느꼈습니다. 그런데 잃어버린 20년은 영원히 나한테는 손해일 뿐이지 그것이 축복이 된다고 생각할 수 없었습니다. 단한 가지도 좋은 것이 없었기 때문입니다. 어쩌면 이렇게 단 한 가지도 좋은 것이 없고 일방적인 희생만 있을 수 있을까? 이것이 저한테는 미스터리였습니다.

그런데 최근에 저는 그것을 발견하게 되었습니다. 잃어버린 20년이 아니었습니다. 고난의 세월만이 아니었습니다. 고난의 세월을 원망하고 저항하고 탈출하고 이혼하려고 시도했었다면 거기에서 큰 축복을 얻지 못했을 것입니다.

무엇이 축복이라고 말씀드리는 것일까요?

백 선생님께서는 생전에 정이 정오 형제 이야기를 해 주셨습니다.

"중국에 정이, 정오라는 성인 칭호를 받는 형제가 있었다. 형이 상당히 그릇이 컸다. 동생도 그릇이 컸지만 굉장히 근엄했다. 두 형제가 기생집에 들렀는데 형은 기생집에서 거리낌 없이 기생들과 어울렸다. 동생은 아주 단정하고 근엄한 자세로 기생들과 어울리지 않았다. 기생집에서 나와 집으로 돌아갈 때 동생이 '형님처럼 점잖은 분이 기생들과 그렇게 어울릴 수 있습니까?'라고 형한테 따졌다. 그러나 형은 '너는 아직도 기생들과 노는 것을 생각하느냐? 나는 다 잊어버렸다.'라고 했다."

백 선생님께서 젊은 여자와 함께 지낼 때, 마치 동생 정오가 형이 기생하고 논 것을 꾸짖듯이 제가 백 선생님을 꾸짖었습니다. 그런데 동생이 몇 십 년 후에 형의 경지를 알았다고 하듯이, 저는 이제야 백 선생님을 이해하게 되었다고 감히 말씀드립니다. 잃어버린 20년 동안 소득이 없었던 것이 아닙니다. 부지런히 애욕과 미움을 바쳤습니다. 여자를 보고 동하지 않게끔 된 것 같습니다.

얼마 전에 중앙일보 백 기자가 와서 인터뷰했습니다. 백 선생님께서 젊은 여자와 사는 것을 보고 분별을 냈는데, 이제 제가 그것을 이해했다고 말하며 백은 대사에 비유한 적이 있었습니다.

백 기자가 질문했습니다.

"백은 대사는 후에 누명이 밝혀졌지만, 실제 신체적인 접촉을 했는지 어떻게 압니까? 실제로 접촉을 했다 하더라도 스승을 이해할 수 있을까요?"

저는 화엄경의 선재동자가 선지식 53인을 찾아다니는 과정에서 만난 바수밀다 보살 이야기를 하였습니다.

"나는 원을 세웠다. 나는 보기에 요염하고 문란한 여자처럼 보이지만, 내가 남자와 손을 잡을 때 남자의 애욕이 해탈하고, 남자와 키스를 할 때 남자의 정욕이 사라지고, 남자와 섹스할 때 남자가 모든 애욕에서 해탈하기를 발원하는 원을 세웠다. 나의 행동은 겉으로 보기에는 문란하고 음란해 보이지만, 그것은 상대를 모든 애욕에서 벗어나게 하는 보살의 원이었다."

저는 이제 바수밀다 보살 이야기를 이해하게 됐다고 감히 말씀드립니다. 그것을 이해하게 된 것은 잃어버린 20년 세월의 공덕입니다.

잃어버린 20년을 생각하면서 저는 상대를 심히 원망하였고 살생 업보로 다시는 만나지 말아야 할 나쁜 인연이라고 생각했습니다. 지금 와서 생각해 보니 그이가 살생 업보이고 나쁜 인연이 아닙니다. 애욕을 해탈하게 하고, 바수밀다 보살을 이해하게 하고, 정오를 이해하게 하고, 드디어 자유롭게 해준 고마운 은인이라는 말을 이제는 공감하게 되었습니다. 고난이 바로 축복으로 바뀌는 원리를 실감했습니다.

금강경 공부의 최대 보람, 고난이 축복으로 바뀌게 되었다

어제 〈PD수첩〉을 봤습니다. 큰스님이 돈과 여자의 사슬에서 벗어나지 못해서 여지없이 난타당하는 모습을 보면서 '그럴 수도 있겠지.' 하였습니다. 만약 옛날에 스님의 파계에 대해 방송한 〈PD수첩〉을 봤다면 증오했을 것입니다. 원로회 회장 스님이 얘기하신 것처럼 승려는 그렇게 해서는 안 된다며 준엄하게 나무랐을 것입니다. 준엄하게 나무라는 것은 남이 아니었습니다. 내 속의 꾸짖는 마음이었다는 것을 그때는 몰랐습니다.

이제는 잃어버린 20년의 주인공, 그때는 나를 지극히 괴롭혔고 죽이고 싶을 정도로 미웠던 그이로 인해서 저는 어느덧 정이 정오 이야기의 동생이 됐고, 오늘은 조계종 스님을 꾸짖지 않을 정도가 되었습니다. 저는 드디어 자유로워졌고, 고난이 축복과 둘이 아니라는 것을 알게 되었습니다.

금강경 공부의 최대 보람입니다. 무에서 유를 창조하고 고난이 축복임을 아는 것 이상의 축복이 어디 있습니까? 영원한 고난도 없는 것이고 영원한 빈곤도 없는 것입니다. 바로 이것이 부처님 세계로 들어가는 관문입니다.

저는 크게 깨치지는 못했지만 이 이야기는 분명히 말씀드릴 수 있습니다. 이러한 이야기는 우리 불자들에게 여하한 역경 속에서도 큰 희망을 주는 메시지라고 생각합니다. 부끄럽기 짝이 없는 저의 가정생활을 말씀드리면서 그것이 희망의 메시지가 된다는 말씀을 드려 봅니다.

책 『우리는 늘 바라는 대로 이루고 있다』 속에도 그런 내용이 있습니다. 이 책을 읽으시고 많이 홍보해 주시기 바랍니다. 많은 사람이 고난을 축복으로 바꾸고 무에서 유를 창조해서 금생에 종교개혁을 이루어야 합니다. 인간의 무한한 지혜를 창조하는 제2의 르네상스를 이루어야 합니다.

2018.06.02.

고통의 원인을 정확히 진단하고
해결하는 가르침

우리는 살면서 여러 가지 어려운 일을 당하고 또 수시로 고통을 당합니다. 물론 그런 난제나 고통을 자기 자신이 스스로 해결할 수 있는 능력이 있을 때는 구태여 남의 힘을 빌리려고 하지도 않고 능력 있는 사람을 찾아 나서지도 않습니다. 그런데 우리 스스로 해결하기에는 너무도 벅찬 과제들이 많기에 지혜로운 사람, 선지식을 찾고 점쟁이라도 찾습니다. 그들을 통해서 난제를 해결하려고 합니다.

난제의 원인을 정확히 알아야
해결할 수 있다

근래 ○○ 스님이 즉문즉설로 난제 해결의 도사로서 주목받고 있고, 젊은 ○○ 스님도 난제를 해결해 준다는 TV 프로그램에서 불자들을 시원하게 해 주고 있습니다. 그런 스님들이나 점쟁이들이 알려

주는 난제에 대한 해법은 대개 정확하지 않은 경우가 많다고 봅니다. 확실히 깨쳐서 밝아진 이가 아니라면 왜 그런 난제가 생겼는지 알기 어렵기 때문입니다.

난제의 원인을 정확히 알아야만 진단을 내리고 올바른 처방을 내릴 수 있습니다.

예를 들어 봅니다. 상당히 노력하고 공부도 잘하는 어떤 학생이 입시에 실패하여 바라는 대학에 들어가지 못했습니다. 그 뒤 졸업하고 좋은 직장에 가려고 시험을 쳤는데 또 실패를 해서 원하지 않는 직장으로 가게 되었습니다. 이러다 보니 점차 우울증에 걸려요. 좋지 않은 직장이라도 오래 버티고 싶었는데 그 직장에서도 내몰리는 난관에까지 봉착하게 됩니다.

아마 이런 난제를 앞서 말씀드린 ○○ 스님들에게 질문한다면, 게으르고 욕심을 많이 부려서 그러니 더 성실하게 하고 욕심을 덜 내어야 한다고 처방하는 수가 많습니다. 점쟁이는 때를 기다리면 언제쯤이면 될 거라고 점을 쳐 주는 경우가 많습니다. 그러나 그런 대책은 고통을 근본적으로 해결하지 못합니다. 정확한 원인을 모르기 때문입니다.

난제에서 근본적으로
벗어나는 해결법

입시에 실패하고 직장에서도 진급에 자꾸 누락되면서 우울증에 걸리는 고통, 이 원인을 밝은이는 어떻게 진단할까요?

성실하지 못해서, 게을러서, 낭비벽이 있어서, 욕심이 많아서 그렇다? 절대 이런 일반적인 이야기로 진단하지 않습니다. 밝은이는 보이지 않는 세계, 전생을 봅니다. 게으르거나 성실하지 못하고 노력을 안 해서 재앙이 일어나는 게 아닙니다. 나쁜 짓을 해서 그래요.

밝은이는 분명히 봅니다. 전생에 남의 성공에 초치는 행위를 한 것, 남의 성공을 방해하고 배 아파한 것을 분명히 봅니다. 또 남의 물건을 도둑질하는, 불로소득을 바라는, 공짜를 바라는 탐욕심이 있는 것을 정확히 봅니다. 이러한 이유로 실패하고 좌절하고 우울증에 걸리는 것입니다.

이럴 때 노력하라고 처방하지 않습니다. 어떤 처방을 할지 자명합니다.

"죄 지었다는 그 생각이 착각인 줄 알고 바쳐라."

더 이상의 정확한 처방은 없습니다.

언제쯤 운이 풀리고 좋은 일이 있을 것이라는 점쟁이의 처방이 일시적으로 맞을 수는 있습니다. 그러나 근본적으로 그이를 불행한 사람에서 성공하는 사람으로 만들 수 없습니다. 일시적인 위로만 할 뿐입니다.

점쟁이나 사이비 도사를 찾다가 인생의 다양한 고통을 해결하지 못하고 방황하는 사람들을 관찰하면서 깨닫게 됐습니다.

왜 금강경이 필요하며 왜 부처님께 바쳐야 할 필요가 있는가?

난제가 있을 때 사이비 도사를 찾아가면 아무런 도움을 얻지 못합니다. 일시적인 위로를 받을 수는 있어도 근본적인 고통의 세계에서 벗어날 수는 없습니다.

근본적인 고통의 세계에서 벗어나서 밝은 행복의 세계로 들어가게 하며 고통의 원인을 정확히 진단하고 해결책을 주는 가르침, 그것은 밝은이가 주는 가르침입니다. 밝은이의 간접적인 표현이 금강경입니다. 무슨 생각이든지 부처님께 바치라는 것도 밝은 처방입니다.

그래야만 죄업에서 벗어날 수 있습니다. 죄업에서 벗어나야만 빈곤에서 벗어날 수 있습니다. 사람들은 빈곤에서 벗어나는 길이 죄업에서 벗어나는 것이라 생각하지 않습니다. 계속 실패하고 우울증에 걸리는 것도 죄 지었다는 생각이 원인입니다. 죄업에서 벗어나야 합니다.

그러면 죄업에서 벗어나는 길이 무엇인가?

그것이 바로 금강경 읽고 부처님께 바치는 것입니다. 그러나 이렇게 진단하거나 처방하는 사람은 거의 찾을 수 없습니다.

제가 인터넷에 올리려고 쓴 것을 한번 읽어 보도록 하겠습니다.

최상의 수행법,
무슨 생각이든지 부처님께 바쳐야 하는 이유

금강경을 읽고 무엇이든지 부처님께 바쳐야 하는 이유가 있습니다.

사람은 살아가면서 가난과 실패의 고통, 병의 고통 등을 겪습니다. 고통은 뚜렷한 모양이 정해져 있지 아니합니다만, 같은 생각이 반복되는 특징이 있습니다. 지워 버리려 해도 지워지지 아니하고, 없애려 해도 없어지지 아니하며, 반복하여 자신을 괴롭히는 특징이 있습니다.

사람들은 흔히 가난의 고통은 근검절약하여 어느 정도 해결할 수 있다고 말합니다. 실패의 고통은 정성을 들이고 노력하여 실패를 막을 수 있다고 말합니다. 병은 생활습관을 개선하여 어느 정도 벗어날 수 있다고 주장합니다. 그러나 정확한 원인을 알 수 없기에 이들이 내리는 처방은 정확하지 아니합니다.

지혜로운 사람은 가난, 실패, 병의 정확한 원인을 알고 정확한 처방을 내릴 수 있습니다. 가난은 남의 물건에 도둑의 마음을 내는 것이 원인인 것이요, 실패는 남의 성공을 시샘하는 마음이 그 원인인 것이요, 병은 남의 목숨을 함부로 한 것이 원인입니다.

참고로 말씀드리면 제가 인중이 상당히 짧다가 요새 좀 길어졌습니다. 저는 상당히 골골했었어요. 잘 보세요. 남을 잡아먹는 짐승, 고양이, 호랑이는 인중이 상당히 짧습니다. 살생 업보는 병약하게 한다고 합니다. 저는 어느 생인가 제가 잡아먹는 짐승이 된 것을 본 적이 있습니다. 그래서 인중이 짧아졌는지 모르겠는데 자꾸 닦으니까 인중이 차츰 길어졌습니다. 의사들은 병약함의 원인을 살생이라고 진단내리지 못합니다. 생활습관이 나빠서 운동을 안 해서 그렇다고 하는데, 아무리 운동하고 생활습관 개선해도 건강해지지 않습니다. 살생 업보가 해탈되지 않는 한 건강해지지 않습니다. 병의 원인을 정확하게 알고 진단을 내려야 합니다.

살생, 투도, 사음, 망어의 죄업은 모두 자신의 몸을 보호하려는 이기적인 마음, 즉 아상과 몸뚱이 착에서 비롯된 것이라고 지혜로운 이는 말합니다.

그러면 각종 고통에서 벗어나는 길은 무엇인가?

고통의 근본 원인이 아상에서 비롯된 것이라면, 아상이 싫어하는 행위를 해서 아상을 죽이거나 소멸하여 고통에서 벗어나라고 밝은 이는 말씀하십니다.

아상은 노는 것은 좋아하지만 일하는 것은 싫어합니다. 따라서 아상을 소멸하기 위해서는 놀아서는 안 되고 일해야 합니다. 아상은 궁리하고 안주하는 것은 좋아하지만, 연구하고 혁신하는 것은 싫어합니다. 밝은이는 말합니다.

"아상을 소멸하기 위해서 궁리하고 안주하는 습관을 떠나, 연구하고 혁신하는 습관을 지녀라."

아상은 천성이나 본능을 따를 때 더욱 커지지만, 천성을 거스르고 본능을 따라 행동하지 아니할 때 소멸합니다. 따라서 밝은이들은 천성을 거스르고 본능을 따르지 않는 일을 하라고 말합니다.

죽은 셈 치고 살 때 아상이 죽어가고 탐진치 연습을 아니 할 때 아상이 소멸합니다. 그러기에 밝은이들은 이렇게 말씀하십니다.

"죽은 셈 치고 살라. 탐진치를 연습하지 말라."

수도는 탐진치가 없는 행위, 탐진치를 소멸하는 행위를 말합니다. 위파사나 선이나 내려놓는 수행 역시 탐진치를 없애는 수행이므로 아상을 소멸하게 되는 것입니다.

모든 수행 중에서 아상이 가장 싫어하는 것은 무엇인가?

그것은 바로 금강경 독송이요, 부처님 향하는 일인 것입니다.

우리는 금강경을 읽고 부처님께 바쳐야 합니다. 아상이 착각이요 본래 없다는 금강경 가르침으로 공부하여 고통의 근본적인 원인을 해결하고 모든 가난, 실패, 병약에서 벗어나 풍요롭고 행복한 삶을 살 수 있으리라 생각합니다.

2018.06.09.

부처님과 함께 하는
선지식의 가르침

법당이 세워진 것이 1988년 겨울이니 이제 30년쯤이 됩니다. 30년이라는 짧지 않은 세월 동안 거의 20여 년은 법당으로서 활동하지 않았다고 해도 될 정도로 제가 하는 일이 많지 않았습니다. 일요 법회도 처음에는 제가 하지 않았습니다. 다른 분을 모셔와 법회를 하다, 살림이 여의치 않아 마지못해서 제가 뜻도 잘 모르고 실감도 잘 나지 않는 금강경을 말씀드리기 시작했습니다. 그것이 일요 법회의 시작이었고, 그 후에는 아마 무료급식을 한 뒤부터 수요 법회가 시작됐던 것 같습니다. 그것도 대중들의 요청으로 시작했지 제가 법회를 한다고 하지는 않았습니다.

얼마 전부터는 제가 외부 강의를 나가기 시작했고, 5~6년 전부터는 비교적 많은 사람이 모여들며, 일요일에 법문하는 것 이외에 면담하는 횟수가 상당히 많아졌습니다. 요새는 토요일 차담시간도 있고, 토요일 오후와 일요일에도 또 적지 않은 분들과 면담을 하면서 많은 질문을 받습니다.

"어떻게 하면 고통을 해소할 수 있을까요?"

"난제를 어떻게 극복할 수 있을까요?"

이런 질문을 받을 때 백 선생님께서 가르쳐 주신 그대로 말씀드립니다. 제가 따로 주장하거나 내세우는 것은 없습니다.

"난제라는 그 생각을 부처님께 바쳐서 시봉 잘하기를 발원하십시오."

"아침저녁으로 금강경을 읽으십시오."

그렇게 하다 보면 사람들이 그것을 실행해서 실지로 난제를 극복하는 사례가 매우 많았습니다.

우리 가르침은 다른 가르침보다 우수한 가르침인가?

저도 면담한 보람을 느끼고 들떠서 이런 이야기를 종종 합니다.

"우리의 가르침, 무슨 생각이든 부처님께 바치는 가르침, 금강경을 독송하는 가르침이 참 좋습니다. 다른 가르침과 비교할 수 없는 좋은 장점이 많습니다."

면담할 때 혹은 요청받을 때만 말하는 것이 아니라, 어느 때는 누가 묻지 않아도 이 가르침이 좋으니 열심히 하라고 포교 활동을 한 적도 있습니다.

그런 과정에서 알지 못하게 저 자신을 비롯하여 다른 사람에게도 금강경을 읽고 올라오는 생각을 바치는 이 가르침은 어떤 특징이 있고 모양이 있는 가르침으로 자리매김하였습니다. 다른 가르침보다 우수하다고 이야기할 때 우리 가르침은 어떤 모양이 있는 가르침으로 자리 잡는 것 같습니다. 예를 들어서 위파사나, 간화선, 기타 명상법과 비교할 때 우리 가르침은 특징이 있고 형상이 있고 나름대로 우수성이 있다고 느끼게 됩니다.

도반들이 우리 법당의 특징과 우수성을 말하면서 포교 활동을 상당히 열심히 하는 것을 가끔 발견합니다. 실지로 우수하다는 생각이 자리를 잡아가고 있고, 우리 가르침의 특징을 담은 단체를 만들었습니다.

한번 생각해 볼 필요가 있습니다.

우리 가르침은 과연 어떤 특징이 있고 형상이 있는 가르침일까?

뭇 가르침과 다른 특징이 있어서 확실히 우수하며 포교할 가치가 있는 가르침일까? 또는 뭇 가르침 중에 하나일까?

그러나 우리 가르침이 특징이 있고 우수하고 포교할 가치가 있다고 생각하는 한, 아상을 키워 영원한 가르침의 대열에서 탈락할 수 있습니다. 좋은 점도 있지만 동시에 재앙을 불러오는 면이 있는 것이 분명합니다.

우리 가르침은 형상이 없다

저는 우리 가르침이 형상이 있는 가르침이 아니라고 새롭게 생각하게 되었습니다. 여타 가르침과 비교해야 할 가르침이 아니며, 뭇 가르침 중의 한 종류에 들어가는 가르침 또한 아닙니다. 이 가르침은 형상이 없는 가르침이기 때문입니다. 이것을 분명히 알고 공부를 하실 때 아상이 소멸하고 우리 가르침의 진면목을 발휘할 수 있습니다.

우리 가르침의 특징을 모양이 없다고 말씀드렸는데 그 이유를 간단히 생각해 봅니다.

관세음보살, 지장보살, 아미타불 하는 이들은 자나 깨나 염불합니다. 노는 입에 염불이라고 해서 아무 생각이 없을 때도 염불하는 수가 있어요. 우리가 미륵존여래불 하지만, 노는 입에 염불하는 것처럼 아무 생각이 없을 때 미륵존여래불 하는 가르침이 아니라는 것을 알아야 합니다. 평소에 아무 일이 없을 때 바치는 것이 아닙니다.

우리의 가르침은 분별이 올라올 때 바치는 것이고, 탐진치가 있을 때 그 생각을 바치기 위해서 '미륵존여래불'을 하는 것입니다. 편안하고 즐겁고 바칠 일이 없을 때는 바치지 않아도 좋습니다. 편안할 때는 꼭 미륵존여래불을 할 필요가 없습니다. 즉 우리의 미륵존여래불 정진이나 바치는 것은 어떤 난관이나 난제가 있을 때 그것이 착각인 줄을 알기 위해서 필요한 수도법이지, 가만히 있을 때에도 자나 깨나 집중하는 형상이 있는 가르침이 아닙니다.

부처님 향하는 마음,
최상의 방어 자세

백 선생님께서는 채근담의 말씀을 인용하셔서 자주 말씀하셨습니다.

"남을 공격하는 마음을 내지 말 것이다. 그러나 남이 공격할 때 방어하는 마음이 없어서는 아니 된다."

남이 공격할 때 방어하는 마음을 내지 않는 사람은 굉장히 어리석지요. 우리 공부는 마치 남이 공격할 때 방어하는 슬기로운 사람의 자세와 같습니다.

우리는 끊임없이 번뇌 망상의 공격을 받습니다. 우리 마음은 끊임없이 '가난해지자, 불행해지자, 무지 무능해지자.'하는 번뇌의 공격을 받고 있습니다. 이럴 때 가만히 있으면 빈곤하고, 병들고, 무지 무능해집니다. 이러한 번뇌 망상의 공격에 대해서 방어하는 마음을 내는 것은 매우 현명한 일입니다. 이 공격은 외부로부터 오는 것이 아니라 내 번뇌 망상, 탐진치, 아상에서 오는 것입니다. 아상, 탐진치가 가장 싫어하는 것이 부처님 향하는 것입니다. 그래서 부처님 향하는 마음으로 방어하는 것입니다.

번뇌로부터 공격을 받을 때 그것을 방어할 수 있어야 합니다. 부처님께 바치는 방어 자세는 매우 슬기로운 방법으로, 아니할 수 없는 것입니다. 이것은 당연히 해야 하는 일이지 어떤 목적을 달성하기 위해서 하는 일이 아닙니다. 그렇게 방어할 때 자연히 재앙이 소멸하고 소원이 성취됩니다.

따라서 우리의 가르침은 두드러진 형상이 있는 것이 아니고, 다른 가르침과 비교해서 우수성이 있는 것도 아니고, 포교해서 알려야 할 정도의 특징이 있는 것도 아니라고 이해할 수 있습니다. 우리의 가르침은 이렇다고 내세우면서 단체를 만들거나 세력을 만들거나 패거리를 짓거나 해서는 안 됩니다. 우리의 가르침은 형상이 없는 것이 마치 나옹 스님의 시처럼 물과 같고 바람과도 같습니다. 그렇기에 우리의 삶도 나옹 스님의 시처럼 물처럼 바람처럼 살다가 가는 것입니다. 열 내며 우리의 가르침을 홍보하고 드러낼 필요가 없습니다.

저는 그런 선생님의 뜻을 알고 단체를 아니 만들려고 노력했습니다. 우리에게 어떤 특징이 있다고 내세우지 않으려고 했습니다. 내

세우는 삶은 탐진치를 반드시 동반하게 되어 있고, 재앙을 동반하게 되어 있고, 파멸을 동반하게 되어 있습니다. 이 단체는 금강경 연수원이라는 아상이 붙지 않는 공적인 모임이 이루어질 때까지 한시적으로 존재하며, 연수원이 이루어질 때 해산하게 될 것입니다. 지금 우리가 단체라고 하지만 계급, 보직, 회비가 없습니다. 모두가 자발적으로 참여하므로 사실은 지금도 단체라고 할 수 없습니다. 이러한 우리의 정체성을 알고 공부할 때 모든 재앙에서 벗어나고 더 가까이 부처님 곁으로 다가갈 수 있습니다.

우리 가르침에는 부처님이 계시고
밝은 선지식의 가르침이 있다

그러나 한 가지 아셔야 할 것이 있습니다. 우리의 가르침이 특징이나 모양이 없다고 해서 다른 가르침과 아무 차이가 없는 아무것도 아닌 단체는 아닙니다. 다른 가르침과 비교해서 아주 두드러진 분명한 차이가 있습니다. 그것을 우수성이라고 얘기해도 틀리지 않습니다. 무엇일까요?

우리 가르침에는 부처님이 계십니다.

다른 어느 가르침에도, 아상, 선입견과 분별이 있을 뿐, 부처님은 계시지 않습니다. 굳이 말한다면 이것이 우리 가르침 혹은 단체의 특징이고 장점이기도 합니다.

또 하나의 특징 같지 않은 특징이라면 밝은 선지식의 가르침이라는 것입니다. 밝은 선지식의 가르침은 특징이 있지 않습니다. 순간순간 아상으로 가는 것을 막는 것이 밝은 선지식의 가르침의 특징이고 또 장점이라 할 수 있습니다.

우리 가르침이 아무 특징이 없는 것 같아도 부처님이 계시고, 밝은 선지식의 가르침이라는 점에서 마냥 물과 같고 바람 같지만은 않습니다. 그것을 알고 가르침을 행할 때, 좀 더 부처님께 가까이 가서 무한한 광명을 받고 영광된 삶을 살게 될 것으로 생각합니다.

2018.06.16.

법당에서는 자신을 가장 낮추고 밖에서는 당당하라

백 선생님께서 금강산에서 10여 년 계시면서 대중에게 좌우명처럼 늘 하셨던 말씀이 있습니다. 소사 법당에서도 이어져서 좌우명으로 삼으라고 하실 정도로 소중한 말씀입니다.

"법당에서는 자기 자신을 가장 낮춰라."

"배우는 마음을 내라."

자신이 가장 못난 줄 알고 배우는 마음을 내라는 것은 밖에서 하는 것이 아니라 법당에 제한된 이야기입니다. 배운다는 것은 지식을 배운다는 뜻이 아닙니다. 정신적인 가치와 지혜를 배우는 것입니다.

"밖에 나가서는 가장 당당해라."

안과 밖의 태도가 다른 것입니다. 밖에서는 당당하고, 비굴하지 말고, 무엇을 찾으려고 헤매지 말라고 가르치셨습니다. 뿐만 아니라 금강산에서의 구체적인 실례도 말씀해 주신 적이 있었습니다.

총독부 종교 과장 방문,
무례하지는 않지만 비굴할 필요는 없다

백 선생님께서는 금강산에서 약 30여 명의 대중과 함께 공부하셨다고 합니다. 어느 겨울에 대중 법문을 하는데 그 당시 서슬이 시퍼런 총독부의 종교 과장이 경성에서 왔으니, 공부하는 모습을 보여줘야 한다는 것입니다. 한국인 최초의 독일 철학박사인 분이 승려가 되어서 대중들을 가르치고 있다고 하니 총독부에서도 관심의 대상이었던 모양입니다. 지금은 교육부의 무슨 과장이라고 하면 대단히 높게 알지 않습니다. 하지만 그 당시 총독부의 종교 과장이라고 하면 아주 서슬이 퍼래서, 옛날식으로 하면 살생권도 있을 정도로 상당히 높았던 것 같습니다.

그때가 겨울인데, 총독부 종교 과장이 와서 공부하는 것을 보자고 했습니다. 안에서 볼 수 없으니 문을 열고 밖에서 들여다봅니다. 여름이라면 문을 열고 있어도 아무런 상관이 없겠지만, 겨울에 문을 열었으니 얼마나 춥겠어요? 그렇다고 서슬이 시퍼런 종교 과장이 보는데 문을 빨리 닫을 수도 없고, 상당히 곤혹스러웠을 것입니다. 날도 추우니 문을 닫겠다고 앞장서는 용감한 제자가 없었나 봅니다. 천상 백 박사님께서 해결하셔야 했습니다. 결국 백 박사님께서 볼 만큼 보셨으니 이제 문을 닫으라고 말씀하셔서 제자들이 문을 닫았다고 합니다.

저는 그때 약간 걱정이 되었습니다.

"서슬 퍼런 총독부 종교 과장의 승낙도 없이 문을 닫다니, 무례하다고 생각해 나중에 해를 끼치면 어떻게 하지요?"

우리는 상식적으로 그렇게 생각할 수 있습니다.

"법당에서는 가장 낮추고, 밖에서는 당당하라."

그때 하셨던 말씀입니다. 말하자면 총독부의 종교 과장이 서슬이 시퍼렇지만 비굴할 필요는 없다는 것입니다. 문을 열었으니 무례하게 한 것은 아닙니다. 무례하지는 않지만 비굴할 필요는 없다는 뜻으로 "이제 보실 만큼 보셨으니 문을 닫아라."라고 얘기하셨던 것입니다. 법당에서는 자기를 낮추고 밖에서는 당당하라는 뜻을 실천하신 일례라고 생각합니다.

소를 팔고 팁 받아서
꾸중 들은 일화

그것은 소사 법당에서도 이어졌습니다.

우리는 목장에서 소젖 짜는 목부입니다. 어떻게 보면 직업으로서는 최하입니다. 어느 때인가 인구통계조사를 나와서 직업을 쓰라고 했습니다. 직업을 쓰라니까 참 난감했습니다. 그때 스스로 생각하기에 명문대학을 나오고 장교 출신이고 수준 높은 공부를 하러 온 사람이니 프라이드가 하늘을 찌를 듯 높았지요. 그런데 그 사람들이 직업을 묻는 말에 대답을 안 하니 뭐라고 쓰는 줄 아세요? 노동이라고 쓰더라고요. 역시 노동자로 보이겠다, 감수할 수밖에 없었습니다. 목부라 부르고 직업은 노동이 되는 것입니다. 속으로는 굉장히 자존심이 상했습니다.

가끔 목장에 사람들이 오면 우리는 부처님 대하듯이 친절하게 설명을 해 주었습니다. 경우에 따라서 송아지나 소를 팔 때도 있었는데, 이것저것 흥정하다가 괜찮은 가격에 팔면 사는 사람들이 고마워합니다. 심지어 어떤 사람은 요새 음식점에 가서 좋은 음식을 먹으면 주방장한테 팁을 주듯이 도반에게 팁을 주었던 모양입니다.

그때 우리는 30세 미만의 젊은이였고, 소를 잘 키워서 적절한 가격으로 팔았으니 수고 많았다 하면서 요즘으로 치면 한 1~2만 원 정도도 준 것 같습니다. 우리는 주는 것을 받지 말라는 철칙이 있어서 받는 것에 익숙하지 않지만, 나보다 일찍 온 도반이 돈을 받았습니다.

그 이튿날 아침 법담에 들어가서 선생님께 말씀을 드렸습니다. 팁을 1~2만 원 받았다고 이야기하고 선생님께 돈을 드렸던 모양입니다. 다른 스승 같으면 어떻게 얘기하셨을까요?

선생님께서는 크게 불호령 하셨습니다.

"네가 오죽 거지처럼 보였기에 팁을 주느냐?"

우리가 생각하기에 가당한 말입니까? 당치도 않지요. 1~2만 원을 받았을 때 속으로 언뜻 치욕감을 느끼기는 했지만, 거지처럼 보였기 때문에 그 돈을 주었다는 꾸중을 듣는 것까지는 생각하지 못했습니다. 우리에겐 공부하러 왔다는 프라이드는 있어도 늘 자신이 없고 궁하고, 알지 못하게 세상에 뒤떨어졌고 오갈 데 없어 여기 와 있다는 열등감이 있었을지도 모릅니다. 그런 열등감으로 인해, 소를 사러 온 사람이 우리를 노동일하는 천한 사람으로 알아서 팁을 준 것은 부인할 수 없는 사실일 것입니다.

백 선생님께서는 이렇게 보셨던 것 같습니다.

'너희들이 법당에서는 가장 낮추고 밖의 사람들에게 당당할 수 있었다면 그 사람이 어떻게 1~2만 원의 팁을 주겠느냐? 주더라도 고맙다고 하며 한 10만 원 정도 줘야 거지처럼 보이지 않는 거지, 너는 이거나 먹어라 하고 동물한테 주는 것과 뭐가 다르냐?'

그때 밖에서는 비굴하고 법당에서는 오히려 큰소리치는 객기를 고쳐 주시기 위해서 꾸중하셨다고 해석해 봅니다. 법당에서는 가장 낮추고 밖에서는 당당하라는 말씀을 지키지 못했기 때문에 꾸중하시지 않았나 생각합니다.

내가 도와주려고 할 때
당당할 수 있다

저는 금강산에서부터 이어지는 법당에서는 낮추고 밖에서는 당당하라는 백 선생님의 말씀을 늘 잊지 않으려고 했습니다. 백 선생님께서는 사람을 찾아다니지 말라고 하십니다. 젊은이들은 자신의 짝을 찾아서 나섭니다. 회사 사장은 종업원을 구하려고 애씁니다. 공부하는 사람은 선지식을 찾으려고, 지식을 배우려고 애씁니다. 그러나 백 선생님께서는 이렇게 말씀하십니다.

"무엇을 찾으려고 하지 마라. 법당에서 지혜를 찾으려 하고 참된 가치를 찾으려고 할지언정, 세상의 부귀영화를 위해서 뭘 찾으려 하지 마라. 짝을 찾더라도 일단 부처님께 바쳐서 원 세워서 하라. 또 종업원을 구하더라도 자기에게 이익이 되는 종업원을 구하려고 하지 말고, 외려 내가 도와주겠다는 마음으로 구하라. 선지식을 찾을 때에도 날 구원해 줄 선지식을 찾을 것이 아니라, 내가 얼마나 잘 모실 수 있는가에 착안해서 선지식을 찾아라."

우리는 짝을 찾거나 심지어 선지식을 찾을 때 나한테 얼마나 도움이 되는가에 착안해서 찾습니다. 내가 얼마나 잘 모실 수 있는지는 생각하지 않습니다.

하지만 백 선생님께서는 밖에서 사람들에게 도와주는 마음을 낼지언정 바라거나 구하지 말고 당당하라고 가르치셨습니다. 저는 이것이 금강산부터 내려오는 아주 귀한 말씀이라고 생각합니다. 이것이 불법佛法입니다. 이것을 떠나서 불법이 없습니다. 경전에 있는 것만 불법이 아닙니다.

그 말씀을 지키며 사람들을 대할 때 '저이가 나한테 얼마나 이익이 될까?' 하지 않습니다. 우리 법당에 사람들이 올 때 '저 사람이 돈을 얼마나 가져오나?', '우리 법당이 얼마나 세력이 커질까?' 이런 것을 생각하지 않습니다. 세상 사람들이 그렇게 할지는 몰라도 백 선생님의 가르침을 받은 제자들은 그렇게 하지 않아야 합니다.

'내가 어떻게 하면 도움을 줄까?'

도움을 주려고 할 때 당당할 수 있습니다. 뭘 구하려고 할 때 비굴해집니다. 저는 그런 신조로 살려고 했고 법당도 그런 식으로 하려고 했습니다. 법당에 계시는 분들도 그렇게 하시기를 바랍니다.

백 선생님의 가르침,
법당에서는 가장 낮추고 밖에서는 당당하라

몇 년 전의 일입니다. 저는 백 박사님의 가르침이 우리나라를 비롯하여 전 세계에 많이 알려지기를 바랐습니다. 기회가 되면 승가대학이나 방송국 같은 데 가서 백 선생님의 가르침을 널리 펴서 좋은 가르침이 많은 사람에게 받아들여졌으면 하는 원을 세운 적이 있었습니다. 저 자신을 드러내기 위해서 그런 것은 절대 아닙니다. 무보수라도 좋으니 선생님의 뜻을 전하려는 생각이었습니다.

그랬더니 뜻이 이어졌는지 기회가 찾아왔는데 제 생각과는 전혀 달랐습니다. 방송국에 상당한 액수의 돈을 찬조해야만 출연할 수 있다는 것이었습니다. 내가 도움을 주려고 하는 것인데, 그 사람들은 나를 드러내고 나의 세력을 크게 하려고 방송국에 노크하는 줄 알고 거액을 요구했던 것입니다.

저는 상당히 불쾌했습니다. '나를 드러내려고 하는 사람, 뭘 찾아서 헤매는 사람, 얻으려고 하는 사람으로 보는구나. 나는 얻으려고 하지 않는다. 부처님 시봉하려 하고 도와주려고 한다.' 상당한 거액을 요구하기에, 방송에 안 나가면 안 나갔지 그런 비굴한 조건으로는 나가지 않겠다고 거절했었습니다. 결국 방송국에서 양보해서 비굴하지 않은 조건으로 몇 주간 법문한 적이 있었습니다.

저는 그 신조를 바꾸고 싶지 않습니다. 도반들한테 친절하게 대하고, 성심성의껏 하려고 노력합니다. 이것은 제가 구하려고 하는 게 아닙니다. '나한테 돈 가져오시오', '나를 공경하시오', '내 말을 따르시오.' 절대 이렇게 바라지 않습니다. 내가 도와주려고 합니다. 그때 배웠던 선생님의 가르침 때문이기도 합니다.

여기 계신 분들은 이 뜻을 잘 알고 법당에서는 가장 낮춰야 합니다. 그러면 어떤 분은 '법당에 안 나와 버릴까?'라고도 얘기합니다. 정신적인 가치가 무엇인지를 모르는 것입니다. 그런 사람은 결국 퇴타심을 내고 공부를 못하게 됩니다. 법당에서는 자신을 가장 낮출 수 있어야 합니다. 그런 자세가 자신을 더 높인다고 생각합니다.

저는 어느덧 높아져서 최근에는 다른 방송국에서 찬조금 안 내도 되고 심지어는 보수도 준다며 새로이 초청했습니다. 저는 보수를 거절했습니다. 왜냐하면 백 선생님의 가르침만 널리 알리면 족했기 때문입니다. 도와주는 의미로 도반들과 가겠으니 방청객을 동원하지 말라고 했습니다. 그랬더니 거기서는 몇 개월 동안 나를 출연시킨다고 약속했고, 내용도 내가 잘할 수 있는 법문으로 해 달라고 했습니다.

그렇게 해서 방송에 나가기로 했는데 주문이 상당히 까다로웠습니다. 방송에 출연한 경험이 꽤 많은 저인데도 마치 고등학교 선생이 철없는 고등학생 애들한테 하듯이 이거 해라, 저거 해라 일일이 주문해서 상당히 못마땅했습니다. '이 사람이 정말 나를 모셔가는 것인가? 나를 길들이려고 하는 것인가?' 하는 생각이 들 정도로 불쾌했습니다. 그런데도 그 뜻을 그대로 따랐습니다. 백 선생님의 뜻만 펴면 되지 여기서 오만한 생각은 하지 말자고 생각했습니다.

그런데 마침 촬영할 때 우리 도반들이 조는 모습이 그 사람들 눈에 꽤 띄었습니다. 그리고 저는 지난번 방송에서 했던 법문을 약간 정리해서 말씀드렸어요. 제 법문의 특징이 무엇입니까? 제 못난 것을 드러내고, 이것이 변해서 장점이 될 수 있으며, 장점과 단점이 둘이 아니라고 하는 것입니다. 저도 제 못난 것을 드러내고 싶지 않습니다만, 못난 것이 어떤 과정을 통해서 좋아지는지를 말씀드리는 것이 불법이기 때문에 어쩔 수 없이 저의 추한 모습을 드러냅니다. 그것에 감동하는 사람이 꽤 있어서 이번에도 그런 식으로 똑같이 했습니다.

그랬더니 자기의 못난 모습을 드러내서 사람들을 일깨워 주니 참으로 하기 어려운 말씀을 했다고 존경하는 것이 아니라, 왜 자기 자서전을 얘기하느냐면서 폄하하는 것이었습니다. 그러면서 '사람들이 너무 졸고 있다. 그리고 법문도 자기 생활을 이야기하는 것이 어디 불법이냐? 불교 경전을 얘기하고 해석하고 시간이 있으면 경험을 이야기해야지, 자기 경험부터 이야기하는 것은 전혀 불법답지 않다.'며 처음부터 다시 해야 한다고 합니다.

저는 모멸감을 느꼈습니다. '너 거지지? 방송국에 출연하는 게 영광이지? 내가 시키는 대로 다 하지? 너 태도가 잘못됐어. 다시 해.' 백 선생님께서 "너 오죽 거지처럼 보였으면 그 사람들한테 그런 대접을 받느냐?"라고 하실 것 같은 생각이 언뜻 떠올랐습니다.

제가 어떻게 해야 하겠습니까? 안 나간다고 했습니다. 먼저 방송국에서도 그렇게 비슷하게 거지처럼 취급하기에 거절했습니다. 이번에도 또 거절했습니다. 지난번 방송국에서 결국 나를 붙들어 가기는 갔습니다만 이번에는 어떻게 될지 모릅니다.

이런 식으로 살아야 자기가 더 올라갑니다. 법당에서는 큰소리치고 밖에 나가서는 비굴하고, 정신적 가치는 우습게 알고 세상의 부귀영화에 비굴한 자세는 자기를 한없이 초라하게 합니다. 이것은 백 선생님의 귀한 가르침일 뿐 아니라 제가 지켜서 지금까지 버틴 가르침이기도 하고, 우리 도반들도 마음에 지녀서 꼭 받들어야 할 가르침입니다.

2018.06.23.

투쟁에 맞서지 않고
아상을 소멸한 지혜로 대처한다

요새 우리나라 국제정세가 아주 급변하고 있습니다. 우리처럼 정치에 멀어져 있는 사람들도 정치평론가의 얘기에 굉장히 관심을 많이 가지게 되었습니다. 특히 국제정치에 대한 공부를 새로 하게 된 것 같습니다. 국제정치 전문가에 의하면 세계에서 2등이나 3등인 나라가 1등이 되기 위해서는 평화적인 방법으로는 절대로 안 되며, 항상 전쟁을 해야 한다고 합니다. 평화나 자연적인 양보는 없고, 항상 투쟁이 있다는 것을 기억해야 할 것 같습니다.

인류의 역사는 투쟁의 역사

예를 들어 보통 사람이 승승장구 출세하여 드디어 대통령이 되는 경우를 생각해 봅니다. 대통령이라는 높은 자리를 차지하는 것은 평화적으로 쉽게 되지 않습니다. 항상 도전하고 투쟁하고 쟁취해야 합

니다. 예전에 요임금, 순임금처럼 대통령 자리를 자연스럽게 양보해
서 되는 것은 아마 없을 겁니다.

국가사회만 그런 것일까요? 가정에서도 그렇습니다. 우리나라 옛
말에 '여자는 사흘을 때리지 않으면 여우가 된다.'라는 이야기가 있
습니다. 이제 옛이야기처럼 됐지만, 그 말에는 가장으로서 권위를
세우기 위해서는 투쟁해야 한다는 뜻이 포함되어 있습니다. 여자는
순수하게 복종하는 동물이 아니라는 겁니다. 항상 기회를 노리고
싸우려고 하니 때려서 항복을 시켜야 남자의 카리스마가 서고, 그래
야 집안에 평화가 온다는 뜻입니다.

잘 생각해 보면 사람과 사람의 관계에는 동물과 똑같이 생존경
쟁, 약육강식하는 투쟁의 요소가 들어 있다는 것을 알 수 있습니다.
성인군자처럼 저절로 평화롭게 양보하는 것은 생각할 수 없다는 것
을 일단 이해하시기 바랍니다.

왜 사람과 사람 사이에는 절대로 평화가 없을까?

본래 우리 마음속에 내 몸을 보호하고자 하는 몸뚱이 착着인 이
기심이 욕심을 내게 하고, 화를 내게 하고, 또 잘난 척하게 하면서
투쟁을 끊임없이 불러옵니다. 그래서 힘센 놈이 자리를 딱 잡거나
그의 카리스마가 커질수록 평화가 오는데, 이것은 위장된 평화입니
다. 완전히 공경하고 받들면서 이루어진 평화가 아니라 기에 눌려서
저항할 수 없는 거짓 평화라고 봐야 합니다. 사람 마음속에는 끊임
없이 남을 지배하려 하고 싸우려고 하는 것이 있습니다. 그래서 살
생, 도둑질, 사음, 거짓말을 하게 됩니다. 이게 본연의 모습입니다.

투쟁의 역사는 가정에서도 이어집니다. 겉으로는 평화로운 가정이
지만, 잠재의식 속에서 칼날이 왔다 갔다 한다고 밝은이는 말씀하십

니다. 부부는 기氣 싸움으로 시작합니다. 한 사람의 기가 세면 평화가 옵니다. 평화로운 집이라 하지만, 알고 보면 기에 눌려서 어쩔 수 없이 항복한 상태, 위장된 평화입니다. 부자 사이도 마찬가지로, 동물적인 본능이 있어서 항상 경쟁하고 싸웁니다. 다만 기에 눌려서 항복하고 부드러워졌을 뿐이지, 언젠가 원한을 품었다 하면 항상 투쟁하고 반목하게 되는 것이 인간 본연의 모습이 아닌가 생각합니다.

공부하는 사람은 이러한
투쟁의 삶에서 어떻게 대처할까?

마음 닦는 사람, 공부하는 사람은 이러한 투쟁에 어떻게 대처할까?

상대가 공격할 때 어떻게 대처할까?

싸움의 세계에서 싸우지 않고 살아남는 길이 무엇인가?

채근담에 이런 얘기가 있습니다.

"남을 공격하지는 말아라. 그러나 남이 공격할 때 방어하는 마음마저 없어서는 아니 된다."

공부하는 사람은 공격하지 않습니다. 싸우려고 하지 않습니다. 그렇지만 상대가 도전하여 기를 죽이려 하고 심지어 생명까지 뺏으려고 하면 이것은 막아야 합니다. 공부하는 사람은 막는 방법이 다릅니다. 몸으로 막지 않습니다. 바침으로써 지혜로써 아상을 없앰으로 대처합니다. 보통 사람의 투쟁방식과는 다릅니다. 평화를 얻는 길도 다릅니다.

노승이 장군과
싸우지 않고 이긴 이야기

　백 선생님께서 들려주신 싸우지 않고 장군을 이긴 노승 이야기를 몇 번 말씀드렸습니다. 중국 사천성에서 일어났던 일이라고 합니다. 한 장군이 반란을 일으켰습니다. 임금이 되려고 그 주위의 고을을 하나하나 점령해 가면서 수도인 장안으로 거침없이 쳐들어 갔습니다. 모든 고을이 함락됩니다. 장안으로 가는 길에 덕 높은 스님이 계시는 큰 절이 있는데, 장군은 그 스님만 항복을 시킨다면 나머지 성을 함락시키는 것은 그렇게 어렵지 않다고 생각했습니다.

　도인이 있다는 절을 항복시키려고 상당한 준비를 해서 쳐들어 갔습니다. 절에는 아무도 없고 조용합니다. 도력이 높은 스님이 있다고 해서 두려움을 품었는데 다 도망가고 아무도 없어서 허탈해진 장군이 이 방 저 방을 기웃기웃하는데, 웬 스님이 면벽하여 뒤도 돌아보지 않고 가만히 앉아 있습니다. 저이가 도력이 높다는 스님인가 보다, 생각합니다. 그런데 그이를 단칼에 죽이자니 어쩐지 두려운 생각이 들었나 봅니다.

　이 얘기가 재밌습니다. 발을 한번 쾅 굴렀대요. '내 소리 들었느냐?' 이거죠. 그런데 미동도 안 하더란 겁니다. 발을 두세 번 딱 굴러도 발소리엔 전혀 흔들리지 않으니 큰소리를 쳤습니다.

　"수많은 목숨을 죽이고도 눈 하나 까딱 안 하는 장군을 아느냐?"

　'이렇게 과시한다면 저 중은 틀림없이 겁먹을 것이다. 지금 이 발소리에는 미동도 하지 않지만, 내가 이렇게 대단한 잔인한 장군인줄 안다면 저 스님은 항복할 것이다.' 장군은 아마 이렇게 생각했을 것입니다.

투쟁이 시작되었습니다. 장군은 그 스님을 죽이려고 합니다.

이때 스님은 어떻게 대처해야 합니까?

바치는 것, 지혜, 아상이 없는 것으로 대처해야 합니다. 똑같이 몸으로 싸우지 않습니다. 그 스님이 아마 바로 대답하지는 않았을 것입니다. 한참 있다가 그 스님이 맞받았습니다.

"죽음을 조금도 두려워하지 않는 스님을 아느냐?"

'네가 사람을 많이 죽인다고 겁을 주지만 나는 죽음을 조금도 두려워하지 않는다.' 아상이 없는 모습으로 맞받아친 겁니다.

또 도전장을 냅니다.

"너희들이 죽음을 두려워하지 않는다면 왜 다 도망갔느냐? 왜 절이 텅텅 비었느냐?"

"어딜 도망갔느냐? 다 있다."

"다 있는데 왜 보이지 않느냐?"

장군은 끝까지 싸워서 기를 꺾어 항복을 받으려고 또다시 묻습니다.

"다 있지만 공부하고 있다. 종을 치면 온다."

노승이 대답하니 장군이 종을 쳤지만 아무도 오지 않았습니다.

"종을 쳐도 안 오는 걸 보면 필시 다 숨어 있거나 도망간 거지, 당신 말이 거짓말 아니냐?"

스님은 지혜로 대처합니다.

"네가 치면 안 오지만 내가 치면 온다."

노승이 종을 땡땡땡 치니 여기저기서 다 모여듭니다.

장군이 인간 본연의 투쟁 본능으로 스님 기를 꺾어서 완전히 항복

받으려 했는데, 스님은 몸으로 맞서지 않고 지혜나 아상 소멸의 자세로 맞섰기 때문에 결국 장군이 꼬리를 내리고 도망쳤다는 이야기입니다.

아상을 소멸한
지혜로 대처한다

여기서 몇 가지 아주 중요한 교훈을 얻습니다. 인간은 평화롭게 사람을 사랑하지 않습니다. 그것은 닦아서 수양이 된 사람이 아니면 도저히 해낼 수 없습니다. 가정, 사회, 국가를 이루는 평범한 사람들은 다 투쟁하고 지배하려 하고 상대를 항복시키려고 하는 이기적 본능이 있습니다. 그래서 가정에서도 투쟁하여 기 싸움에서 카리스마를 잡아야 집안이 조용하고, 세계에서도 1등 국가가 카리스마가 있을 때 분쟁이 적습니다. 1등 국가가 약하면 2등 국가가 항상 치고 올라오면서 끊임없이 분쟁이 있습니다. 사바세계에는 진정한 평화는 없다고 해야 합니다. 여기에 도인이 나서서 투쟁을 투쟁으로 맞받지 않고 지혜로, 아상이 소멸한 자세로 대처할 때 무형無形의 법력, 카리스마가 확립될 때 진정한 세계 평화가 올 것입니다.

인간은 마음속에 끊임없는 투쟁이 있어서, 자연스러운 평화를 기대하는 것은 완전히 환상에 불과합니다. 우리가 공부할 때도 끊임없이 도전을 받습니다. 삶은 투쟁의 역사이고 생존경쟁이기 때문입니다. 그때 그것을 몸으로 맞받아친다는 것은 굉장히 현명치 않은 방법입니다. 설사 이기더라도 수많은 화살이 꽂히게 됩니다. 노승은 자신을 죽이려고 하는 장군과 투쟁하는 순간 몸으로 맞서지 않았습니다. 바치는 것으로, 지혜로 맞섰고 아상이 없는 모습을 보여줌으로 상대를 완전히 항복시켜서, 진정한 자타불이의 평화를 이루었다고 생각합니다.

세상 살아가는 데, 처세하는 데, 또 가정의 평화를 유지하는 데도 제 말이 본보기가 될 수 있습니다. 자주 참고하시기 바랍니다. 세상 사람들은 틈만 나면 다 잡아먹으려고 하고 도둑의 마음을 가지고 있습니다. 심지어는 법당에서도 예외가 아닙니다. 그러나 올바로 부처님 향하는 마음, 아상이 없는 마음으로 나아가는 사람이 있을 때 법당에도 평화가 오고, 국가 사회 모든 곳이 평화로워질 것으로 생각합니다.

2018.07.07.

국가와 개인이
모두 잘살 수 있는 참 가르침

제 수도의 삶은 오로지 백성욱 박사님이라는 큰 선지식의 가르침을 닮고 따르려는 수행이었습니다. 따라서 최근까지 다른 가르침은 어떤지, 다른 큰스님들은 어떤 말씀을 하시는지 관심을 두지 않았습니다. 그리고 오로지 백 선생님의 훌륭한 가르침만을 실천하고, 묻는 사람들께는 제 역량껏 말씀드리려고 했습니다.

최근 제가 외부강의를 나가게 되면서 다른 스님들의 가르침에는 어떤 것이 있는지 유튜브를 찾아 보았습니다. 요즘 우리나라 불교의 가르침을 크게 세 갈래로 나눌 수 있지 않을까 생각했습니다.

최근 우리나라 불교 가르침의 추세

우선 첫 번째 갈래는 성철 스님의 선불교입니다. 경허 스님에서 이어지는 성철 스님의 가르침, 구체적으로는 법정 스님 등의 말씀을 통해서 또 근래에 와서는 진제 스님이나 수불 스님으로 이어지는 선불교 가르침이 큰 갈래 중 하나라고 봅니다. 이 가르침은 혜능 대사나 달마 대사를 비롯한 중국의 선불교에서 대혜종고 스님의 간화선으로 지금까지 이어지게 된 것으로 알고 있습니다.

우리 모두가 부처와 똑같은 위대한 존재이고, 화두를 들고 참구하는 수행을 통해 깨쳐 위대한 존재가 될 수 있다는 것이 가르침의 요점입니다.

이 가르침은 공통적으로, 아마 달마 대사나 대혜종고 스님께서 그렇게 얘기를 하시지는 않았겠지만, 현실 생활을 대수롭지 않게 생각합니다. 하지만 우리 생활에는 해결해야 할 일이 많습니다. 위기를 극복해야 하고, 먹고사는 문제를 해결해야 하고, 나아가서는 출세도 해야 합니다. 또 옛날과 다르게 국가 간에도 서로 밀접한 상호교류를 하고 경쟁하게 되니, 국가 발전도 생각해야 합니다. 개인의 문제와 국가의 문제가 둘이 아니기 때문입니다.

선불교에서는 개인의 행복에 관한 문제는 거의 도외시하는 것으로 알고 있습니다. '제행은 무상하다. 부귀영화는 무상하다. 그런 것에 집착하지 말라. 영원한 가르침, 참나를 깨치는 가르침에만 전념해라.' 하면서 현실 생활은 언급하지 않고 심지어는 무시했던 것 같습니다. 또한 국가의 발전을 위해서도 적절한 이야기를 못했던 것으로 알고 있습니다.

개인 생활을 무시하고 오로지 위없는 깨달음만 추구한 나머지, 불교 신자들은 차츰 선불교에서 멀어지고 수행이 너무 어렵다며 등을 돌리기 시작했고, 이를 우려해서 요즈음의 불교는 상당히 생활에 도움이 되는 불교로 바뀌는 것 같습니다.

두 번째 힐링 불교는 유명한 스타 스님들에 의해서 이루어진 새로운 불교입니다. 그분들은 생활을 무시하지 않고, 생활에 도움이 되는 불교를 하고 있습니다. 특히 생활에서 부딪히는 다양한 위기, 스트레스에 대처하는 방법들을 제시합니다. 생활에 도움이 되는 이야기를 많이 합니다. 그러나 생활에 도움이 되는 이야기를 하고 나아가서는 위없는 깨달음을 얘기하지만, 그 방법이 꼭 불교적이지는 않으며 부처님의 가르침으로 이루어지는 것이 아닙니다.

세상 경험이 많은 사람들, 대단한 학자들의 말을 하며 스트레스를 해소하고 위기를 극복하는 이야기를 합니다. 주로 힐링이나 치유에 중점을 둡니다. 그리고 명상을 통해서 마음에 안정을 얻고 나아가서는 위없는 깨달음에 이르게 한다고 합니다. 그렇지만 이것은 소위 과학적이고 귀납적인 방법이기 때문에 부처님의 근본 가르침에서 비롯된 것이라고 할 수 없고, 따라서 완전한 힐링이나 완전한 치유에 이르지 못한다고 생각합니다.

또 다른 갈래는 보통 사람들의 불교 신행의 흐름입니다. 인과응보를 철저하게 믿는 겁니다. 현세의 각종 재난이나 고통은 전생에 죄지은 결과이니, 죄 짓지 말고 복을 지으라고 합니다.

어떻게 위기를 극복하고 행복에 이르는가? 한국의 700만 일반 불자는 공통적으로 기도하는 방법을 택할 것입니다. '관세음보살 해라, 지장보살 해라, 법화경을 써라, 꿈에라도 보현보살이 나타나서 위대한 기적을 창조할 것이다.' 이것이 우리나라식 보통 서민불교라고 말씀드립니다.

참 가르침에는 개인뿐 아니라
국가가 잘되는 길도 있다

지금까지 말씀드린 세 가지 불교의 가르침에는 상당한 문제가 있다고 생각합니다. 왜냐하면, 절체절명의 위기를 극복하는 가르침은 선불교에서 찾을 수가 없기 때문입니다. 위없는 깨달음을 위해서 참선을 할 뿐이지, 위기에 대한 그 어떤 대처 방법을 이야기하지 않습니다. 개인의 위기에 대해서 현실에 만족하고 수용하라 할 뿐, 심지어 국가의 위기에 대해서는 더더욱 해결법을 제시하지 못합니다.

그리고 부귀영화를 아주 무시합니다. 돈 버는데 집착하는 것은 독사보다도 더 해롭다고 하면서 부귀영화에서 집착을 떼라고 할 뿐만 아니라, 돈 버는 것에 대해서 어떤 방법도 제시하지 않습니다. 개인도 개인이지만 국가가 부강해지는 길은 더더구나 제시하지 못하는 것이 중요한 문제점입니다.

옛날에 참선에서는 위없는 깨달음이 최고의 가치라며 생활을 아주 무시했습니다. 요새 새로운 불교가 나타나서 생활에 도움이 된다고 해도, 절체절명의 위기를 극복하는 방법은 아무것도 제시하지 못하고 있다고 봅니다.

지금 시대는 급변하고 있습니다. 우리나라는 오랫동안 농경시대의 삶을 살아왔습니다. 제가 중고등학교 다닐 때만 해도 서울에 초가지붕이 10퍼센트 정도는 있었던 것 같습니다. 국민의 7, 8할은 농민이었습니다. 농민의 특성은 다른 이들과 복잡한 관계를 맺을 필요가 없다는 것입니다. 한 마을에서만 살면서 다른 사람한테 의지할 필요가 없습니다. 다른 나라가 어떻게 되더라도 상관이 없습니다.

지금은 농경사회에서 급속하게 산업사회로 변했고, 산업사회에서 사람들의 관계는 굉장히 복잡해졌습니다. 나라는 무역을 하지 않으면 살 수 없게 되었습니다. 무역으로 발전합니다. 금융, 증권 다 개인이 혼자서 하는 게 아닙니다. 사람과의 관계에서 이루어집니다. 국가도 혼자서 설 수 없습니다. 에너지며 식량이며 자급자족할 수 있는 나라는 미국 정도입니다. 서로 무역하고 교류해야 삽니다. 글로벌 시대라고 합니다.

이런 글로벌 시대에 개인의 행복은 바로 국가의 행복과 직결됩니다. 따라서 개인의 행복과 발전을 위해서는 국제정세를 면밀히 검토하고 공부해야 합니다. 국제적인 역학관계에서 국가가 살아남아야 개인이 살 수 있습니다.

오늘날 우리나라 불교는 선불교를 비롯한 힐링 불교, 기복 불교, 어느 것도 절체절명의 위기를 극복할 수 있는 대안을 제시할 수 없으며, 따라서 개인의 위기를 극복하지 못함은 물론 국가 간의 위기에 대해서도 어떤 해법을 제시하지 못합니다. 국가 경쟁 사회에서 국가의 위기에 해법을 마련하지 못한다면 진리로서 가치가 떨어질 수밖에 없습니다. 이런 진리는 조금 있다가 용도폐기 될 수밖에 없다고 생각합니다.

세상에서는 돈이 필요하지요? 세력도 필요하지요? 그런데 '돈이나 세력에 초연해라. 집착을 떼라. 위없는 깨우침만 찾아라.' 하는 식의 사고방식은 현실 생활과 국가 경쟁력을 무시하는 것이며, 이런 식으로는 국가가 살아남을 수 없습니다. 국가가 살아남을 수 없고 따라서 개인이 살아남을 수 없다면 어떻게 불교만 살아남을 수 있겠습니까?

참된 진리는 현실을 정확히 파악하고 해법을 제시해서 국가가, 또 개인이 잘살게 해야 합니다. 이 시대가 어떤 시대입니까? 농경시대가 아닙니다. 이제는 글로벌 시대요, 인터넷 혁명 시대요, 나아가서는 4차 산업혁명 시대입니다. 개인이 혼자서 살 수가 없습니다. 국가 간 관계의 일원에 불과합니다.

참 가르침에는 절체절명의 위기를 극복하는 길이 있다

새로운 불교의 탄생이 매우 필요하다고 말씀드립니다. 특히 절체절명의 위기를 극복할 수 있는 대안을 찾아낼 수 있어야 합니다. 전생의 죄업이니 간절히 빌어서 부처님의 가피로 위기에서 벗어날 수 있다는 방법은 대안이 되지 못합니다. 위기의 원인을 설명하지 못하고 탈출하는 방법을 제시하지 못하는 불교라면, 그 정도로 만족하고 수행하면서 그런대로 지내라 한다면, 국가 간 경쟁에서 탈락하고 개인도 낙오자가 될 수밖에 없습니다. 이런 불교는 영원한 진리도 아닐 뿐만 아니라, 우리는 점차 그런 가르침에서 멀어질 수밖에 없습니다.

백 선생님의 가르침은 어떻습니까? 바로 공의 진리를 말씀하십니다.

"절체절명의 위기라는 것은 착각이고 분별이고 본래 없는 것이다. 이것을 실천해서 위기를 벗어나라. 개인의 위기는 물론 국가의 위기에서도 벗어날 수 있다."

위기의 원인 분석과 그에 대한 해법을 제시하는 이러한 가르침은 지금 어디에도 없다고 생각합니다. 우리 가르침의 특징과 위대성을 알고 실천해서 절체절명의 위기에서 벗어날 수 있어야 하고, 영원의 세계로 갈 수 있어야 합니다.

참 가르침에는
부귀영화의 길이 있다

지금까지 불교에서는, 과거에 특히 그랬습니다만, 부귀영화에서 마음을 떼라고 합니다. 돈에 대한 욕심, 집착을 벗어나라고 합니다. 벼슬을 멀리하라고 합니다. 이렇게 하면 개인의 행복은 있을 수 있지만, 국제 사회에서 나라가 경제력이 약하면 낙오합니다. 국가가 없으면 개인도 존재할 수 없습니다. 개인이 어떻게 가난을 즐기면서 살 수가 있습니까? 안빈낙도가 어떻게 통합니까?

돈 만드는 방법을 제시하는 것이 부처님 가르침의 중요한 역할일 수도 있겠다고 생각합니다. 백 선생님의 가르침은 돈을 만드는 방법을 분명히 제시하고, 풍요롭게 살고 넉넉하게 사는 길이 수도의 길과 다르지 않음을 제시합니다. "불법은 부귀영화 속에 있다." 라고도 말씀하셨습니다. 그 실례를 들 수도 있습니다.

돈이 나쁜 것이 아닙니다. 돈에 붙은 탐욕이 나쁜 겁니다. 금강경 가르침에 의하면 이 탐욕이라는 것은 본래 착각이고 없다는 것을 백 선생님께서 가르치셨습니다.

"돈은 소중하다. 탐욕을 부릴 필요가 없다.

돈에 대한 집착과 탐욕이 본래 없다는 것을 알고 바쳐라."

돈에 대한 탐심을 바칠 때 지혜가 나면서 돈 버는 방법을 알게 됩니다. 우리는 모든 것을 구족했다는 부처님 가르침의 큰 틀 속에서 부를 창조할 수 있습니다.

참 가르침에는
인재양성의 길이 있다

인재양성의 가르침이 꼭 필요합니다. 국가 간 경쟁력에는 에너지도 있어야 하고 식량도 있어야 합니다. 그런데 인재를 만들 수 있는 교육기관이 없다면 국제 사회 경쟁에서는 탈락할 수밖에 없습니다.

불교의 가르침이 위대하다면 인재양성의 가르침에 대해서도 대안을 제시할 수 있어야 합니다. 과거의 선불교나 요새 힐링 불교나 보통 서민불교 등에서는 뚜렷한 대안을 제시하지 못합니다. 그저 막연하게 '우리는 본래 부처다.'라고 하는 것과 '인재양성은 이렇게 해야 한다.'는 것은 굉장히 다릅니다. 막연한 가르침으로는 인성을 개발하거나 인재가 될 수 없고, 따라서 국제 사회에 걸맞은 인재를 배출할 수도 없습니다.

백 박사님께서는 금강경 가르침으로 일러 주셨습니다.

"우리의 무지 무능이라는 것도 본래 착각이고 없다는 것을 알게 되면 우리 마음속에 무한의 가능성, 부처와 동등한 능력을 개발할 수 있다."

저같이 어리석고 무능한 사람도 그 가르침에 따라서 다소 지혜로워진 체험이 있습니다.

참 가르침에서는
생활이 바로 불법이다

우리 가르침을 막연하게 좋다고 주장할 필요가 없습니다. 막연하게 좋은 게 아니고 확실합니다. 주위의 가르침을 잘 살펴보시기 바랍니다. 제가 아는 한, 그런 가르침으로는 불교는 점차 쇠퇴할 수밖에 없습니다. 불교가 최고의 가르침인 것은 사실이지만 다른 생활을 무시해서는 안 됩니다. 부귀영화를 왜 나쁘다고 합니까? 절체절명의 위기에서 어떤 해법을 제시하지 않는 가르침은 머지않아 용도폐기가 될 것입니다.

우리는 현실에서 수많은 불교 가르침의 실상을 정확히 파악하고, 걸출한 선지식의 가르침의 위대성을 알아서, 개인의 행복은 물론이려니와 국가를 부강하게 발전시켜야 합니다.

생활이 바로 불법입니다. 생활을 떠나서, 부귀영화를 떠나서 불법을 따로 찾으려고 해서는 안 됩니다. 또 국가와 개인이 둘이 아닙니다. 이제는 농경시대가 아닙니다. 인터넷 시대요, 4차 산업혁명 시대입니다. 이러한 지식산업사회에서는 빌 게이츠같이 돈 한 푼 없던 사람이 머리를 써서 단시간에 부자가 될 수 있는 것이 특징이기도 합니다.

이 시대의 특징을 잘 알고 거기에 걸맞은 가르침을 일러 주신 선지식께 감사하며, 국가와 개인 다 같이 번영과 발전의 길로 나아가야 하지 않을까 생각해 봅니다.

2018.07.14.

재앙의 원인,
이기적이고 타성적인 생각

왜 무슨 생각이든지 부처님께 바쳐야 하며, 또 무슨 일을 하되 이기적인 목적으로 하지 않고 부처님 기쁘게 해 드리기 위해서 해야 하나, 여러 차례 말씀드렸습니다.

왜 바치지 않으면 안 될까?

밥 먹을 때, 일할 때, 또 기도하기 전에 왜 항상 반드시 바쳐야 하는가?

바쳐야 하는 근본적인 당위성이 있습니다. 오늘은 그 당위성에 대해서 생각해 보려 합니다.

이 세상은 불타는 집과 같다

부처님께서 거의 최후에 말씀하신 법화경이라는 경전에 이런 구절이 있습니다. 한자를 써서 죄송합니다만 한자를 기억해 두는 것은 의미가 있습니다.

삼계무안　유여화택　중고충만　심가포외
三界無安　猶如火宅　衆苦充滿　甚可怖畏

이 세상은 모두 불타는 집과 같다. 우리는 불타는 집 속에서, 언제 불똥이 튀어서 재앙을 당해 죽을지 모르는 불안한 상태에 있다. 반드시 재앙을 당해서 죽고 만다. 삼계는 불타는 집과 같고 편안한 구석은 어디에도 없다. 모든 고통이 가득 차 있다. 심히 두렵고 두렵도다.

제가 이 구절을 읽은 지 굉장히 오래되었습니다. 학생 때부터 읽었지만 심각하게 뜻을 생각해 보지 못했습니다. 그저 '이 세상은 무상하고 생로병사가 있고 사바세계이니 고통이 있는 것도 사실이지만, 또한 즐거움도 있고 행복도 있는 것은 사실이 아닌가? 어떻게 세상이 불타는 집인가?' 세상이 불타는 집처럼 불안한 이유가 없으며, 그렇게 말씀하신 이유를 모르겠다고 생각했습니다.

재앙의 원인은 바로
타성적이고 이기적인 내 생각

금강경 공부를 그 뒤로 여러 해 하면서 이제 법화경의 뜻을 분명히 알게 됐습니다.

왜 이 세상은 불타는 집이고 항상 편안하지 않고 무시무시한 재앙이 도사리고 있을까요? 그 원인은 무엇일까요?

원인은 바로 '내 생각'임을 금강경을 통해서 알았습니다.

우리는 '내 생각이 불타는 집을 만들고 재앙을 만들고 고통을 만든다.'라고 생각하지 않습니다. 하지만 밝은이가 보면 우리는 타성적인 생각, 선입견, 본능에 사로잡혀서 습관적으로 궁리를 일으키고, 이것은 결국 심각한 재앙을 불러오는 것이라고 합니다.

'타성적이고 이기적인 생각'이 수시로 지뢰를 매설하고 다니는 겁니다. 지뢰밭을 만듭니다. 언제 터질지 모르는 지뢰를 밟을 수 있습니다. 수시로 휘발유를 뿌리고 다니는 것과 마찬가지여서 언제 불이 날지 모릅니다. 이 세상이 불타는 집과 같고 편안하지 않은 이유는 바로 우리의 타성적인 생각, 이기적인 생각이 그렇게 만들기 때문입니다.

법화경에는 그런 말이 있지 않습니다. 제가 금강경을 공부하고 보니 우리의 습관적인 생각, 이것이 마치 지뢰를 매설하고 휘발유를 뿌리는 것과 같아서, 이 세상을 항상 불타는 집처럼 불안하게 만든다는 것을 알게 된 겁니다.

재앙을 면하는 현명한 방법, 기도는 반드시 해야 한다

우리는 밥을 먹을 때 습관적으로 타성적으로 먹습니다. 이기적인 욕망으로, 식욕으로 먹습니다. 이것은 무엇을 의미할까요? 지뢰를 매설하고 휘발유를 뿌리는 것 같아서 재앙의 씨를 심는 것과 똑같습니다.

왜 밥 먹을 때 기도를 할까요?

부처님 전에 복 많이 짓기를 발원하면서, 식욕에 따라 먹지 않고 기도하는 이유는 재앙에서 벗어나고자 하는 뜻이 담겨 있습니다. 기도하고 밥을 먹는다면 기도하지 않고 먹을 때와 다릅니다. 재앙을 뿌리 뽑고 화재에서 벗어날 수 있습니다. 하지만 우리는 그 기도의 뜻을 모릅니다. 기도는 하면 좋지만 안 해도 별것 아니라고 생각합니다.

밥 먹을 때만 그런 게 아니라 일할 때도 타성적으로 합니다. 돈 벌기 위해서, 이기적인 목적으로 일합니다. 이런 타성적, 이기적 생각역시 항상 재앙과 고통을 동반하고 여러 가지 무시무시한 일을 전개한다고 밝은이는 분명히 보시는 것 같아요. 일하기 전에 내 이기적인 목적으로 일하는 게 아니라 부처님 기쁘게 해 드리기를 발원하는 뜻으로 원을 세우라고 했는데, 그것은 해도 좋고 안 해도 좋은게 아니라 재앙을 면하고 지뢰밭에서 지뢰의 폭발을 면하기 위해서당연히 해야 하는 아주 현명한 방법입니다. 우리는 타성적으로 이기적인 마음으로 살기 때문에 수시로 재앙을 당하는 것입니다.

세상의 난제 해결 방법,
연구 명상 참선

저는 꽤 이제 나이를 먹은 편으로 사람들이 노인이라고 부릅니다.오랜 세월 동안 제가 당한 여러 고통이나 재앙을 말로 표현한다면다시는 태어나고 싶지 않을 겁니다. 이 고통을 당하려면 왜 태어났을까 생각합니다. 그런데 그 고통이라는 게 알고 봤더니 나의 타성적인 생각, 이기적인 생각이 모두 불러온 것이에요. 가끔 이런 것들이 심각한 난제가 되어서 나한테 닥쳐옵니다.

이 난제를 어떻게 극복하나?

물론 부처님께 빌어 보기도 하지만 잘 해결되지 않습니다. 이래도저래도 안 되니 해결 방법을 심사숙고합니다. 마음을 집중하고 잡념을 몰아내고 들뜬 마음을 가라앉혀서 연구하여 난제 해결의 지혜를얻습니다.

난제 해결을 연구하는 마음은 해결의 지혜를 얻게 하는 훌륭한 방법이 됩니다. 연구는 타성적인 궁리나 생각과는 다릅니다. 궁리나 생각은 타성적이고 이기적이고 잡념이 동반하는 반면, 연구라는 것은 꼭 이기적이나 타성적이라고 할 수 없습니다. 집중하기에 잡념을 동반하지 않습니다.

난제 해결을 연구하는 것도 훌륭한 방법이지만, 도인들께서 좀 더 수정해서 더 훌륭한 방법을 제시한 게 있습니다. 그것을 묵상이라고 하기도 하고 명상이라고 하기도 합니다. 소위 명상이라는 것은 난제 해결의 지혜를 얻기 위한 훌륭한 방법입니다. 고요히 앉아서 '난제를 어떻게 해결하나.' 하는 묵상보다, 도인의 말씀으로 발전된 방법을 명상이라 합니다. 위파사나 명상은 우리에게 잘 알려진 명상이고, 참선도 들뜬 마음을 가라앉히고 잡념을 몰아낸다는 점에서 일종의 명상이라 해도 틀리지 않습니다.

그러나 이 연구, 묵상, 명상, 참선 등은 깨친 이가 지도하지 않는 한 자신의 선입견이 붙고 이기심이 붙을 수가 있어서, 완전한 지혜에 이르기는 쉽지 않다고 봅니다.

최상의 난제 해결 방법,
도인이 가르쳐 주시는 부처님께 바치는 것

부처님 같이 밝은 도인이 지도하는 명상, 그것이 바로 부처님께 바치는 것입니다. 부처님께 바칠 때 이기심이 소멸하고, 타성적인 마음이 사라집니다. 부처님께 바치는 것은 도인이 지시하시고 가르쳐 주시는 최고의 명상법으로, 난관을 극복할 수 있는 지혜를 얻게 하고 각종 재앙을 소멸하게 합니다.

지금까지 무조건 바치라고 그러니 그저 바쳤을 뿐이고, 무슨 일을 하더라도 부처님 시봉하기 위해서 하라니 시키는 대로 했을 뿐, 이 바치는 것이 최고로 훌륭한 명상법이고 난제 해결 방법이라는 것을 미처 생각하지 못했을 것입니다. 이제는 우리가 왜 바쳐야 하는지 어느 정도 짐작했을 겁니다.

우리는 너무나 타성적으로 그리고 이기적으로 살아왔습니다. 도처에 지뢰를 매설하고 휘발유를 뿌리면서 이 세상을 불타는 집처럼 만들고 있습니다.

불타는 집에서 근본적으로 벗어나는 길은 무엇인가?

바로 최고의 명상법, 부처님께 바치는 것입니다.

부처님께 바치는 것은 마음을 안정시켜 지혜를 얻게 할 뿐 아니라 드디어 구원과 해탈에 이르게 하여 부처님 세계에 들어가게 한다는 말이 바로 금강경에 있는 "실무중생 득멸도자實無衆生 得滅度者"입니다. 바치는 명상을 계속하여 이기적이고 타성적인 마음을 벗어나서 드디어 모든 재앙의 씨앗을 분명히 단절하고 부처님 세계에 들어간다는 내용입니다.

기도와 바치는 것은
반드시 해야 한다

결론을 내립니다. 밥을 먹기 전에 기도하는 것은 해도 좋고 하지 않아도 좋은 게 아닙니다. 반드시 필요합니다. 이 세상 불타는 집에서, 모든 고통에서 벗어나기 위하여 반드시 해야 합니다.

부처님을 믿고 금강경 읽는 것은 하면 좋지만 안 해도 무방하다고 생각하는 사람들이 너무나 많습니다. 아닙니다. 마치 물과 공기와 음식이 우리 몸에 절대적으로 필요하듯이, 바치는 것을 잠시라도 하지 않는다면 우리에게는 불타는 집과 같이 언제 타 죽을지 모르는 재앙이 항상 도사리고 있기 때문입니다.

일하되 이기적으로 하지 말자.

나 잘되기 위해서 하지 말고, 항상 부처님 시봉하는 마음으로 하자.

무슨 생각이든지 부처님께 바치자.

할 수 있으면 가행정진을 하자.

가행정진을 하면 좋지만 안 해도 괜찮을 것으로 생각하는데, 이것은 굉장히 위험한 발상입니다. 우리는 불타는 집 속에서 늘 살면서, 타성적인 생각으로 항상 지뢰를 매설하고 휘발유를 끼얹고 있기 때문입니다. 우리가 탕자이기 때문에 집이 불타게 하는 원인을 심고 있습니다.

금강경 가르침은 하면 좋고 안 해도 좋은 가르침이 아닙니다. 반드시 해야 합니다. 그럴 때 우리는 재앙의 세계에서 벗어나고 불타는 집에서 벗어나서 시원하고 편안한 극락세계에 들어갈 수 있습니다.

무슨 생각이든지 부처님께 바치면
모든 고통에서 벗어날 수 있다

부처님께서 법화경에 거의 결론적으로 말씀하셨습니다.

유아일인　능위구호
唯我一人　能爲救護

"나 한 사람이 불타는 집 속에서 고통에 허덕이는 이 모든 중생을 구할 수 있는 유일한 사람이다. 나는 편안하고 한가한 곳에서 행복을 즐기면서, 불타는 고통에서 중생을 구원하는 유일한 사람이다."

그것은 본인을 자랑하는 게 아닙니다. '부처님께 자꾸 바쳐라. 무슨 일이든지 부처님 시봉하는 마음으로 해라. 그러면 법이 선다. 그 법이 바로 부처님이시다. 그 법이 바로 우리를 구원해 준다.'라는 뜻입니다.

오직 나 하나만이 불타는 집에서 고통받는 중생을 구원해 준다는 뜻은 무슨 생각이든지 부처님께 바침으로써 부처님께 바치는 한마음이 서게 되면 모든 고통에서 벗어날 수 있다는 것입니다.

제가 오래전에 법화경을 읽고 그 뒤로 금강경을 공부하면서 금강경 속에 법화경을 해석할 수 있는 훌륭한 대안이 있다는 것을 발견하게 되었으며, 왜 금강경을 해야 하는지, 왜 무슨 생각이든지 부처님께 바쳐야 하는지, 그 타당한 이유를 발견하게 되었습니다.

우리는 이 순간부터 무슨 생각이든지 기쁜 마음으로 부처님께 바쳐야 할 것입니다.

2018.07.21.

예정된 재앙을 극복하고
부처님 세계로

제가 금강경을 여러 해 읽었습니다. 좀 더 부지런히 읽었으면 큰 성과를 얻었을 것 같습니다. 큰 성과는 얻지 못했다 하더라도 보통 사람이 체험하지 못하는 몇 가지는 분명 깨친 것이 있다고 말씀드립니다.

재앙이 축복과 다르지 않다

대부분 사람은 재앙이 축복과는 다른 것으로 압니다. 제가 금강경 공부로 깨친 첫 번째 진리는 우리가 아주 싫어하는 재앙이 축복과 다르지 않다는 것입니다. 재앙이 생길 때 굉장히 괴롭고, 축복과는 전혀 무관하다고 생각합니다. 그러나 괴로울 때 아상이 죽는 것은 분명합니다. 잘난 척하는 마음, 오만한 마음, 짜증내는 마음이 순간적으로 확 죽습니다. 아상이 죽을 때 축복의 씨앗이 잉태하게 됩니다. 재앙이 축복과 다르지 않다는 것을 알게 되었습니다.

• 재앙을 고마운 일이라고 이름 지을 때

또 재앙이라 이름 짓고 싫어하면 싫어할수록 점점 더 재앙이 가속화된다는 사실을 알게 되었습니다. 따라서 이 재앙을 나쁜 것으로 이름 짓지 말아야 한다는 것 또한 제가 발견한 중요한 깨달음 중의 하나입니다. 억지로라도 이 재앙을 축복이라고 이름 짓는 겁니다. 많은 사람이 재앙이 축복이라고 이름 짓는 데 선뜻 동의하지 못합니다. 그러나 금강경에도 나오는 것처럼 모든 것은 정해져 있지 않습니다. 자신이 재앙이라고 이름 지을 때 실지로 재앙이 되는 것입니다.

재앙이 일어나는 순간, 기분 나쁜 일이 일어나는 순간, '고맙다. 축복이다.'라고 이름 지으면 반드시 축복으로 전환됩니다. 그것을 세상에서는 전화위복이라고 합니다.

이미 선지식께서 말씀하신 것이지만 제가 체험하여 실감하고 확신한 것 중의 하나입니다.

• 재앙이 착각이고 본래 없음을 알 때

재앙을 축복이라고 이름 짓는 것보다 더 좋은 수행이 있습니다. 그것은 재앙이 착각인 줄 알고 부처님께 바쳐서 소멸하는 겁니다. 재앙을 감사하는 것만으로도 전화위복이 되지만, 재앙이 착각이고 본래 없음을 알게 되는 수행을 할 때 바로 부처님 세계로 들어갑니다. 지혜의 세계로 들어갑니다. 이런 세계가 다 있나 할 정도로 놀라운 세계를 체험하게 됩니다. 이것이 더 좋은 수행입니다. 단지 재앙을 감사하다고 바꾸는 것 이상의 더 좋은 체험을 하게 됩니다.

사람은 자기 운명을 거의
정해서 태어난다

제가 또 한 가지 깨친 진리가 있습니다. 저만이 깨친 진리가 아닙니다. 이미 선각자들은 많이 깨쳤다고 생각합니다. 사람은 거의 자기 운명을 정해서 태어난다는 사실입니다.

아마 머지않은 장래에 피 한 방울 뽑아서 죽을 날짜까지도, 배우자는 누가 되리라는 것도, 일생 언제 어느 때 성공하고 실패한다는 것까지도 다 예측할 수 있는 시대가 올 것입니다. 현대 과학은 이미 상당히 입증하고 있습니다. 생명과학의 위력을 빌려서 운명이 결정되어 있다고 말씀드리는 것은 아닙니다.

제가 도인 밑에서 금강경 공부를 하다 보니까 사람이 운명을 거의 정해서 태어났다는 것을 많이 느꼈습니다. 금강경 공부를 계속하면서 더 확실하게 믿게 되었습니다. 사람은 부처님과 똑같은 전지전능한 힘이 있어서 죽을 때 이미 내생의 자기 그림을 그리고 그것을 현실로 이룹니다.

좋은 일이 있을 때 우리 노력으로 된 것이 아닙니다. 이미 올 것이 온 겁니다. 재앙이 생기면 방심해서 생겼다고 하는데, 물론 방심해도 재앙이 생기기는 하지만 나타나는 재앙이 다릅니다. 재앙도 이미 올 것이 오는 것이지 방심해서 오는 것은 아닙니다. 이것도 제가 금강경을 공부하면서 깨친 체험이라고 말씀드립니다.

예정된 재앙

우리 앞에 좋지 않은 일이 일어났다고 가정해 봅시다. 어떻게 대처할까요? 상당히 지혜로운 이는 이미 올 것이 왔다고 생각합니다. 사람들은 재앙에 저항하고 반항하며 나쁜 이름을 지으면서 재앙을 가속화시킵니다.

왜 나같이 성실한 사람에게 이런 재앙이 오지?

왜 나같이 착한 사람에게 이런 재앙이 오지?

왜 금강경 공부를 열심히 했는데 재앙이 오지?

절대로 이렇게 생각해서는 안 됩니다. 이미 예정되어 있는 것, 올 것이 온 것, 내가 불러서 온 것입니다. 내가 원해서 온 것이고 이미 예정되어서 온 것이라면, 저항하는 것은 굉장한 착각이고 자가당착自家撞着입니다. 저항하고 반항할 때 우리는 점점 더 무지해지고 깜깜해집니다. 깜깜한 것은 재앙을 더 가속화시킵니다.

예정된 재앙, 전생에 죽을 때 마음속에서 다 그려서 왔습니다.

예정된 재앙을 극복하는 길

이미 예정된 재앙을 어떻게 극복할까요?

올 것이 왔다고 생각하고 감사할 때, 재앙이 아니라 축복으로 변할 수 있습니다. 나아가서는 이것이 착각인 줄 알고 부처님께 바칠 때, 바로 지혜의 세계, 부처님의 세계로 들어가게 됩니다.

이것은 이미 선각자들이 다 이야기해 놓은 것임에도 불구하고 똑똑한 세계 지식인들은 거의 모릅니다. 모르기 때문에 나쁜 일이 닥쳤을 때 원망하고 나쁜 이름을 지어서 점차 더 자기 신세를 나쁜 쪽으로 몰아가 불행하게 됩니다. 여기 계신 분이라도 오늘 이 사실을 잘 알아주셨으면 합니다.

분명히 나쁜 일은 이미 예정되어 있습니다. 그 정도로 나는 전지전능하기 때문입니다. 부처님과 똑같이 위대한 위력이 나에게 오기 때문입니다. 내가 원하지 않은 것은 절대로 나에게 올 수가 없습니다. 재앙이든 축복이든 내가 다 그려서 불러왔다는 것을 확실히 안다면, 어찌 그 재앙을 원망하고 저항하고 자포자기하여 자살하고, 법당에서는 퇴타심을 내는 일이 있을 수 있겠습니까?

이 법당은 이것을 일러 주는 곳입니다.

'재앙을 감사하게 받아라. 이미 올 것이 온 것임을 알고 받아라.

이때 재앙이 변해서 복이 되는 것이다.'

이것을 모르면 '금강경 열심히 읽는데 왜 재앙이 올까.' 하면서 가르침과는 정반대의 길을 걸으며 점점 더 깜깜해지는 것입니다.

저는 이런 이야기를 통해서 적지 않은 사람들에게 희망을 주고 감동을 주어서 전혀 다른 모습을 보이게 한 체험을 하였습니다. 이 가르침은 매우 귀한 가르침이며, 금강경에서 일러 주는 아주 쉬운 가르침입니다. 우린 이것을 빨리 응용하고 생활화해서 부처님께 축복받는 삶을 살아야 합니다.

재앙이 내가 불러서 온 감사할 일이며, 착각이고 본래 없음을 알게 되어 전화위복의 길, 부처님의 세계로 가는 길을 힘차게 가야 할 것입니다.

2018.08.11.

부처님 가르침의
절대성 위대성 당위성을 강조하는 이유

제가 특히 외부 강연을 할 때 부처님의 가르침이 얼마나 위대하고, 생활에 절대적이고, 위대한 실용성이 있는가를 강조해 왔습니다.

부처님의 가르침이 정말 위대한가? 우리 생활에 절대적으로 필요한 것인가? 꼭 하지 않으면 아니 되는 가르침인가? 대단한 실용성이 있는가? 오늘은 이것에 관해서 말씀드리겠습니다.

1961년, 5·16이 일어난 해에 저는 대학 신입생이었습니다. 요새는 상당수가 군대를 면제받기도 하지만, 그때는 군대에 안 가는 것을 상상할 수도 없었고 심지어는 군대에 안 가면 국가를 배신한 것으로 여길 정도였습니다.

그런데 제가 대학 1학년 때 처음으로 ROTC 학군 제도가 생겼습니다. 학생 때 2년간 훈련을 받고 졸업하면 장교가 되는 제도입니다. 미국에서는 오래전부터 하고 있었는데 우리나라에서는 그때 시작하여, 저희보다 2년 선배가 ROTC 1기로 학교에서 훈련받는 것을 보면서 나도 해야겠다고 생각했습니다. 우선 군 복무 기간이 짧았습니다. 그때 사병으로 가면 근 30개월을 복무했는데 ROTC 장교로 가면 2년만 하면 제대합니다. 사병은 봉급이 형편없었는데 장교는 봉급이 꽤 괜찮았어요. 육군 소위가 되어서 결혼하는 사람까지 있었을 정도니까요. 복무 기간도 짧고 봉급도 주어서 많은 학생이 ROTC를 선호했습니다.

착각이 고생을 불러 온다

육군 소위가 별로 어렵지 않을 것 같았고, 오히려 사병보다 몸도 편하고 좋을 것이라 생각했습니다. 그때는 저 자신을 과대평가했던 것 같습니다. 육군 소위 정도는 얼마든지 거뜬하게 할 수 있다고 생각했습니다. 3학년이 되어 생전 처음 군사 훈련을 받았는데, 육군 소위가 그렇게 만만치 않다는 것을 처음으로 느꼈습니다. 그래도 3, 4학년 때는 학생들끼리 하는 것이기 때문에 크게 고생하지는 않았습니다.

육군 소위로 전방에 배치를 받았는데 생각보다 너무나도 힘들었습니다. 태어나서 처음 해보는 고생이었습니다. 그때 제가 할 수 있었던 것은 아무것도 없었습니다. 그때도 불교를 열심히 믿었었기 때문에 '이 고통을 어떻게 벗어날까.' 늘 생각하면서 쉴 새 없이 관세음보살만 많이 했습니다. 하지만 관세음보살의 아무런 도움 없이 저는 매일매일 제대 날짜만 따지는 지옥과 같은 생활을 하였습니다. 특히 대인 관계가 상당히 좋지 않았고, 직속상관과 수시로 부딪히면서 상당히 괴로웠습니다.

내가 무능하다는 것을 처음으로 느꼈습니다.

육군 소위라는 게 별거 아니라고 생각한 것은 너무나 착각이었습니다. '나 자신이 이런 작은 일도 해낼 수 없는 존재인가?' 제대할 때쯤에는 열등감을 많이 느꼈습니다. 나 자신을 잘못 파악하고 있었다고 깨달은 것이 수도 생활을 시작하게 된 동기였습니다. 뒤늦게 저 자신을 파악할 기회를 가졌습니다.

육군 소위는 아무나 하는 게 아니었습니다. 스타는 아무나 할 수 없어도 초급 장교는 아무나 할 수 있는 것으로 알았습니다. 이것도 착각인데, 회사에 다니며 사회생활 하는 것도 아무나 할 수 있는 것으로 알았습니다. 결혼도 아무나 다 하는 것으로 알았습니다. 그러나 그것도 착각이었다는 것을 뒤늦게 깨달았습니다.

초급 장교도 제대로 자격을 갖춘 사람만이 할 수 있으며, 저는 초급 장교를 하기에 턱없이 부족한 사람이었다는 것을 한참 후에 깨달았습니다. 대인 관계도 좋지 않고 툭하면 성질 잘 내는 것이 단점인지 업장인지도 몰랐고, 내가 보충해야 할 무엇이 있다고 생각하지 못했습니다. 장교는 훈련만 받으면 누구나 할 수 있으며, 나도 당연히 할 수 있다고 생각했던 것은 큰 착각이었습니다. 군대에 가서 그것이 본격적인 고생으로 드러난 겁니다.

자기 자신에 대해서 겸손할 줄 몰랐고, 꽤 잘난 것으로 착각했습니다. 화내는 것이 나쁜 점이라고 생각하지 않았습니다. 그리고 리더십도 턱없이 부족했는데 리더십이 필요한지조차 모를 정도로 저는 뭘 몰랐습니다. 또 학교 시험만 잘 보면 사회생활도 잘하는 것으로 알았는데, 시험 잘 보는 것과 사회생활은 너무나 달랐습니다. 현실을 파악하는 지혜가 턱없이 부족한데도 충분히 장교 생활을 잘할 것으로 착각했던 겁니다.

　모든 것이 부족했으니 당연히 고생할 수밖에 없습니다. 그 이유를 몰랐기 때문에 내 자격을 보충하고 자질을 쌓으려고 하기 보다는 관세음보살 부처님께 매달렸습니다. 부처님께 매달리면 이 고통이 해결될 것으로 생각했던 겁니다.

탐진치는 허상의 연습이다

'어서 하겠다' 하는 마음이 탐심.
'왜 아니 되느냐' 하는 마음이 진심.
'이만하면 되었다' 하는 마음이 치심.

　제가 이렇게 탐진치에 대해서 여러 번 말씀드렸습니다. 보통 스님들이 절에서 해석하는 것과는 다소 다릅니다.

　우리는 이러한 탐진치가 굉장히 해롭다는 것을 모릅니다. '어서 하겠다는 게 뭐가 나쁘지? 안 될 때 왜 안 되느냐고 하는 게 뭐가 해로울까?' 이렇게 생각하지요. 해롭다는 것을 아는 것은 훨씬 뒤입니다.

　탐심, 진심, 치심이라는 것은 하지 않아야 할 생각입니다.

　내가 장교 생활을 잘할 수 없는 사람이라면, 장교가 되기 위한 자격을 갖추려고 부지런히 노력만 하면 됩니다. '하겠다'고 할 필요가 없어요. 실제로 부족한 점을 보충해서 실천하면 되는데, 그것은 하지 않고 '하겠다, 하겠다' 되풀이하면서 설치는 겁니다. '하겠다, 하겠다' 하면서 설치는 것, 바로 이것이 하지 않아야 할 쓸데없는 일이고 깜깜해지는 연습입니다.

'왜 안 되지?' 하는 것은 진심입니다. 안 되는 일인지 잘되는 일인지 잘 판단하지도 못하고 섣불리 '안 된다'는 이름을 지으면서 짜증을 냅니다. 왜 '안 된다'는 이름을 함부로 짓습니까? 그 자체가 착각입니다. 진심도 착각의 연습이고 깜깜해지는 연습입니다.

치심 역시 '이만하면 되었다'고 할 것이 하나도 없습니다. 우리는 본래 구족하고 완벽한데, 중간에 어느 정도까지만 하고 다 되었다고 자만하는 것 역시 착각의 연습이고 깜깜해지는 연습입니다.

저 자신이 초급 장교 자격을 갖추지 못한 사람인 것을 까마득히 몰랐던 겁니다. 내가 그런 못난 사람인지도 모르고 허상에서부터 출발해서 '왜 못났나? 왜 안 되나?' 하며 탐진치 연습, 깜깜한 연습을 하니 결과는 고통일 수밖에 없습니다. 그때는 그것을 전혀 몰랐습니다.

허상의 연습을
절대로 하지 마라

그 뒤로 제가 참으로 운 좋게 선지식을 만났습니다. 지금 생각해 보면 선지식을 만난다는 것은 굉장한 행운입니다. 선지식의 가르침입니다.

"자기 못난 점을 분명히 파악하고 자격을 갖출 생각을 해라. 이미 자격을 다 갖추었다고 믿고 쓸데없이 '더 하겠다' 하며 설치거나 '왜 안 되느냐'고 해서는 안 된다. 부지런히 자격을 갖추고 보충할지언정, 허상의 연습을 절대로 하지 마라. 허상의 연습을 하지 않을 때 지혜로워지고 행복해지며 능력이 생기고 비로소 사회생활을 하는 것이다."

이 말씀에 깊이 공감하면서 출가생활을 했습니다.

쓸데없이 하겠다고 설치는 마음, 그럴 필요가 없는데 자꾸 '하겠다, 하겠다' 하면서 깜깜해지는 연습을 합니다. 또 안 될 것이 없는데 일부러 '안 된다'고 하면서 자꾸 짜증을 냅니다. 이러한 허상의 연습, 깜깜해지는 연습, 안 되는 연습을 하지 말고 그런 생각이 날 때 바로 바치라는 것입니다.

수도생활에서 선지식의 말씀을 믿고, 탐진치 연습을 하지 않고 부족한 자신을 깨달으면서 부족한 점을 보충하려고 무척 노력했습니다.

수도생활을 하고 보니 사회생활을 절대 아무나 하는 것이 아니었습니다. 자격을 갖추고 사회생활을 하는 사람은 매우 드물다는 것도 비로소 깨쳤습니다. 많은 사람이 육군 소위가 됩니다마는, 자격을 갖추고 제대로 육군 소위를 하는 사람은 매우 드물다고 깨쳤습니다. 결혼해서 제대로 행복하게 사는 사람, 가정을 리더십 있게 거느리는 사람은 매우 드물었습니다. 나는 아무나 하는 육군 소위, 자격을 못 갖추고 허덕허덕하는 육군 소위, 허덕허덕하며 사회생활을 어렵게 하는 사회인만 알았던 겁니다. 그러면서 사회생활, 장교, 결혼은 아무나 할 수 있다고 생각했던 겁니다. 제가 그때 아무나 하는 것으로 알고 사회생활이나 결혼을 했다면 탐진치 연습을 하며 매우 심각한 고생을 했을 것입니다.

자신이 못난 줄 알고 부족한 점을 보충할 때
부처님 광명이 임한다

수도생활을 하면서 자신이 너무나 하찮다는 것을 깨쳤습니다. 장교나 사회생활의 준비는 물론, 결혼 준비는 더더욱 안 되었습니다. 수도생활에서 처음으로 내가 할 수 있는 것이 아무것도 없다는 것을 깨쳤습니다.

내가 자격을 갖추자.

웬만한데 화내지 않는 든든한 마음을 세우자.

몸이 허약하니까 여기서 견딜 수 있는 체력을 가지자.

쓸데없는 공상은 깜깜한 연습이니 그런 것에서 벗어나자.

탐진치 연습을 하지 않음과 동시에 저 자신이 가장 못난 줄 알고 부족한 점을 보충하려고 했습니다. 겸손하려고 했습니다.

선생님 가르침은 경청하고 열심히 들으라는 것입니다. 내 의견은 될 수 있는 대로 나타내지 말라는 겁니다. 그전에 아는 척하고 설불리 의견을 발표하고 잘난 척하고 심지어는 남을 설득하려고 하고 제압했던 저 자신이 많이 부족하다는 것을 깨닫게 되었습니다. 그런 것을 가르쳐 주는 사람은 세상에 누구도 없었습니다.

저는 비로소 새사람이 되었습니다. 한없이 열등감과 무능력에 사로잡혔던 자신에게서 부처님의 기운이 싹트는 것을 처음 느꼈습니다. 저는 어느덧 '안 된다'는 습관적인 생각에서 벗어났습니다. '왜 안 되느냐'고 짜증내는 것에서 벗어나기 시작했습니다. 제 속에 아는 지혜가 있는 것을 느끼게 되었습니다.

안 해도 좋을 생각, '어서 하겠다, 왜 안 되느냐?'하면 바로바로 심각한 재앙으로 연결된다는 것을 깨치게 되었습니다. 조금이라도 방심하면 바로 재앙으로 연결되는 것을 느낍니다. 부처님을 떠나서 살면 바로 재앙이라는 것을 느끼게 되었습니다. 불법은 해도 좋고 하지 않아도 좋은 가르침이 아니라 반드시 해야 한다는 것을 느꼈습니다.

자신이 가장 못난 줄 알고 모자라는 점을 보충하고, 부처님을 지극히 공경하면서 겸허하게 살 때, 마음속에 부처님의 광명이 들어오는 것을 느끼게 되었습니다.

저는 소사 생활에서 불법의 위대성, 불법을 잠시라도 떠나서 살 수 없는 절대성과 당위성을 이미 느끼고 있었습니다. 비로소 대인 관계도 좋아지기 시작했고, 목장이 성공하면서 불법의 실용성을 느끼게 되었습니다. 그러나 그것은 첫 깨달음이었고 완전한 깨달음은 아니었습니다.

불법을 하는 사람은 티 내지 말아야 한다

저는 자신만만했습니다. 알려고 하면 알게 됐습니다. 제가 못하는 것은 별로 없다고 생각했습니다. 잠에서도 이미 상당히 자유로워졌습니다. 무엇을 해도 잘할 수 있다고 생각했습니다. 그런 오만은 '이만하면 되었다'는 치심이었습니다. 그것이 복병일 줄 전혀 몰랐습니다. 완전히 깨치지 못한 상태에서, 출가 수도 4년 만에 세상에 나온 것이 실수였습니다. 지금 생각해 보면 한 10년은 닦아서 나와야 하는데 4년 만에 나오니, 오만한 생각으로 현실을 무시하게 되었습니다. '나는 다 아는 사람'이라는 오만한 생각이 들었습니다.

오만한 생각은 밥 먹고 사는 문제를 해결하는 데 결정적인 장애가 되었습니다. 저를 받아주는 회사가 없었습니다. 산속에서 도道나 닦을 사람이지 회사에 돈 벌어다 줄 사람처럼 보이지 않았기 때문입니다. 제 얼굴에 그게 드러났던 것입니다. 오만하지 않았다면 드러나지 않았을 겁니다. 저는 부처님의 가르침으로 자신감이 꽉 차 있었는데, 그 오만이 세상 사람들한테는 산속에서만 사는 사람으로 비쳤고 저를 써주지 않았던 결정적인 이유가 되었습니다. 그때는 그것을 전혀 몰랐습니다.

실제로 불법을 한 사람은 티 내지 말아야 합니다. 저는 티를 내는 덫에 걸리고 말았던 겁니다. 제 고생이 그때부터 시작되었습니다.

자격을 갖추고 부지런히 배워야 한다

취직은 안 되고, 되는 게 식당이었습니다. 저는 또 착각했습니다. 식당은 아무나 하는 줄 알았습니다. 세상에서 자격이 없는 사람이 이것저것 할 것이 없어 마지막으로 하는 천한 직업으로 알았습니다. 그것은 큰 착각이었습니다. 장교, 결혼, 사회생활은 아무나 다 하는 것, 식당도 아무나 할 수 있는 것, 더군다나 열등한 사람도 할 수 있는 것으로 크게 착각하였습니다.

식당은 절대로 아무나 할 수 있는 게 아니었습니다. 어떻게 보면 벤처사업이었습니다. 자격을 갖추고 부지런히 배워야 합니다. 레시피를 개발해야 합니다. 그런 생각을 하나도 하지 않았습니다. 나는 당연히 식당을 잘 운영할 수 있다는 생각은 육군 소위를 할 때의 그 마음과 똑같았습니다. 그 과실을 또 범했던 것입니다. 그로 인해 식당을 무시하며 즐겁게 하지 않았고, 제2의 고통이 되었습니다.

백 선생님께서 식당 사업하게 된 것을 영광으로 알라고 하셨을 때 저는 콧방귀를 뀌었습니다. 제가 일류대학 나오고 게다가 몇 년이나 출가 수도한, 얼마나 잘난 사람인데, 식당 하는 것을 영광으로 알라니, 말이 됩니까? 지금 와서 저의 오만을 뼈저리게 후회합니다. 너무 고통스러웠습니다. 결국 식당을 4년 만에 접을 수밖에 없었습니다. 이것을 영광으로 알고 부지런히 자격을 갖추고 CEO로서 노력했더라면 전 벌써 대성했을 것입니다.

그 뒤로 제가 처음으로 괜찮게 했다고 생각한 것은 대학원 공부였습니다. 제가 상당히 뒤떨어진 것을 발견했습니다. 이미 대학 졸업하고 10여 년이 지나서 친구들은 기라성 같은 교수가 되었는데, 저는 한없이 열등감을 느꼈습니다. 오히려 대학원에서 자신이 가장 못난 줄 알고 부지런히 배우려고 했던 마음, 그것이 성공할 수 있었던 원동력이라는 것을 뒤늦게 알게 되었습니다.

이제 인생을 검토할 수 있는 나이가 되었습니다. 지금 보면 자신이 가장 못난 줄 알고 부지런히 겸허하게 배우려 하고 자격을 갖추려고 노력하면서, 쓸데없이 탐진치를 내지 않는다면 반드시 성공할 수 있다는 것을 깨달았습니다. 아무나 할 수 있는 것 또는 그까짓 것 하며, 자격을 갖추려고 노력하지 않는다면 반드시 실패합니다. 자신이 가장 부족한 줄 알고 낮추고 반대로 다른 이를 부처님처럼 보고, 선지식을 지극히 공경할 때, 자신의 무한한 능력이 나옵니다. 저는 확실히 깨달았습니다.

여기서 소원 성취 기도하시는 분들도 소원 성취할 수 있는 자격을 갖춰야 합니다. 든든한 자신감, 이것이 소원 성취할 수 있는 사람의 자격입니다. 자격도 갖추지 못하고 바라기만 하는 마음으로 기도해서 어찌 소원 성취가 쉽게 되겠습니까?

불교의 위대성 절대성 당위성

자신이 가장 못난 줄 알고 부지런히 배우며 겸허하고, 선지식 공경하며 부처님을 절대로 알 때, 비로소 빛나는 결과가 있고 부처님 가르침의 위대성을 알게 됩니다. 한순간이라도 방심하는 순간 바로 재앙이라는 것을 안다면 불교의 절대성을 느끼게 됩니다. 불교는 해도 좋고 안 해도 좋은 가르침이 아닙니다. 반드시 해야 합니다. 그리고 부처님을 공경하면서 그것을 활용해 보세요. 무한한 실용성이 있습니다.

제가 요새 부처님의 가르침이 얼마나 위대하고 대단한지 힘써 강조합니다. 방송에서도 강조합니다. 절대성이 있다는 것도 강조합니다. 마치 공기가 없으면 살 수 없듯이 부처님의 가르침을 떠나서 탐진치를 연습하면 바로 재앙이 옵니다. 잠시라도 쉬어서 되겠습니까? 또 꼭 해야 한다는 당위성을 강조합니다.

부처님 가르침의 위대성, 절대성, 당위성을 불자들이 믿을 때 모두가 신심 발심할 수 있고 행복과 지혜와 능력을 찾게 됩니다. 수많은 사람이 인재로 새로 태어날 것입니다. 이것이 제가 평소에 불교의 위대성, 절대성, 당위성을 강조하여 말씀드리는 이유라고 이해하시면 공부에 많은 도움이 될 것입니다.

2018.08.18.

제5장

부귀영화의 길,
부처님 향하는 길과 다르지 않다

인과응보의 굴레에서 벗어나는
전지전능한 삶

저는 60년 전에 금강경으로 발심했고, 금강경 해설서 중 응무소주 이생기심應無所住 而生其心이라는 구절에서 무한한 환희심을 느꼈습니다. 응무소주 이생기심은 인간은 무한한 능력의 존재 즉, 자기가 마음 먹은 대로 뭐든지 할 수 있는 전지전능한 존재라는 뜻입니다. 저는 학생 때 금강경에 상당히 심취했고 일체유심조의 진리가 그 안에 포함되어 있다는 것에 환희심을 느꼈지만, 응무소주 이생기심을 생활 속에 소화시키기에는 지혜가 부족했던 것 같습니다.

그 뒤로 만난 가르침이 바로 지장경이었습니다. 내용은 인과응보 그 자체입니다. 죄를 지으면 반드시 벌 받는다는 것이 바로 지장경의 핵심 내용입니다. 지장보살이라는 위대한 성인의 명호를 부름으로써 지옥으로 가는 고난에서 벗어날 수 있지, 자기 재주로는 인과응보의 그물을 빠져나갈 수 없다는 겁니다. 이는 부처님 49년 설법 중에 방등부 내용이 됩니다.

현재 불교 사상의 주류를 이루는 가르침은 나는 부처님과 같이 위대하고 전지전능한 존재라는 일체유심조의 가르침이 아닌 인과응보 사상입니다. 죄를 지으면 벌 받고 좋은 일 하면 복을 받는다. 이것이 부처님 가르침의 핵심이라고 알려져 있습니다. 우리 불자들은 어느덧 인간이 조물주와 마찬가지라는 일체유심조의 가르침에서는 멀어졌고, 인과응보 사상으로 철저하게 기울어져 있습니다. 이 점이 불교를 발전시키지 못한 원인이라고 생각합니다.

인과응보의 진리와 일체유심조의 진리 두 가지가 서로 충돌하고 있는데, 어느 것이 옳은가? 아마 다수결 투표를 한다면 절대적으로 인과응보의 진리가 타당하다고 결론내릴 겁니다.

과연 인과응보의 진리가 일체유심조의 진리보다 더 우선하는가?

저는 그 결론을 깨뜨리고 싶습니다. 무슨 생각이든지 부처님께 바치는 가르침이 바로 그 방법입니다.

인과응보의 사고방식

인과응보가 주류를 이루는 이유는 합리성 때문입니다. 예를 들어서, 펀펀 놀고 게으르고 낭비벽이 심한 사람은 성공할 수 없습니다. 근검절약하고 노력하고 애쓰는 사람이 대개 성공합니다. '성공의 원인은 애쓰고 성실한 것에 있다. 실패는 게으르고 부정직하기 때문이다.' 이렇게 설명하면 그럴듯하게 맞아 들어갑니다.

인생의 길흉화복은 왜 일어날까요? 인과응보로 길흉화복이 설명됩니다. 길흉화복이 일어나는 원인을 추측하는 것은 상당히 합리적으로 보이며, 그럴듯한 원인이 발견됩니다. 그렇지만 그것이 정확한 원인인지는 우리도 사실 모릅니다. 그럴듯하다고 생각할 뿐입니다.

마찬가지로 자연과학 현상도 인과응보의 이치로 설명이 됩니다. 예를 들어서, 여름에 강가나 바닷가에 가면 서늘합니다. 왜 서늘하지요? 옛사람들은 정확한 원인을 분석할 줄 몰랐지만, 요즘은 과학이 발달해서 원인을 설명하고 그럴듯하게 결론을 냅니다. 물이라는 물질이 증발하면서 주변의 열을 빼앗아간다고 해요. 그것을 증발열, 기화열이라고 하는데 주변의 열을 빼앗아가니까 주위는 당연히 시원할 수밖에 없다고 합니다. 길흉화복을 비롯한 자연과학의 모든 현상에는 반드시 원인이 있다고 하게 됩니다.

요새 정치적인 얘기를 한 예로 들어 보도록 합니다. 미국의 트럼프 대통령이 국무장관을 북한의 김정은에게 보내려고 하다가 갑자기 취소한 사실이 신문에 보도되었습니다. 사람들은 갑자기 취소한 원인이 반드시 있을 것으로 판단합니다. 예를 들어서, 북한의 김○○이 트럼프의 비위를 거스르게 하는 편지를 보낸 것이 방북 취소의 원인이라고 해석을 하고 그럴듯하다고 생각합니다.

이렇듯 불자나 불자가 아닌 사람들도 모든 일의 배후에는 반드시 원인이 있고, 원인이 결과를 만들어 온다는 인과응보의 사고방식에 굉장히 익숙합니다.

일체유심조의 사고방식

만약에 길흉화복에 대해서 '게으르니까 실패했다.'가 아니라 '내가 실패를 택했다.'고 하면 믿어집니까? 내가 실패를 택했다. 이것은 원인을 지어 결과를 맺는다는 우리의 길들여진 사고를 정면으로 부정하는 것입니다.

또 우리는 강가나 바닷가에 가면 시원하다고 생각합니다. 과학적으로 물의 증발 현상이 주변의 열을 뺏어갔기 때문에 시원하다고 생각하면 그럴듯합니다. 과거에 바닷가나 강가에 가면 시원했던 경험의 연상 작용, 즉 분별심이 우리를 시원하게 만들었다고 하면 궤변이고 바보라고 할 것입니다. 그런데 일체유심조의 진리에 의해 따져보면 그 말이 더 맞아요.

트럼프 대통령이 왜 국무장관을 북한으로 보내려다 취소했을까? 김○○이 불손한 편지를 해서 그렇다고 하면 그럴듯합니다. 그런데 트럼프는 자기 기분대로 하는 사람이라 자기가 취소하고 싶으니 취소했다고 하면 궤변이 되고 전혀 말이 안 되는 것 같습니다.

후자는 일체유심조의 진리를 바탕으로, 전자는 인과응보의 진리를 바탕으로 설명한 것입니다. 두 진리가 충돌한다면 사람들은 대부분 제가 지금 말씀드린 것처럼 '일체유심조의 진리는 궤변이고 정법이 아니며 인과응보의 진리가 옳다. 과학만능의 시대에 과학자들도 이를 뒷받침한다.'라고 할 겁니다.

일체유심조의 진리로만 설명할 수 있다

금강경 읽는 사람들은 특별한 체험을 합니다. 우리 법당에서는 전혀 향을 피우지 않는데도 금강경을 읽다 보면 향냄새를 맡는 사람이 있습니다. 법당에서는 목탁을 치지 않습니다. 백 선생님이 목탁 치는 것을 원하지 않았기 때문에, 밥 먹을 때 이외에 특히 정진하는 동안에는 법당에서 목탁을 치지 않습니다. 그런데 금강경 읽는 동안에 목탁 소리를 듣는 경우가 있습니다. 그뿐 아닙니다. 독경 소리가 들리는 수도 있어요. 저는 소사에서 공부할 때 소똥 냄새가 잔뜩 나는 외양간에서 갑자기 향냄새가 진동하는 것을 체험한 적이 있습니다.

이것은 원인 지어서 결과라는 사고방식으로는 도저히 설명할 수 없습니다. 이것이 인과응보의 원리로 설명이 됩니까?

제가 또 하나의 예를 들겠습니다. 소사에서는 참회라는 말을 잘 안 썼습니다. 죄도 본래 없는 것이고 무슨 생각이든지 바치라고 가르침을 받았지, 죄가 있다고 생각하거나 죄를 참회한다는 말을 잘 안 했습니다. 사실은 참회도 때때로 필요해요. 그래서 어느 때인가 참회하는 분위기로 이어진 적이 있습니다. "생각해 보니까 어렸을 때 불손한 짓을 했습니다." A가 얘기하니까 B도 "사실 저는 이성에게 아주 몹쓸 짓을 했습니다." 이어서 C도 참회하고, 참회하는 분위기가 되었습니다. 그런데 갑자기 한 사람이 참회만 하면 머리가 깨지는 것 같이 견딜 수 없게 몹시 아프다고 합니다.

이걸 어떻게 설명할 수 있을까요? 물론 의학자들은 상관관계를 찾으려고 하겠지요. 하지만 우리는 머리가 아프기 전에 마음속에서 참회했다는 원인밖에 알 수 없습니다. 왜 머리가 아플까? 도저히 해석할 수 없습니다. 인과응보 사상에 철저하게 길들어 있는 우리는 어떤 원인이 있을 것이라며 억지로 원인을 찾으려고 합니다.

핵심 진리는 인과응보가 아닌 일체유심조

왜 일체유심조의 진리가 더 우선하는가?

과학자들은 죽었다 깨더라도 향냄새에 대한 해석은 못할 겁니다.

인공지능은 더욱 못할 겁니다. 백 선생님께서는 이렇게 말씀하십니다.

"기도하는 정성스러운 마음이 향냄새를 불러왔다."

이러한 도인의 해석은 일반적으로 이해할 수 없어서 여쭤보면 구체적으로 이야기해 주십니다. 우선, 전생이라는 것을 인정하지 않으면 안 됩니다. 향을 피우지 않아도 향냄새를 맡은 것은 전생에 향을 피워놓고 부처님께 정성껏 기도드렸기 때문이라고 합니다. 목탁을 치지 않았는데 목탁 소리를 들은 것은 전생에 목탁을 치고 독경을 하면서 열심히 부처님 향한 때가 있었다는 겁니다. 금생에 내 마음이 정성스럽게 부처님을 향하게 되면, 전생에 향 피워놓고 부처님께 정성을 들였던 마음과 같아져 향냄새를 불러온다고 합니다.

"원인이 없는데도 그런 현상이 나타나는 것은 그 마음 때문이다."
이것은 도인의 해석이고, 저는 굉장히 공감합니다. 일체유심조의 진리가 우선이라는 것을 알 수 있습니다.

참회를 했는데 왜 머리가 아플까? 이것도 역시 일반적으로는 해석할 수 없습니다. 도인은 이렇게 설명하십니다.

"참회하는 마음이 머리 아픈 것을 불러왔다."

그이가 전생에 큰 죄를 짓고 도인을 만나 참회하며 자기 잘못을 되돌아볼 기회가 있었다고 합니다. 전생의 어느 때, 어떻게 죄를 짓고 뻔뻔하게 살 수 있을까 참회하며 머리를 부딪쳐 죽으려고 했습니다. 금생에 참회하는 마음이 되니까 전생에 나 같은 것은 죽어 마땅하다며 벽에 머리를 부딪칠 때와 같은 마음이 되었고, 그때의 통증이 그대로 나타난 것입니다.

이 두 사실을 믿는다고 가정하면, 인과응보가 절대적인 진리가 아닙니다. 마음이 먼저고, 마음이 결과를 불러 온다. 이것이 더 우선적인 진리라고 말씀드립니다.

근본적으로 따져 들어가면 인과응보라는 것도 마음입니다. 죄지으면 벌 받는 게 아니에요. 죄지었다는 생각이 벌을 끌어오는 겁니다. 죄는 곧 벌이라는 것은 인과응보적인 사고방식입니다. 물가에 가면 증발열 때문에 시원해지는 것이 아니라, 그런 인상과 기억 때문에 시원해지는 것입니다. 자기 마음이 시원하게 만드는 것이지, 과학현상으로 인해 시원해지는 것은 아닙니다. 또 모든 길흉화복도 어떤 원인에 의해서 일어나는 것이 아님을 알 수 있습니다. 원인을 지어서 나온 결과라고 믿으니까 그렇게 해석하는 것뿐입니다. 사실 그보다 우선하는 것은, 내가 그렇게 믿으니까 그렇게 된다는 일체유심조의 진리입니다.

일체유심조의 진리가 훨씬 더 타당하고 합리적인 진리입니다. 이것을 일깨워주는 것이 불법의 핵심입니다. 불법의 핵심 진리는 인과응보가 아닙니다. 인과응보도 그 뿌리는 일체유심조가 바탕입니다. 우리는 바탕이 되는 근본 진리는 어느덧 잊어버리고 원인지어 결과라는 부수적인 진리에 경도되어 그것을 진짜 진리라고 믿으면서, 죄를 지었으니 어쩔 수 없이 벌을 받아야 한다는 악순환의 고리에서 벗어나지 못하고 있습니다.

합리적, 과학적 사고의 틀에서
과감하게 벗어나서 부처님을 향하라

부처님께서는 우리 자신이 마음먹은 대로 얼마든지 택할 수 있다는 일체유심조의 진리를 일깨워주셔서 우리를 절체절명의 위기에서 벗어날 수 있게 합니다. 세상 사람들은 일체유심조의 진리가 인과응보의 진리보다 우선한다는 것을 모르고 있습니다. 일체유심조의 진리가 더 우선하기 때문에 모든 재앙이나 절체절명의 위기, 무지 무능에서 벗어날 수 있다는 것을 모르는 겁니다. 도인만이 그것을 알고, 우리를 행복하고 지혜롭고 유능하게 해 주시기 위해서 새로운 법을 세우셔서 일러 주십니다.

익숙하고 합리적인 과학이라는 무기를 바탕으로 인과응보의 사고방식에 갇혀 있으면, 위기에서 벗어날 수 없는 한계적인 삶을 살 수밖에 없습니다. 그러나 우리의 마음을 부처님의 마음으로 바꾸면 인과응보의 굴레에서 벗어날 수 있습니다. 도인이 우리에게 일깨워주십니다.

"무슨 생각이든지 부처님께 바쳐라. 부처님께 공경하는 마음을 내라. 부처님 마음이 깃들 때, 모든 인과응보의 사슬을 끊고 전지전능한 삶을 살게 되리라."

이것이 우리가 무슨 생각이든지 부처님께 바쳐야 하는 이유, 당위성, 필요성입니다. 이 진리를 잘 알면 이 세상을 바꿔서 혁명적으로 살 수 있습니다.

인과응보라고 하는 합리적, 과학적 사고의 틀에서 과감하게 벗어나서 부처님을 향해야 합니다. 비상식적이고 비과학적인 것처럼 보여도 그 가르침을 따름으로써 인간의 세계에서 신의 세계로 갈 수 있습니다.

2018.09.01

참나의 위대성

부처님 가르침의 위대성, 정확히는 '참나'의 위대성을 말씀드리겠습니다. 보통 나와 '참나'는 다릅니다. 석가여래께서는 '참나'의 위대성을 여러 번 강조하셨습니다. 부처님이 태어났을 때 말씀하신 천상천하 유아독존天上天下 唯我獨尊이라는 말은 너무나 유명합니다. 여기서 '나'는 보통 나가 아니라 '참나' 입니다. '참나'가 참으로 위대하다는 뜻입니다. '참나'가 위대하다는 말씀은 부처님 설법 중에 여러 번 등장합니다.

열반경에서는 모든 중생들은 그대로 부처이며 다 부처의 성품을 가지고 있다고 합니다(일체중생 실유불성一切衆生 悉有佛性).

화엄경에서는 모든 것은 마음이 만들었다고 하는 일체유심조를 말씀하십니다(약인욕요지 삼세일체불 응관법계성 일체유심조若人欲了知 三世一切佛 應觀法界性 一切唯心造).

우리가 운명을 만들고 삼라만상을 만드는 조물주이며 우리는 꿍장히 위대하다는 뜻입니다.

　선사들은 이 위대성을 유식무경唯識無境 또는 심외무법心外無法으로 표현했습니다. 마음 밖에는 아무것도 없다, 내 마음이 모든 것을 만들어 내는 것이지 내 마음을 떠나서는 모든 것이 존재하지 않는다는 뜻입니다.

인간의 위대성을 바탕으로 하는 백 선생님의 가르침

　백 선생님께서는 인간의 위대성과 존엄성을 아주 실감나게 표현하십니다.

　"우리는 시시각각으로 소원을 성취하는 존재이다."

　되는 일이 하나도 없다고 생각하는 것은 깨닫지 못한 우매한 중생의 사고방식입니다. 밝은이의 사고방식은 이렇습니다.

　'우리는 그대로 부처. '참나'는 참으로 위대하다. 우리는 모든 운명을 만들고 산천초목을 만들고 산하대지를 만든다. 우리는 시시각각으로 소원 성취를 하고 있다.'

　특히, 백 선생님의 모든 가르침에는 '나는 위대하다. 나는 모든 것을 구족具足하고 있다.'는 진리가 바탕에 깔려있다는 것을 알아야 합니다. 이러한 진리를 전제로 백 선생님의 가르침이 시작됩니다.

　인간이 위대하다고 하는 것은 부처님의 진리에서도 가장 핵심적인 것인데, 우리가 잘 알지 못하는 것 같습니다. 저는 시시각각으로 소원 성취한다는 백 선생님의 말씀을 따라 실천 수행함으로써 인간의 위대성과 존귀함을 알았고 희망을 찾을 수 있었으며 모든 어려움에서 벗어날 수 있었습니다.

구체적으로 백 선생님의 말씀을 위대성을 바탕으로 해석해 봅니다.

"무슨 생각이든지 부처님께 바쳐라."

이는 자기 자신이 부처님처럼 구족한 존재, 밖에서 구할 필요가 없는 위대한 존재라는 것을 전제로, 단지 '안 된다'는 생각을 바치는 것입니다. 우리는 전지전능한 존재이므로 밖에서 구할 필요가 없으며, 단지 '안 된다'는 생각을 바칠 뿐이라는 뜻입니다.

부처님께 매달리지 말고
부처님 시봉 잘하기를 발원

저는 사회가 혼탁하고 도덕이 땅에 떨어졌으며 심지어 도반들 사이에서까지 이해타산이 난무하고, 도반들뿐만 아니라 내 마음속에도 투쟁 질투 시기가 있다는 것을 알고, 백 선생님께서 알려주신 원을 오래전부터 매일 늘 세우고 있습니다.

"천상천하 세계 중생이 서로 싸워서 죄짓지 말고, 그, 바라는 한마음을 부처님께 바쳐 환희심 내어 복 많이 짓기를 발원."

여기에 하나 더 추가하여 '자신이 부처인 줄 깨닫고'를 넣어야 합니다. 자신이 부처인 줄 깨달으면 싸울 필요가 있겠습니까?

"천상천하 세계 중생이 스스로 부처처럼 구족한 줄 알고 서로 싸워 죄짓지 말고, 그 바라는 한마음을 부처님께 바쳐 시봉 잘하기를 발원."

원을 세울 때, 무슨 생각이든지 바칠 때, 스스로 부처인 줄 알고 구족되어 있는 줄 알아야 한다고 백 선생님께서 알려주셨는데, 우리는 어느새 그것을 잊어버리고 있었습니다.

백 선생님 가르침의 핵심 중에 하나는 이것입니다.

'부처님! 나를 구해 주십시오. 나를 살려주십시오. 나를 도와주십시오.' 하는 원을 세우지 말라고 하십니다. 이것은 나를 연약하고 열등하고 못난 존재로 선언하는 것이나 마찬가지입니다. '부처님 시봉 잘하기를 발원.'하라고 하십니다.

우리가 연약한 존재인데 어떻게 시봉을 하느냐고 의심하면서 즐겁고 힘차게 수행하지 못한다면 우리의 존엄성과 위대성을 모르는 것입니다. 인간이 전지전능하고 위대하고 모든 것을 할 수 있다면, 당연히 나를 살려달라는 기도가 아닌 부처님 시봉하는 기도를 해야 합니다.

부처님 시봉 잘하기를 발원하는 뜻은 인간의 전지전능, 불성, 위대성을 깨치기 위한 것입니다. 우리는 그걸 모르고 살려 달라, 구해 달라하며 스스로 형편없는 존재로 인정해 놓으니 아무리 빌어도, 아무리 구원의 손길을 기대해도 바라는 대로 되지 않습니다. 스스로 위대한 존재로 인정하고 그에 걸맞은 원을 세워야 합니다.

부처님 시봉하는 가르침은
인간의 위대성과 존엄성을 일깨운다

부처님 시봉 잘하기를 발원하는 것은 기존 스님의 가르침과 약간 다르고, 기독교 가르침과는 아주 다르다고 생각합니다. 제가 기독교 방송을 가끔 보는데, 기독교도 요즈음은 '하나님 살려주십시오. 구해 주십시오.'하는 데서 벗어나 시봉 잘하기를 발원하는 방향으로 가는 것을 봅니다. 특히 미국에서 성공한 집사들이 자신의 성공한 체험을 바탕으로, 하나님께 의존하는 것에서 벗어나 시봉하는 식으로 바꿔야 한다고 이야기합니다.

우리의 가르침은 상당히 진보적이라고 할 수 있습니다.

관세음보살, 지장보살 하면서 매달리는 가르침보다 부처님 시봉하는 가르침이 인간의 존엄성과 위대성을 나타내는 탁월한 가르침이라는 것을 알아야 합니다. 우리는 긍지를 가지고 원을 세워야 합니다. 이런 긍지를 뒷받침하는 백 박사님의 말씀이 있습니다.

우리는 임진왜란 때 일본 사람들이 우리나라 사람들을 대량 학살했다고 하며 일본 사람들을 증오합니다. 그러나 백 선생님께서는 인간은 너무나 전지전능하고 위대해서 누구에 의해서 죽임을 당하는 연약한 존재가 아니라고 하십니다.

"자기가 죽겠다고 하니까 죽지, 자기가 살겠다고 하면 어떻게 일본 놈들이 죽일 수 있나? 임금도 죽이지 못한다. 우리는 스스로 죽고 싶어서 죽음을 택했을 뿐이다."

인간의 위대성, 불교의 위대성, 참나의 위대성을 나타내는 말씀입니다.

그런데 우리는 참나의 위대성을 잊어버리고 남의 탓, 주위 환경 탓을 하며 증오심을 점점 키워갑니다. 그런 일은 우리 법당에서도 비일비재합니다. 인간의 위대성과 존엄성을 일깨워주는 법문을 들었음에도 남의 탓하는 일이 일어납니다. 남의 탓을 하는 것은 우리의 위대성과 존엄성을 모르는 것이며 '앞으로 비참하게 살겠다.'고 선언하는 것과 같습니다. '나의 앞길에는 고생이 아주 많다.'라는 것을 뜻하는 것입니다. 어떻게 원을 세워야 하는지 잘 알아야 합니다.

원래 내가 있을 곳은
내 집이 아니라 법당이다

하나 더 강조하고 싶은 것이 있습니다. 우리는 우리의 본고장은 가정이며, 법당은 시간이 있으면 간혹 가는 곳으로 생각합니다.

과연 법당은 가끔 시간 있으면 가는 곳인가?

가정은 본래 내가 거주해야 하는 곳인가?

잘 생각해 봅시다. 가정은 업보 속에 싸여있는 곳, 법당은 부처님이 계시는 아상이 없는 곳입니다. 우리가 본래 전지전능하고 위대한 존재라면, 가족의 구성원이 아니라 부처님을 시봉하는 사람이 되어야 합니다.

엄밀하게 말하면 가정은 우리가 머물 곳이 아닙니다. 법당은 가끔 가는 곳, 시간 되면 가는 곳, 주말에 가면 더 좋은 곳이 아닙니다. 원래 내가 있을 곳이 법당이고 부처님 계신 자리인데, 내가 헤까닥 해서 어느덧 가정이라는 업보 속에서 저이가 내 아버지, 내 자식, 내 마누라인 줄 알고 착각하면서 살았다고 알아야 합니다.

우리는 정반대로 전도된 삶을 살고 있습니다. 가정이 내가 머무를 안식처라고 잘못 알고 있습니다. 제가 금선대 도인 이야기를 자주 드렸지요. 다시 음미해 보십시오. 우리는 그저 내 가족과 내 처자 잘되기 위해서 노심초사하고 일생을 다 바치면서, 부처님 가르침과 멀어지고 수많은 고통과 무지, 무능 속에서 허우적거리고 있습니다.

서산대사의 게송으로 깨치는
인간의 존엄성과 위대성

제 말씀을 뒷받침할 수 있는 여러 선사들의 시가 있습니다. 서산
대사는 상당히 깨친 이고 임진왜란 때 나라에 큰 공로를 세워 임금
으로부터 대접을 받았다고 합니다. 서산 대사가 돌아가시기 전 자신
의 초상화를 보고 지으신 임종게를 말씀드립니다.

팔십년전　거시아　팔십년후　아시거
八十年前　渠是我　八十年後　我是渠

"어렸을 때는 저것이 나였으나, 지금은 내가 저것이로다.

마음 닦기 전에는 저것이 나였으나, 깨치고 보니 내가 저것이로
다."

서산 대사의 게송을 이렇게 생각해 볼 수 있습니다.

'깨치기 전에는 가정이 내 집인 줄 알았더니, 깨치고 보니 내 집은
법당이다. 법당이 내 집이언마는 내가 헤까닥해서 저이가 내 아버지
고, 저것이 내 몸이고, 가정은 내가 머무를 곳으로 착각했다. 내가
헤까닥해서 저 몸에 들어가 저 몸이 나인 줄 알았도다.'

서산 대사의 오도송을 잘 깨치신다면 인간의 존엄성과 위대성을
알 수 있습니다. 절망은 본래 없는 것입니다. 절망이 왜 있습니까?
근심 걱정할 필요가 없어요. 내가 부처인 줄 모르기 때문에 근심 걱
정하는 것입니다. 나는 모든 것을 구족했고 모든 것을 만들 수 있다
는 위대성을 알고, 단지 '안 된다, 못한다'는 생각을 바치기만 하면

됩니다.

 바치는 것의 참뜻도 인간의 위대성과 존엄성을 통해서 새롭게 공부하실 수 있게 되지 않을까 생각해 봅니다.

2018.09.08.

부귀영화의 길,
부처님 향하는 길과 다르지 않다

오늘은 정치의 길, 부귀영화의 길과 부처님 향하는 길에 대하여 검토해 보겠습니다.

최고의 부귀영화를 누림과 동시에 감옥에 간 네 분의 대통령이 있습니다. 제일 먼저 ○ 전임 대통령은 상당히 오래 한 8~9년간 대통령을 했는데, 그만두고 나서 30년 동안 지금까지도 거의 감옥, 유배, 구설수로 고생이 끊이지 않습니다. 그다음 ○ 전임 대통령은 감옥에 갔다 와서 병들어 아마 식물인간 비슷하게 생활하는 것으로 알고 있습니다. 최근 ○ 전임 대통령 역시 구속되어 이십 몇 년을 언도 받았습니다. ○ 전임 대통령 역시 마찬가지입니다. 고생을 피할 길이 없어 보입니다.

많은 국민은 네 분의 전임 대통령이 감옥에 간 것을 대개 죗값으로 보지 않나 싶습니다. 물론 '죗값이 아니다. 정적들에 의한 집요한 방해 때문이다. 잘못 전달된 여론 때문에 그렇다.'고 동조하는 사람들도 꽤 있을 것으로 압니다만, 죄를 지었으니 당연히 벌 받는다는 것이 일반 국민 상당수의 여론이 아닌가 생각합니다. 그런데 일부 다소 진보적인 종교인 중에는 죄를 지어서 벌 받는 게 아니라 죄지었다는 생각이 그의 벌을 불러오는 것이라고 일체유심조의 진리로 상당히 점잖게 해석하는 사람들도 꽤 있을 것으로 봅니다.

밝은이의 해석

그러면 밝은이들은 어떻게 해석하실까요?

우리는 언뜻 생각하기에 인과응보를 말씀하신 부처님같이 밝은이도 죗값이라고 해석하실 공산도 있다고 봅니다. 또 일체유심조의 진리를 말씀하셨기 때문에 죄지었다는 생각이 그의 고통을 불러온 것이라고 해석하실 수 있다고 생각합니다.

그런데 저는 부처님처럼 밝은이라면 죗값이라는 해석도, 또 죄지었다는 생각 때문에 고생한다는 판단도 하시지 않을 것으로 봅니다. 아마 이렇게 말씀하실 것으로 생각합니다.

"처음부터 부귀영화의 길, 대통령의 길을 택한 것이 잘못이다. 그 길을 택했을 때 이미 부귀영화와 동시에 각종 고난의 길도 포함되어 있었던 것이다. 잘못 택했을 뿐이지, 죗값도 아니고 죄지었다는 생각도 아니다. 지금이라도 부귀영화의 길을 택하는 마음에서 벗어나 부처님 향하는 마음을 택한다면 고통에서 바로 벗어날 수도 있을 것이다."

이것은 저만의 독특한 해석이라고 할 수 있습니다.

두 전임 대통령은 군인이었습니다. '나는 국가를 위해서 사심 없이 멸사봉공의 정신이었지 부귀영화에는 마음이 없었다.'고 생각할 겁니다. 그 뒤 두 분의 전임 대통령도 역시 '나는 국가와 민족을 위했을 뿐이지 부귀영화에는 조금도 마음이 없었다.'고 할 겁니다. 그러나 밝은이가 보시면, 물론 민족과 국가에 애국하기 위한 것도 없지 않겠지만, 부귀영화와 개인의 출세를 탐하는 마음이 고통에서 벗어나지 못하게 하는 것으로 판단하실 것입니다. ○ 전 대통령이 30년 동안 계속 고생하는 것은 아직도 부귀영화에 대한 집착이 남아서 고통을 받는 것이라고 해석할 겁니다. 그리고 이렇게 진단하실 것입니다.

"지금이라도 순수하게 부처님을 향해라. 위장하지 않고 순수하게 부처님을 향한다면 지금 바로 그 고통에서 벗어날 수 있을 것이다."

그들은 사심으로 대통령한 것이 아니라 국가를 위해서, 이 나라 잘살게 하려고 했다지만, 제가 보기에 아직도 마음속에 세상의 부귀영화를 탐착하고 자기 잘되는 것을 좋아하는 업장, 이기심이 있다고 생각됩니다.

순수하게 부처님 향해야 합니다. 정말 순수하게 부처님을 향해서 명예 회복이 된 예는 없지 않습니다. 백 선생님의 경우를 말씀드리겠습니다.

순수하게 부처님을 향하여
명예 회복을 하신 백 박사님

백 선생님께서 동국대학교를 세웠다는 것은 아는 이는 다 압니다. 혜화동 구석에 있던 초라한 동국대학교를 청와대가 보이는 가장 땅값이 비싼 필동으로 옮긴 것은 순전히 백 박사님의 공로입니다. 그

뿐만 아니라 그 당시 대학 총장들이 도저히 상상할 수 없는 보결생 제도를 도입해서 CEO 노릇을 했습니다. 본관 건물인 명진관은 예술적으로 아주 훌륭하게 지었고, 동국대학교를 굉장히 발전시켰습니다.

5·16이 나고 여론이 거세지면서, 백 박사님은 동국대학교를 발전시켰어도 도둑놈이라는 소리를 들었을 뿐만 아니라 동국대학교 측에서 부정 축재자라고 소송을 하여 대법원까지 올라갔었습니다. 결국엔 무죄로 끝났습니다마는, 이승만 대통령이 쫓겨나듯이 비참하게 쫓겨나시고 소사에 오셨습니다. 그때 명예교수는 퇴임을 해도 봉급의 3분의 2가 되는 큰 액수를 받았던 대단한 지위였습니다. 그 당시에 동국대학교에서 나왔을 때, 명예교수 자리도 못 얻으시고 도둑놈 소리를 듣고 지내셨다고 해요.

백 박사님이 6년이 되는 어느 날 말씀하셨습니다.

"나는 여기서 6년 동안 부지런히 바쳤다. 동국대 총장을 할 때도 개인의 이익을 위해서 하지 않았다. 부처님 시봉하고 학교를 위해서 했을 뿐이었는데도 도둑놈 소리를 듣고 소송을 당했고, 나와서도 계속 그 도둑놈 소리가 이어졌다. 나는 여기서 부처님께 바쳤다. 6년이 지난 이제는 아무도 도둑놈이라고 하지 않는다."

6년이 지나서 명예교수 봉급을 주기 시작한 것 같습니다. 제가 봉급을 받아서 전달한 일이 있습니다. 그러면서 그 말씀 끝에 다음과 같이 석가여래와 간접적으로 비교하셨습니다.

"나는 6년이라는 세월을 수도해서 도둑놈 소리를 면했지만, 만일 석가여래라면 6년이란 세월이 걸리지 않는다. 바로 도둑놈 소리를 벗어날 수가 있다. 나는 석가여래보다는 훨씬 못하기 때문에 6년이라는 세월이 걸린 것이다."

닦을 필요가 있습니다. 백 박사님도 6년을 닦으셨기 때문에 도둑
놈 소리를 벗어났습니다. 제가 2~3년 전에 동국대학교에 갔더니 관
계자들이 오늘의 동국대학교를 이만큼 세운 것은 다 백 박사님의
공로라며 이구동성으로 찬양합니다. 이제는 완전히 명예 회복을 하
셨습니다.

백 박사님께서 말씀하시는
이승만 대통령

이야기를 바꾸어서 이승만 박사에 대해서 말씀드리도록 하겠습니다.
저희는 고등학교 3학년 때 4·19를 겪었고, 학생 때부터 이승만
박사를 원망하고 싫어했습니다. 이승만 대통령을 몰아낸 학생 운동
의 주역세대였습니다. 이 박사는 물러나고 나서도 계속 욕을 먹었습
니다. 이에 비하면 요즈음 이 박사는 상당히 명예 회복을 했습니다.
저는 소사에서 이 박사에 대한 새로운 이야기를 백 박사님으로부
터 들었습니다. 그때부터 제 생각이 바뀌었는데, 이 박사가 그렇게
훌륭한 분인 줄 몰랐습니다. 이승만 박사는 '이 나라는 하나님이 세
운 나라'라고 할 정도로 독실한 기독교인이었습니다. 저는 이승만 박
사의 편지를 지금도 읽어 봅니다. 그이가 말하는 하나님은 요새 기
독교인들이 말하는 다른 종교를 배타적으로 보는 하나님이 아니었
습니다. 그이는 미국 가기 전에 사서삼경으로 한학을 하고 과거를
봤던 사람입니다. 그이가 주장하는 하나님은 공자님이 말하는 하느
님과 다르지 않다는 그의 기록이 있습니다. 그이는 배타적인 기독교

를 믿지 않았습니다. 순수한 기독교를 믿었습니다.

백 박사님의 표현에 의하면 이 박사는 굉장히 잘 닦은 스님이었습니다. 철저하게 '나'라는 것이 없이 오로지 부처님만을 위했고 도통도 부처님 시봉하기 위해서 했을 정도로 아상이 없는 대단한 수도승이었다고 합니다. 많은 사람은 그이의 눈빛 때문에 얼굴을 정면으로 쳐다보지 못했다고 합니다. 그런 정도로 대단한 분이었다고 합니다. 재임 시 위력을 많이 발휘해서 미국의 닉슨 대통령도 그이를 굉장히 존경했고, 미국 사람 중에는 그이를 예찬하는 사람들이 많습니다. 아직 한국에서는 반반 수준인 것 같은데, 세계적인 정치가였습니다.

바치는 기쁨의 위력

이 말씀을 드리는 이유가 있습니다. 그이가 처음에 재선할 때입니다. 믿기 힘들 수 있습니다. 제가 초등학생일 때 이승만 박사가 자유당 대통령 후보로 나왔고, 반대편인 민주당으로 ㅇ 선생이 나왔습니다. 그는 국회의장을 했었습니다. 저희는 초등학생 때 뭘 모르면서도 열렬히 ㅇ 선생을 응원했습니다. 불과 투표를 한 달 남겨놓고 ㅇ 선생이 세상을 떠났습니다. 아마 그이가 살았으면 어땠을까. 그때 이승만 박사 여론이 굉장히 나빴기 때문에, 잘하면 ㅇ 선생이 되었을지도 모릅니다. 그이는 죽었는데도 불구하고 투표용지에 그 기호가 있어서 3분의 1을 득표했습니다. 사람들은 그가 병들어서 죽었다고 생각합니다.

그 뒤로 4년 후에 이승만 박사가 또 대통령이 됐습니다. 민주당에서 ㅇ 박사가 후보로 나왔습니다. ㅇ 박사는 콜롬비아 대학 출신의 박사이며 식견이 아주 풍부합니다. 그이는 대통령 후보 등록하기도 전에 암으로 미국에 가서 죽었습니다. 결국은 이승만 박사는 두 번째도 상대가 없이 대통령으로 당선되고 말았습니다.

백 박사님의 해석이 그렇습니다. 수도하는 사람의 기운은 그이를 비방하는 사람을 없애고 처벌한다고 합니다. 육조단경에도 큰 비가 내리면 큰 나무는 더 잘되지만 작은 풀포기는 여지없이 없어진다는 표현이 나옵니다. 자기가 대통령 되겠다고 하면서 이승만 박사에 도전하는 ○ 선생과 ○ 박사는 닦은 이에게, 어떻게 보면 부처님한테 도전하는 것과 마찬가지여서, 스스로 상하게 해서 죽었다는 겁니다. 백 박사님의 독특한 해석입니다.

부처님께 바치는 것은 굉장한 기쁨에서 출발하므로 위력이 있어서 반대하는 것을 여지없이 처벌합니다. 백 박사님을 욕하는 사람이 죽는 것을 자주 봤습니다. 부처님께 도전하면 그대로 처벌로 이어집니다. 소사에서 불경한 짓을 하다가 등이 땅에 붙어 떨어지지 않아 완전히 항복했던 어리석은 사람의 이야기를 한 적이 있습니다.

저는 가끔 생각합니다. 전임 대통령들이 이승만 박사와 같이 부귀영화를 좋아하지 않고 오로지 부처님 향하는 마음으로 딱 뭉쳐있었다면 감히 그의 정적들이 도전할 수 없었을 것입니다. 도전했다 하더라도 처벌을 받았을 것입니다. 그만큼 허약했고 그만큼 순수하게 부처님 향하지 않았다고 볼 수 있습니다. 감옥에 가서도 여전히 부귀영화의 미련을 놓지 못하고 부처님을 향하지 않았기 때문에 아직도 감옥에 있는 것으로 생각할 수 있습니다. 오로지 부처님을 향했다면 지금 상당히 명예 회복을 했을 것입니다. 정치 얘기를 하고자 이렇게 길게 말씀드린 것은 아닙니다.

공경심으로 바치는 것에는
'나'가 없다

우리 가르침의 가장 중요한 특징은 공경심과 바치는 것, 이 둘입니다. 바치는 것이 소중하다는 것을 알아야 합니다. 부처님에 대한 공경심이 반드시 필요합니다. 부처님 공경은 오로지 바치는 것으로 해야 합니다. 바치는 것을 혹자, 특히 종교 기자들은 내려놓는 것과 혼동해요. 그러나 내려놓는 것에는 공경심이 없어요. 바치는 것에는 공경심이 들어갑니다. 공경심은 신심과 다릅니다. 신심에는 까딱 잘못하다가 내가 잘되려는 이기심이 들어가는데, 공경심에는 이기심이 붙을 자리가 없습니다. '나'라는 것이 없어야 합니다.

부처님을 향하는 것은 반드시 기쁨을 동반합니다. 아무리 바치는데도 아무리 금강경 읽는데도 즐겁지도 상쾌하지도 않고 기쁨과는 거리가 멀다고 한다면, 그의 마음속에 공경심이 없거나 자기 잘되려고 했거나 이 두 가지 중 하나입니다. 오로지 부처님 공경을 위해서, 나 자신보다는 부처님 시봉을 위해서 마음 내시기를 다시 부탁드리고 싶습니다.

잘되는 것은 기본으로 당연히 저절로 따라오는 것입니다. 잘되려고 하지 마시기 바랍니다. 아직도 부귀영화를 추구하는 마음이 많다면 감옥에 간 대통령과 비슷한 신세가 될 겁니다. 공경심과 바치는 것으로 모든 것을 던져보세요. 조금이라도 나 잘된다는 생각은 다 놓아보세요. '10% 정도는 괜찮지 않겠습니까?'라고 하지만, 이것이 곧 10%가 아닌 90%가 됩니다. 완전히 놓아 버려야 합니다. 그러면 감옥에 간 대통령의 팔자에서 과감히 탈피하고, 그 순간 기쁨이 차오릅니다. 이 기쁨은 반드시 위력을 동반합니다. 모든 근심 걱정이 사라지면서 그이를 비난하는 사람의 입에 재갈을 물리게 하고, 심지어 도전하는 사람을 처벌하는 위력을 나타냅니다. 위력을 나타냄과 동시에 세상을 바꿉니다.

바치는 뜻은 대단합니다. 뭇 수련법 중 하나가 아닙니다. 나를 완전히 버리는 것은 내려놓음과 다릅니다. 백 박사님께서 '바친다.'라는 표현을 유일하게 최초로 택하신 데는 이유가 있습니다. 바친다는 말 속에는 '나'가 없습니다. 백 박사님 가르침의 특징인 공경심과 바친다는 것에는 나를 없애는 요소가 분명히 들어 있습니다. '나를 없애는 것'이 중생과 보살을 다르게 합니다. 나를 없앨 때 반드시 마음의 평화가 오고 기쁨이 찹니다. 이 기쁨은 굉장한 위력을 동반하여 그를 적으로 몰아가며 반대하는 사람을 처벌합니다.

이 가르침을 만난 것을 감사하게 생각하고 잘 활용해야 합니다. 소원 성취에 매달리지 마세요. 소원 성취에 매달리는 것은 감옥에 간 네 분 전임 대통령의 뒤를 따르는 것이라고 보면 됩니다. 물론 그 사람들도 닦았던 이에요. 닦았지만 한 자락에 바라는 마음, 부귀영화를 많이 깔았던 겁니다. 과감하게 버린다고 나한테 올 부귀영화가 달아나지 않아요.

용감하게 부처님 향해 보자. 공경심을 내 보자. 이렇게 말씀드립니다.

2018.09.15.

이 시대 스님의 사명과
불교의 역할

진관사에서 열릴 스님들의 워크숍에 특강 연자로 초빙을 받았습니다. 일이 많고 몸 상태도 좋지 않아서 거절하고 싶었으나 백 선생님의 가르침이 조계종단에 서야 한국불교가 바로 선다는 말씀을 떠올리며, 초청을 영광스럽게 수락하기로 했습니다. 그러나 초청이 순탄하지만은 않았던 모양입니다.

강의 주제는 〈이 시대 스님들의 사명과 불교의 역할〉인데, 이 시대 스님들의 사명을 속인이 와서 이야기한다는 것이 스님 입장에서는 상당히 자존심이 상했던 모양으로, 찬반양론의 격론이 벌어졌다고 합니다. BTN에서 강의를 들었던 스님들의 의견이 통과되어 제가 초대될 수 있었다고 합니다. 그때 드릴 말씀을 읽어드리려고 합니다.

수도의 길과 사회생활의 길이 둘이 아니라는
백 박사님의 가르침

이 시대 스님들의 사명과 불교의 역할을 말씀드리기 전에 우선 제가 수행한 과정을 말씀드리겠습니다. 저는 대학 1학년 때 불법을 만났고 만나자마자 전생의 무슨 인연인지 무섭게 빠져들어 갔습니다. 대학 4년 내내 전공 공부는 뒷전으로 두고 먹고사는 것과는 무관한 불교 공부에만 심취하였던 것 같습니다.

불교를 좋아한 인연으로 전 동국대학교 총장 백성욱 박사님을 만나 출가하게까지 되었습니다. 백 박사님의 가르침은 금강경 가르침의 신해행증信解行證에 있습니다. 금강경 가르침을 만고불변의 진리로 믿고 뜻을 알려고 하면서 그 내용을 실천하여 깨친 것이 있으면 선지식께 내놓고 검토를 받는 것이었습니다.

금강경 가르침의 핵심은 제3, 4, 5분에 있다고 말씀하셨습니다. 금강경 3분을 실천할 수 있도록 해석한다면, 자신을 전지전능한 부처님과 같은 위대한 존재로 믿고, 올라오는 각종 생각을 모두 부처님께 바치라는 것입니다. 금강경 4분은 무슨 일을 하든지 자기가 잘되기 위해서가 아니라 부처님 시봉하기 위해서 하라는 뜻이며, 제5분은 무슨 생각이든지 부처님께 바치되 그 모든 생각은 다 착각으로 알라는 것이었습니다.

"책을 보거나 방송을 듣지 말라. 문자에 집착하지 말고 그 이면을 생각할 줄 알라. 이론을 펴지 말고 실지로 연습하라. 마음 밖에서 진리나 해답을 찾으려 하지 말라. 네 마음속에 각종 난제에 대한 답이 있느니라."

선지식께서는 이렇게 말씀하시며, 일하면서 올라오는 생각들, '힘들다, 모른다, 안 된다, 귀찮다, 배고프다, 졸리다.'라는 생각이 착각인 줄 알고 부지런히 부처님께 바치는 연습을 시키셨습니다. 생각을 바치는 과정에서 '힘들다'는 생각은 '힘들지 않다', '어렵다'는 생각은 '어렵지 않다', '안 된다'는 생각은 '된다'로 바뀌게 되었습니다. '모른다'는 생각을 바치니 모르는 것을 알게 되었습니다.

수행의 과정은 철저히 이기심을 버리고 오로지 부처님 시봉하는 마음이었습니다. 나 잘되기 위한 궁리를 하는 순간 선지식께서 법매를 사정없이 내리치십니다. 마음속에서 각종 문제를 일으키는 이러한 번뇌 망상을 제거해야 도통도 되는데, 도통은 곧 최고의 유능한 사회인을 의미한다고 하셨습니다. 이것은 백 박사님 가르침의 특징이라고 할 수 있습니다.

스님들은 견성성불을 사회의 영웅호걸이나 유능한 사회인이 되는 것과는 별도의 길로 말씀하십니다. 백 박사님은 견성성불이라 함은 정신이 완전히 건강한 상태를 말하며, 정신이 건강해야만 사회생활을 건강하게 할 수 있다고 말씀하셨습니다. 수도의 길과 사회생활의 길이 둘이 아님을 일러 주셨고, 수도의 길은 사회생활을 하는 데 퇴보의 길이 아니라 오히려 발전의 길로 가게 하는 것이라고 강조하셨습니다. 깨달은 이는 세간과 출세간의 일을 하나도 다르지 않게 보는 모양입니다.

부처님 가르침은
무에서 유를 창조한다

저는 4년의 출가 수도생활을 하였지만 완전한 사회인으로서는 턱없이 부족하였던 것 같습니다. 선지식 밑에서 수도생활을 끝내고 사회생활하기 싫은 마음 때문에 복을 짓는 일을 했습니다. 저는 4년 수도로 몸과 마음은 가벼워졌지만, 세상에 나가서 무엇을 하고 싶은 생각이 없어졌습니다. 취직해야 하는데 세상에서 써주질 않는 것입니다. 저는 산속에 있을 사람으로 보이지, 회사 생활할 사람으로 보이지 않는다고 하며, 가는 데마다 퇴짜를 맞았습니다. 대학을 졸업하고 4년의 수도생활과 5년 정도 복 짓는 일을 하면서, 주위 사람에게 저의 사회생활은 기대할 게 없다는 낙인이 찍혔습니다.

대학 졸업 후 11년 만에 대학원을 가면서 첫 사회생활이 시작되었습니다. 공부는 즐거웠습니다. 공부하기 싫은 마음을 착각인 줄 알고 부처님께 바쳐 소멸한 결과입니다. 막연하게 알던 공자님 말씀인 '지지자 불여호지자 호지자 불여락지자知之者 不如好之者 好之者 不如樂之者'를 실감하게 되었습니다. 저는 학교 다닐 때 공부하기 싫어했습니다. 예전 같으면 하드 트레이닝인 대학원 공부를 싫어했을 텐데, 뒤늦게 대학원 공부를 하는데도 아주 즐거웠습니다. 즐기면서 하니까 성적도 상당히 좋았습니다.

지도 교수의 말씀을 부처님 말씀으로 믿고 어려운 자연의 비밀을 풀어 부처님 기쁘게 해 드리기를 발원하였습니다. 모른다는 생각이 착각인 줄 알고 부처님께 바쳐 부처님 시봉 잘하기를 발원하였습니다. 드디어 자연의 비밀이 하나하나 밝혀지기 시작하였습니다. 그것은 막연히 모른다는 선입견이 마음속에서 사라지니 내 속에 부처님의 광명이 임하신 결과입니다.

내 속에 위대한 부처님 지혜의 힘이 있음을 발견하게 되었고, 좋은 논문을 써서 대학교수가 되었으니 불법을 통하여 먹고사는 문제까지 해결하게 된 것입니다. 부처님 가르침은 완전히 무에서 유를 창조하는 가르침이었습니다. 저는 부처님 가르침의 실용성과 위대성, 그리고 꼭 해야만 하는 절대성을 실감하였습니다.

이상의 제 경험을 바탕으로 이 시대 참 불자, 스님의 역할이 무엇인가를 말씀드리겠습니다.

마음 밖에서 찾는
현대 생활의 문제점

현대를 부르는 명칭이 여럿 있습니다. 인터넷 혁명 시대, 게놈 혁명 시대, 4차 산업혁명 시대 등이 있습니다. 이런 말들은 과학이 모든 문제를 해결할 수 있다는 과학 만능의 표현인 것입니다. 달리 말하면 마음 밖에서 진리를 찾고, 마음 밖에서 행복을 찾고, 마음 밖에서 난제 해법을 찾을 수 있다는 말과도 같습니다.

우리는 마음 밖에 행복이 있는 줄 압니다. 부귀영화에서 행복을 찾고 마음 밖에서 진리를 찾을 수 있다고 생각합니다. 내 마음속에는 그저 탐진치만 가득 있지, 내 속에 영원이나 진리나 행복은 없다고 생각합니다. 마음의 행복은 보통 사람의 눈으로 볼 수 없기에 밖에서 찾고 있습니다.

과학자는 현재 가장 존경받는 직업이 되었고, 첨단 과학을 응용한 벤처 사업자는 상당히 많은 돈을 벌 수 있으며, 과학으로 해결하지 못하는 것은 하나도 없는 것 같습니다. 문제는 큰스님조차도 과학자를 더 존중하는 풍토로 변했고, 해외유학파 스님을 더 알아주는 현실이 되고 말았다는 것입니다. 즉심시불卽心是佛, 자신의 마음속에서 부처님을 찾으라는 말은 차츰 옛말이 되었습니다.

아인슈타인을 상당히 존경하고 대단하게 보시는 큰스님도 있었습니다. 백 박사님은 아인슈타인을 과학의 기틀을 닦아 놓은 사람 정도로만 보실 것입니다. 부처님 세계를 아는 사람은 아인슈타인 같은 과학자라도 사실은 장님에 가까운 사람으로 보는 것입니다. 그런데 만인의 스승인 스님이 과학자를 존경한다면 다른 사람들도 과학자를 존경할 수밖에 없습니다. 진정한 도인이라면 과학은 장님이 더듬어서 만들어 낸 불완전한 가르침이라 행복을 줄 수 없고 미래를 예측하는 지혜도 줄 수 없다고 해야 합니다. 과학자들도 부처님의 가르침을 통해서 완전한 지혜를 얻게 되고 놀라운 발견을 할 수 있다고 가르쳐야 합니다.

요즘 스님들은 완전히 과학자들에게 눌립니다. 눌린다는 것은 불교 본연의 정체성을 잃어버렸다는 것과 마찬가지입니다. 이렇게 되면 사람들은 불교를 외면하게 됩니다. 가시적으로 눈에 보이는 것만 쫓아가게 됩니다.

불자들의 역할은 무엇인가 심각하게 생각해 봅니다. 과학으로 인해 불가능은 점점 없어집니다. 병도 다 고치고 사람도 150살까지 살 수 있다고 합니다. 날아다니는 자동차도 개발될 것입니다. 투명한 옷을 만들어 보이지 않게 할 수도 있다고 합니다. 과학자가 신통술을 부린다고까지 합니다. 게놈 분석 과학자는 사주팔자를 해석함으로써 신의 영역에 접근한다고 합니다. 이런 얘기들 앞에 불교 지도자들은 아무 소리도 못합니다.

점점 과학만능주의의 세계가 될 것은 너무나 분명합니다. 이런 과학만능의 풍토는 물질만능주의로 이어지고 권력이나 금력의 만능으로 이어질 것입니다. 사서삼경이나 삼강오륜은 완전히 구시대의 유물이 되고 말았습니다. 군사부일체의 의미는 사라져 도덕은 필수가 아니라 교양으로 전락하였습니다. 도덕은 하면 좋지만 안 해도 되는 것으로 알고, 눈에 보이는 현실이 훨씬 중요하다고 생각하며, 요즘 돈 앞에는 부모도 의리도 없는 것 같습니다.

이렇게 근시안이 된 것은 참 불자들이 제 할 일을 못했기 때문입니다. 참 도인이 나오신다면, 너희들이 겉만 보고 있으며 이런 생활 방식은 굉장히 위험한 것이라고 일깨워 줄 수 있어야 한다고 생각합니다. 보이는 것만 최고로 알고 보이지 않는 것을 경시하는 풍조는 사회적으로 각종 불행을 일으키게 될 것은 불을 보듯 뻔합니다.

자신은 시시각각으로
소원을 성취하는 위대한 존재

그렇다면 이 시대 진정한 불자의 역할은 무엇일까요?

이 시대 불교의 역할은 과연 무엇일까요?

진리를 마음 밖에서 찾지 말고 마음속에서 찾는 불자 본연의 정신으로 돌아가야 할 것입니다. 진리도 마음속에서, 행복도 마음속에서, 난제 해법도 내 마음속에서 찾는 길을 가야 할 것입니다.

심여공화사 능화제세간 心如工畵師 能畵諸世間

오온실종생 무법이부조 五蘊悉從生 無法而不造

약인지심행 보조제세간 若人知心行 普造諸世間

시인즉견불 요불진실성 是人則見佛 了佛眞實性

약인욕요지 삼세일체불 若人欲了知 三世一切佛

응관법계성 일체유심조 應觀法界性 一切唯心造

이와 같은 화엄경 말씀처럼 자기 자신이 길흉화복을 만들고 산하대지를 만드는 전지전능한 위대한 존재임을 자각하여야 합니다. 자신은 소원을 비는 존재가 아닌 시시각각으로 소원을 성취하는 위대한 존재라는 자각으로 새롭게 출발하여야 합니다.

혼돈이나 무지 무능이 다 분별심이며 착각인 줄 아는 공의 진리를 실천 수행하여 완벽한 지혜가 이미 자신 속에 갖추어져 있음을 알고, 대중에게 자신 속 깊은 곳에서 부처님의 광명을 발굴하게 하여야 합니다.

불법 공부는 세상 어떤 공부보다 실용성 있는 공부임을 일깨워야 합니다. "불법은 세상에 있는 것, 이 세상을 떠난 가르침이 아닐세. 세상을 떠나 불법을 찾으려 한다면 이는 마치 토끼의 뿔을 찾는 것과 같네."라는 혜능 대사의 말씀처럼 큰 깨달음은 완전한 사회생활을 의미한다고 일깨워야 합니다.

이런 수행의 자세가 알려진다면, 불자들은 불법이 생활에 별다른 도움을 주지 못한다고 알 때 보다 불법에 관심을 더 가지게 되고 즐겁게 수행하여, 본인의 행복은 물론이고 국가사회에 크게 기여할 수 있게 될 것입니다.

금강경 가르침에 발심하신 스님들께서는 모른다는 생각을 부처님께 바쳐 소멸함으로써 부처님과 똑같은 아는 지혜와 능력을 발휘할 수 있을 것이며, 부처님께서 주시는 힘으로 콧대 높은 과학자들을 겸손하게 하고 드디어는 그들을 신심 발심할 수 있게 할 것입니다. 모든 인류가 과학 만능, 물질 만능, 금력 만능, 권력 만능 등 보이는 것에 대한 만능의 패러다임에서 벗어나게 되며 이 세상을 극락정토로 바꿀 수 있게 될 것입니다. 그리하여 부처님의 가르침이 과학보다 높고, 도덕이 권력이나 돈보다 더 강함을 알게 될 것입니다.

이것이 불교의 역할이며 참 불자의 진정한 사명일 것입니다.

2018.10.06.

분별을 바치는 것이
행복하게 사는 길

———

오늘은 순임금에 대하여 생각해 보겠습니다.

순임금은 4000여 년 전 전설적인 인물입니다. 순임금은 덕망이 높아 요임금께서 스스로 왕위를 양보하여 계승한 성군이었습니다. 비록 덕과 인격이 훌륭하고 지혜가 있는 분이었으나 지중한 가족의 업보가 있었습니다. 어머니가 일찍 돌아가셔서 계모가 왔고, 계모에게도 아들이 있었습니다. 계모는 당연히 순임금보다 자기 아들을 더 좋아했습니다. 심지어 아버지까지도 본처의 아들 순임금보다 계모의 아들을 더 사랑했다고 합니다.

두 아들은 다 재주가 좋아서 임금의 재목으로 촉망받았습니다. 계모는 꾀를 냈습니다. 자기 아들을 임금으로 만들려면 순임금을 없애야 합니다. 드디어 순임금을 죽이려고 마음먹고 남편과 의논을 합니다. 생부도 철이 없었는지 부인 말을 따라갑니다.

그냥 죽일 수는 없으니, 사다리를 타고 지붕에 올라가서 장애물을 치우라고 시켰습니다. 순임금은 상당히 지혜로워서 자신이 지붕 위에 올라가면 사다리를 치우고 자신을 죽일 것을 압니다. 그래서 사다리를 하나 더 준비해서 가지고 올라갔습니다. 아니나 다를까! 계모는 순임금이 지붕에 있는데 사다리를 치우고 집에 불을 지릅니다. 하지만 순임금은 준비해 간 다른 사다리를 타고 내려와 죽음을 면했습니다. 순임금이 계모에 저항하여 맞서지 않고 이길 수 있었던 것은 지혜의 힘이었다고 할 수 있습니다.

계모는 물러서지 않고 또 죽이려고 합니다. 이번에는 구덩이를 파게 한 다음 적당한 때가 되면 구덩이 위에서 돌로 막으려고 계획을 세웠습니다. 순임금은 지혜로웠기 때문에 명령에는 거역하지 않고 따르면서 내가 살길은 무엇인가 생각했습니다. 구덩이를 팔 때 빠져나올 수 있는 다른 구덩이도 함께 팠습니다. 결국, 예상대로 계모는 위에서 돌로 구덩이를 막았지만, 순임금은 다른 구덩이로 나와서 또 죽음을 모면할 수 있었다고 합니다.

세상 사람들은 자기 재능이나 권력, 돈으로 상대를 통솔하고 제압하려고 합니다. 이렇게 제압하는 것은 부작용도 많고 마음에 상처를 줍니다. 대부분의 사람은 권력이나 돈에 의해 눌릴 수밖에 없습니다. 지혜로운 사람들은 거친 세상을 사는데 힘이나 권력보다는 지혜를 밝혀서 세상을 슬기롭게 살고자 합니다.

이 이야기는 지혜를 밝히라는 뜻으로 백 선생님이 말씀해 주신 것 같습니다. 책에도 썼고 이 자리에서도 몇 번 말씀드렸는데, 오늘은 그 이야기를 하려는 것이 아닙니다. 순임금의 마음에 대하여 생각해 보겠습니다.

순임금 성장기
지혜로 세상을 헤쳐 나가다

순임금의 마음은 어땠을지 추측해 봅니다. 어린 시절에 아버지까지도 계모 편을 드는 분위기에서 대단히 서러웠을 것입니다. 부모가 자식을 지극히 사랑하는 것은 동서고금을 통해 당연한데, 아버지나 계모가 자신을 사랑하지 않는다는 것을 총명한 순임금이 모를 리가 없습니다.

말은 부모라고 하지만 실상은 업보이며 서로 주고받는 인과 관계에 의해서 부모 형제가 되었는데, 우리는 인과 관계를 모르고 겉만 보면서 '아버지가 저럴 수 있나!' 혹은 '우리 아버지니까 과연 잘해 주시는구나.' 하고 판단합니다.

순임금은 어릴 때부터 겉만 보고 판단하지 않고 속을 볼 줄 아는 사람이었을 것입니다. '어찌 이럴 수가 있나.' 하며 서럽고 불우한 어린 시절을 지내거나 부모 형제 친척에 집착하지 않고, 홀로 서는 자립심을 키우며 어릴 때부터 배우는 마음을 내었고 지혜를 키우는 연습을 했을 것입니다.

기록에는 나와 있지 않지만 아마 훌륭한 스승, 선지식을 만나 지혜 교육을 받았을 것입니다. 세상은 인정 자비 의리가 통하지 않고 그저 다 힘으로 제압하지요. 세상을 헤쳐 나갈 길은 지혜밖에 없음을 알고 스승을 찾아 부지런히 지혜를 키웠을 것입니다. 아니나 다를까, 계모가 자신을 죽이려고 하는 무서운 음모에 지혜롭게 대처하여 두 번이나 위기를 벗어날 수 있었습니다. 이때 순임금은 다가올 재앙을 대비하여 돈 재능 권력을 키우라고 하지 않고, 마음을 닦아 지혜를 키우게 해 주신 스승의 선견지명에 감사했을 것입니다.

순임금은 돈이나 권력은 무상한 것이며, 오직 선지식을 만나 지혜를 키우는 것이 다른 사람과 부작용을 일으키지 않고 자신 있게 가장 잘 사는 길이라고 생각했을 것입니다.

순임금 재위기
업보도 세상도 내가 불러온 분별이었다

드디어 가족의 업보를 해탈하여 임금까지 되었습니다. 기록에는 요순시대에는 사람들 사이에 일체 다툼이 없었다고 합니다. 그래서 그를 성군이라고 합니다. 요즈음도 마찬가지입니다. 작은 집단에서도 지도자가 뛰어나면 분쟁이 적습니다. 나라도 탁월한 리더십을 가진 지도자가 대통령이 되면 상당히 평안하고 번영합니다. 싱가포르 같은 나라가 그런 나라가 아닌가 생각합니다.

순임금이 임금이 되었을 때 아마 이렇게 깨치지 않았을까요.

'지금까지는 지혜의 힘으로 업보를 해탈하고 드디어 세상을 평정하였지만, 알고 보니 해탈해야 할 업보가 있지 않았다는 것을 알았다. 업보라고 봤던 것, 계모나 아버지라고 봤던 것은 내 분별이었고 나의 메아리였을 뿐이다. 또 복속시켜야 할 세상이라는 것도 알고 보니 내 분별이었고 내 마음이었고 내가 불러온 내 메아리였다.'

순임금 노년기
부처님께 바치고 시봉하는 것만이 최고의 길이다

그는 상당히 똑똑하고 영웅호걸이었지만, 일체유심조의 진리에는 지혜가 상당히 무르익은 그의 말년에나 비로소 이를 수 있었다고 생각합니다.

말년에 순임금이 내린 결론을 추정해 봅니다.

'지혜를 키우려고 하지 말자. 오직 분별을 바쳐 부처님 시봉하는 것만이 최고의 길이다.'

순임금의 심정을 가상소설처럼 분석해 보았습니다.

어릴 때는 세상의 권력, 돈, 스펙을 쌓는 것보다 지혜를 키우는 게 최선의 길이라는 결론을 내렸을 것입니다. 하지만 말년에 순임금은 틀림없이 이런 결론을 내렸을 것으로 생각합니다.

'지혜를 키운다고 하지만 사실 키워야 할 지혜가 따로 있는 것이 아니다. 복수해야 할 업보, 부자유를 해탈해야 할 업보가 있는 것이 아니다. 해탈할 것도 없는데 내가 있다고 하며 나의 분별을 본 것뿐이다. 나는 오로지 이 분별이 착각인 줄 알고 부처님께 바쳐 해탈하고, 나와 남이 본래 있지 않다는 것을 깨닫는 부처님의 길을 갈 것이다.'

우리도 빨리 알아차려야 합니다.

세상 사람들은 잘살기 위해서 돈을 모으고 권력을 잡으려 하고 스펙을 쌓으려고 합니다.

조금 지혜로운 사람은 마음을 닦아 지혜를 키우려고 할 것입니다.

더욱 지혜로운 사람들은 해탈해야 할 업보도 본래 없는 것이고 오로지 내 생각이 다 착각인 줄 알고 부처님께 바치는 길이 가장 빨리 이 세상을 행복하게 사는 길이라 판단하여 그 길을 갈 것입니다.

우리 인생에도 많이 도움이 될 수 있는 분석입니다.

2018.10.13.

부처님께 바치면
영원히 행복해지고 밝아진다

제가 법회에서 가장 많이 받는 질문 중 하나가 바치는 것에 대한 질문입니다.

부처님께 어떻게 하면 잘 바칩니까?

바치는 뜻이 무엇입니까?

바치는 효과가 무엇입니까?

오늘은 우리가 생각하는 바치는 것과 밝은이가 보는 바치는 것의 차이점에 대해서 생각해 보겠습니다. 이왕이면 우리가 생각하는 방법이 아니라, 밝은이가 생각하는 바치는 쪽으로 가야 구경究竟의 목적을 아름답게 이룰 것으로 생각합니다.

오직 부처님 기쁘게 해 드리기 위해서 공부하라

"마음이 답답할 때 그 생각을 가지고 있지 말고 부처님께 바쳐라.

그 생각을 바치면 답답한 생각이 편안한 생각으로 바뀔 것이다. 잘 안 바쳐질 때는 미륵존여래불 해라. 그러면 편안해질 것이다."

"각종 난제가 있을 때 그것을 부처님께 바쳐라. 잘 안 바쳐질 때는 미륵존여래불 해라. 그러면 그 난제가 해결될 것이다."

"모르는 문제를 알아야 할 필요가 있을 때, 모른다는 생각을 부처님께 바쳐라. 계속 모를 때에는 모른다는 생각에 대고 미륵존여래불 해라. 그러면 알 수 있다. 우리는 원래 아는 존재이지만 모른다는 분별에 가려서 모르는 것이니, 모른다는 생각이 사라지면서 아는 능력이 드러난다."

이렇게 이야기하니 우리 공부는 답답할 때 편안하게 하는 공부, 난제가 생겼을 때 난제를 해결하는 공부, 모를 때 모르는 것을 알게 하는 공부, 드디어는 밝아지게 하는 공부라고 하면서 우리 공부법이 만능이고 최고라고 자랑하는 사람들이 많습니다. 우리 공부법인 바치는 법은 나 잘되는 데는 가장 효율적인 공부라고 생각을 합니다. 이것을 굉장히 주의해야 합니다.

이 공부가 '나 잘되는 공부'라고 이야기한다면, 금강경 3독보다 7독이 낫고 7독할 때 일이 더 잘 된다고 생각하면서 결국 잘되기 위해서 공부를 하게 됩니다. 나 잘되기 위해서 하는 공부는 상당히 이기적인 공부가 됩니다. 아상을 없애서 본래 가지고 있는 부처님의 능력을 드러나게 하는 것이 우리 공부의 목적인데, 나 잘되려고 하는 것이 오히려 아상을 키울 수 있습니다.

우리 공부는 어느 정도 하다가 내리막길을 걷는 수가 있습니다. 잘되는 맛에 하다가 아상을 키우고, 아상을 키우니 다시 내리막길로 갑니다. 그래서 깨친 이는 처음부터 이 공부는 나 잘되기 위한 공부라는 생각에서 벗어나도록 가르치셨습니다.

예를 들면 근심 걱정이 있을 때 부처님께 바치면 근심 걱정이 사라지고 편안해집니다. 중병이 걸렸을 때도 부처님께 바쳐서 기적을 체험할 수 있습니다. 그럴 때 이 법이 나한테 참 이롭다고 생각하는 것까지는 좋은데, 그 과정에서 공부를 나 잘되기 위한 수단으로 씁니다. 공부를 수단으로 쓰는 순간, 내리막길로 갑니다. 그래서 이 공부는 오르락내리락하게 됩니다. 우리는 이왕이면 오르락내리락하지 않고 쭉 뻗어서 부처님 세계로 가야 합니다.

그러기 위해서 밝은이가 이렇게 하셨던 것 같아요.

"근심 걱정이 있을 때 바쳐라. 편안해진다. 편안해지기 위해서 바친다고 생각하느냐? 편안해지기 위해서 바친다고 하면 나 잘되기 위해서 바치는 것이다. 나 잘되기 위해서 바치면 반드시 내리막길로 가게 된다. 처음부터 편안해지기 위해서 공부하는 것이 아니라, 편안해져서 부처님 시봉 잘하기를 발원하는 마음으로 공부해라."

또 밝아지기 위해서 공부하는 사람이 있습니다. 난행고행을 하면서 참선을 하는 사람은 왜 그렇게 고행을 합니까? 도통을 해서 중생을 제도한다고 합니다. 참선하는 사람뿐만 아니라 금강경 공부하는 사람들도 나 잘되기 위해서가 아니라 중생 제도하기 위해서 공부한다고 근사하게 포장하는 수가 있습니다.

밝은이는 절대로 어떠한 목적을 위해서 이 공부를 하지 말라고 합니다. 편안해지기 위해서는 물론, 난제 해결을 위해서도, 밝아지기 위해서도 공부하지 말라고 합니다.

편안해져서 부처님 기쁘게 해 드리기를 발원, 난제 해결해서 부처님 시봉 잘하기를 발원, 도통해서 부처님 기쁘게 해 드리기를 발원

하라는 것입니다. 오직 부처님 기쁘게 해 드리기 위해서 이 공부를
하라는 것입니다.

본연의 모습으로 돌아가
영원히 행복해지고 밝아진다

부처님께서 무엇을 기뻐하시겠습니까?

우리가 편안해지는 것을 기뻐하시고 난제에서 벗어나는 것을 기뻐
하십니다. 부처님은 저이가 편안해지고 난제에서 벗어나서 좋아하는
것을 보십니다. 그렇지만 그것이 일시적이라는 것을 아십니다. 편안
해졌다고, 난제를 해결했다고 좋아하는 순간 다시 내리막길을 가게
될 것을 압니다. 부처님께서는 편안해지고 난제를 해결하는 것이 아
니라 본연의 모습으로 돌아가는 것을 진정 좋아하십니다.

답답한 마음을 해탈해서 편안해지기를 발원하면 편안해질 수도
있습니다. 하지만 답답한 마음을 해탈해서 편안해지는 것이 목적이
아닙니다. 답답한 마음 해탈해서 부처님 시봉 잘하기를 발원, 부처
님 기쁘게 해 드리기를 발원해야 합니다. 편안해져서 부처님 본연의
모습으로 돌아가기를 발원하는 것입니다. 부처님을 기쁘게 해 드리
는 길은 본래 구족하고 편안한 부처님 본연의 모습으로 돌아가는 것
입니다.

대개 우리는 부처님 기쁘게 해 드리기 위해서가 아니라 나 잘되기
위해서 편안해지려고 합니다. 이것은 일시적인 편안함이고 그러면
반드시 내리막길로 가게 되어 있습니다. 부처님을 기쁘게 해 드리기
위해서 공부한다면, 본연의 모습으로 돌아가고 본래 구족한 부처님

의 마음이 되면서 영원히 편안하고 영원히 난제가 없는 사람이 됩니다. 일시적으로 밝아지는 것이 아니라 영원히 밝아지는 사람이 됩니다. 이것이 진정으로 부처님이 기뻐하시는 일입니다.

일시적으로 난제를 해결하고 편안해졌다가 다시 내리막으로 떨어지는 것은 부처님이 기뻐하시는 것이 아닙니다. 그런 길을 갈 필요가 없습니다. 이왕이면 영원히 편안해야 합니다. 하나의 소원 성취를 통해서 무한한 소원 성취가 얼마든지 가능하도록 하여야 합니다. 이것이 본연의 모습입니다.

밝은이가 생각하는 바치는 법은 무엇일까요?

만약 좋은 차 타기를 발원한다면, 소원 성취는 될지 모르지만 그 기쁨은 일시적입니다. 좋은 차를 타서 부처님 기쁘게 해 드리기를 발원하면 우리 본연의 모습으로 돌아가게 됩니다. 본연의 모습으로 돌아가면 소원 성취는 저절로 다 따라오는 것입니다. 그런데 우리는 어리석게도 당연히 따라오는 부수적인 것에 집착해서 본연의 모습을 놓치기 쉽습니다.

부수적인 것을 통해서 본연의 길로 들어가라고 밝은이는 일깨워 주십니다.

이기심이 사라지면
본연의 모습으로 돌아간다

근심 걱정이 올라오면 일단 '근심 걱정을 부처님께 바칩니다.' 하는 것이 좋습니다. 바친다고 할 때는 바쳐서 어서 근심에서 벗어나고 싶은 마음이 있습니다. 근심을 벗어나기 위해서 바친다고 하지 마십시오. 본연의 모습으로 가야 합니다. 이것이 '근심 걱정 벗어나 부처님 기쁘게 해 드리기를 발원.'으로 표현됩니다. 이렇게 하면 이기심이 떨어집니다. 이기심이 완전히 떨어지면 본래 부처의 모습으로 돌아갑니다.

무주상 보시가 손해 보는 일이 아니라 본래 부처의 모습이며 영원한 행복을 얻는 길입니다. 보시할 때 생색내거나 대가를 바라는 마음에서, 아버지가 아들에게 '너한테 거액을 들여서 뒷바라지한다.'고 하면 이것은 무주상 보시가 아닙니다. 아들이 효도할 수는 있어도 이것은 일시적인 기쁨입니다. 영원한 기쁨을 위해서, 돈을 주되 대가를 바라지 말고 부처님 기쁘게 해 드리기 위해서 주는 것이 금강경 정신입니다

안타깝게도 우리 공부하는 사람들도 본래의 그 정신을 잠시 잃어버립니다. 그저 마음 편하게 하고 소원 성취하는 데 가장 효율적인 것으로만 알고 이 공부를 나 잘되기 위한 공부로 폄하하면서 영원한 행복을 누리지 못합니다. 영원한 행복과 부처님의 참뜻을 알기 위해서라도 나 잘되기 위해서가 아니라 부처님 기쁘게 해 드리기 위해서 바치라고 다시 한 번 강조합니다.

지금까지 공부하던 사람들이 빠지기 쉬운 함정에서 벗어나셔서, 처음에 진도가 좀 느려도 한 단계 올라가면 다시는 미끄러지지 않고 영원히 쭉 뻗어 나가는 길을 가시길 바랍니다.

조건 없는 마음을 가질 때 얼마나 평화로워지겠습니까? 사람을 대할 때 계산 없이 대할 수 있습니다. 베풀면서 대가를 바라는 것이 아니라 본연의 모습으로 돌아갑니다. 모든 투쟁과 분쟁, 난제가 사라지고 시간이 지나며 극락세계로 분명히 갈 수 있을 것입니다.

우리가 생각하는 바치는 것은 밝은이가 생각하는 바치는 것과 상당한 차이가 있습니다. 나 잘되기 위해서 바치는 것이 아니고 부처님 기쁘게 해 드리기 위해서, 부처님 시봉 잘하기 위해서 바치는 것이니 어렵고 때로는 좀 싱거워도 그 마음으로 꾸준히 나가서 영원한 행복을 얻으시기 바랍니다.

2018.10.20.

참 불법은 절체절명의 위기에서
벗어나게 하고 운명을 바꾼다

오늘은 불법佛法에 대해 논의하고자 합니다. 세상의 많은 성직자들이 이것이 불법이라고 다양하게 주장합니다. 밝은이가 말씀하시는 참 불법은 무엇인가에 대해서 논의하고자 합니다.

꿈이면 산다

어떤 사람이 철도교의 철로를 따라 걸어갑니다. 밑에는 시퍼런 강물이 출렁입니다. 떨어지면 죽습니다. 열차가 오지 않으리라 생각하고 철길을 중간쯤 왔는데 뒤에서 갑자기 열차가 오는 소리가 들립니다. 도저히 짧은 시간 내에 철도교를 건널 재간도 없고 열차를 피할 수가 없습니다. 열차에 치이거나 강물에 떨어지거나, 수영을 못한다면 죽을 수밖에 없는 절체절명의 위기지요.

이야기를 해 주시는 친척 아저씨가 제게 물어보십니다.

"이럴 때 어떻게 해야 살아날 수 있을까?"

"모르겠습니다."

제가 중학생이니 무슨 대답을 할 수 있었겠습니까. 아무리 재주를 부려도 도저히 정답이 안 나옵니다. 현실이라면 죽을 수밖에 없어요.

"사는 길이 딱 하나 있다. 이게 꿈이라면 산다. 현실이라면 절체절명의 위기에서 죽을 수밖에 없지만, 이것이 현실이 아니라 꿈이고 착각이라고 생각한다면, 그 착각에서 벗어나면 산다."

이것이 그 친척 아저씨의 답변인데, 많은 교훈이 들어 있다고 생각합니다.

인생에는 이런 절체절명의 위기라는 것이 종종 있는 것 같습니다. 절체절명의 위기에는 대부분 죽을 수밖에 없습니다. 죽어갑니다. 이럴 때 해법을 찾는 것이 바로 불법佛法입니다.

불법이라고 하는 것은 무엇일까요?

사람이 사는 데 여러 가지 힘든 일이 있습니다. 우리나라가 지금 상당히 잘산다고는 합니다만, 그래도 아직 고통을 당하고 있는 사람들이 많습니다. 학생들은 대학에 들어가서도 성공하기 위해서 계속 공부와 씨름하면서 고통을 당합니다. 사회에 나가면 자신이 다른 사람보다 뛰어나지 못하고 무능력하다고 느끼며 고통을 당합니다. 가정을 거느리고 사회 지도자가 되면 자신이 지혜가 없다고 생각하면서 심히 고통스러워합니다. 그 고통 중에는 아주 심각한 고통도 적지 않습니다. 먹고사는 것은 예전보다 많이 나아졌다고 하지만, 고통은 오히려 더 심각할 수도 있습니다.

죽을 수밖에 없는 절체절명의 위기가 꿈이면 살듯이, 현실이 참이 아니고 꿈이라고 일깨워주는 가르침이 불법이라고 정리해 봅니다.

꿈에서 깨듯이 절체절명의 위기에서 벗어나게 하는 것이 불법이다

불교 성직자들은 불법에 대해 여러 가지 이야기를 합니다. 저는 BBS, BTN을 가끔 봅니다. 그러면 그분들은 주로 교훈이 될 만한 좋은 이야기를 하면서 이것이 불법이라고 얘기합니다. 또 화엄경, 능엄경, 금강경 같은 부처님의 교리를 설명하면서 이것이 불법이라고 얘기를 합니다.

도덕적인 이야기, 교리해석. 이것이 불법일까요?

위파사나, 간화선, 염불선. 이것이 불법일까요?

"절체절명의 위기는 허상이고 착각, 꿈과 같은 것이며 현실이 아니다."

현실을 꿈같은 허상으로 알게 하는 것, 꿈 깨듯이 이런 허상에서 벗어나게 하는 것, 그 결과 모든 고난과 무능과 무지에서 벗어나게 하는 가르침이 불법입니다.

단순한 교리해석은 불법이 될 수 없습니다. 교리해석을 아무리 들어도 절체절명의 위기에서는 벗어날 수 없기 때문입니다. 당장 숨 쉬거나 살아날 수가 없습니다. 따라서 교리해석은 부처님 이야기를 들먹이는데 그치며, 우리를 살게 하는 가르침이 아닙니다. 활구가 아니라 사구입니다. 교리해석뿐 아니라 수도하는 방법을 아무리 많이 들어도 그것이 우리를 절체절명의 위기에서 벗어나게 하지는 못합니다. 그렇다면 역시 불법이라고 볼 수 없습니다. 기타 도덕적인 이야기도 물론 좋습니다. 그런 식으로 살면 행복해질 수는 있을 것입니다. 그렇지만 당장 닥치는 절체절명의 위기에 도덕군자 이야기는 아무런 도움이 되지 않습니다. 아마 밝은이는 내생에는 도움이 될 것이라 하실 겁니다.

어떤 것이 참 불법일까요?

저는 내생이 아닌 금생, 당처즉시當處卽是, 어려울 때 바로 벗어나게 하는 위대한 힘이 불법이라고 말씀드립니다. 이런 불법을 체험해서 당장 위기에서 벗어난 실례가 있어서 소개하고자 합니다.

조신의 꿈

신라 시대에 조신이라는 승려가 있었습니다. 그 고을의 태수가 딸을 데리고 절에 옵니다. 태수의 딸은 아주 절세미인이었고, 조신은 그 딸을 보자마자 반합니다. '저런 미인과 함께 살았으면…' 하면서 그림을 그립니다. '같이 산다면 당연히 직업도 있어야 하고 애도 낳아야 하는데…' 하며 그림을 그립니다. 그런데 현실을 돌아보면 자기는 승려입니다. 태수의 딸은 자신한테는 너무 높은 겁니다. 언감생심, 어찌 감히 태수의 딸을 쳐다봅니까?

그런데 이 욕심이라는 것은 분수를 모릅니다. 마냥 그립기만 합니다. 일방적으로 그리워하는 상사병이라고 할지, 그 고통이 얼마나 심한가는 실제로 당해 보지 않은 분들은 잘 모를 겁니다. 굉장히 괴롭습니다. 자살에 이르게 할 정도로 심한 고통입니다. 승려로서 굉장히 괴로웠을 겁니다.

조신의 목적은 고통에서 벗어나는 것이 아니라 그 여자와 함께 사는 것입니다. 주지 스님을 찾아갔습니다.

"부끄럽지만 제 속마음을 말씀드리겠습니다. 태수의 딸이라 고백조차 쉽지 않습니다. 한 번 보고 그리운 마음을 잊을 수가 없습니다. 승려의 본분과 멀기에, 처음에는 해탈하려고, 제거하려고, 바치려고 했습니다. 하지만 아무리 바치려고 해도 안 되고, 이제는 같이 살고 싶은 마음으로 변했습니다. 어떻게 하면 태수의 딸과 같이 살 수 있겠습니까?"

승려로서 마음 닦는 질문을 하는 게 아니라 현실적인 목적을 달성하기 위한 질문을 하는 겁니다.

"관세음보살님은 모든 소원을 다 들어주신다는데, 태수의 딸과 저 같은 승려가 함께 살 수 있겠습니까?"

"네가 태수의 딸과 살려면 승려 신분을 벗어야 한다는 것을 아느냐, 모르느냐? 파계하고 승복을 벗으면 지옥에 갈 수도 있는데 지옥도 감수하겠느냐?"

"네, 압니다. 저이와 결혼할 수 있으면 지옥도 감수하겠습니다. 관세음보살은 모든 소원을 이루어주신다는데, 어찌하면 저이와 함께 살 수 있겠습니까?"

체면이고 뭐고 없습니다. 업보가 지중하면 그렇게 됩니다.

주지 스님이 깨치신 분인가 봐요. 쓸데없는 소리 하지 말라고 야단치며 내쫓지 않고 이렇게 이야기하셨습니다.

"그래, 승복을 벗어던지고 저이와 살고 싶다면, 모든 고생을 할 준비가 되었느냐? 마음의 준비가 되었다면 관세음보살께서 소원을 들어줄 터이니 지금부터 대웅전에 가서 계속 관세음보살을 해라."

조신은 주지스님 말을 믿고 대웅전에서 관세음보살을 열심히 계속 염불합니다. 언제쯤 그 여자와 함께 살 수 있게 될까 희망을 품으면서 대웅전에서 사흘 밤을 자지 않고 열심히 정진하는데, 꿈인지 생시인지 정말 태수의 딸이 자신 앞으로 걸어오는 것입니다.

"태수의 따님이 웬일입니까?"

"저도 스님을 사모하고 있었습니다."

조신은 관세음보살의 신통력으로 소원 성취가 되었다고 생각합니다.

"여기서는 승려 신분으로 같이 있을 수 없으니 어서 도망을 갑시다."

도망가면서 굉장히 불안합니다. 태수의 딸을 같이 사모하던 동료 중이 있었거든요. 그 중한테 들킬까 봐 겁을 내면서 도망갑니다. 먹고살아야 하는데 세상에서 살 수 없으니 산속으로 들어갑니다. 배운 것이 농사밖에 없으니, 산속에 오두막 짓고 농사지으며 삽니다. 당연히 그이와 살고자 할 때는 애 낳는 것도 마음속으로 그렸겠죠. 오두막에서 애 낳고 사는 겁니다. 애도 어느덧 다 컸어요. 그래도 늘 불안합니다. 주지 스님한테도 미안하고 혹시 태수의 딸을 같이 좋아했던 친구가 여기까지 찾아오지 않을까 늘 갈등합니다.

그런데 그 친구가 정말 찾아옵니다. 찾아와서 "네가 몰래 도망간 것 다 알고 있다." 요즘도 그렇게 겁주고 공갈치는 사람들이 있듯이 예전에도 그랬던 것 같습니다. 딸을 찾고 있는 태수에게 이르고, 태수의 딸을 유혹한 놈으로 관가에 고발하겠다고 하는 겁니다.

저놈을 죽여 버리면 되겠다고 생각했습니다. 천 년 전 신라 때뿐만 아니라 지금도 그런 마음을 똑같이 낼 수 있습니다. 우리는 그런 소설을 얼마든지 쓸 수 있습니다. 결국 그이를 죽여서 묻으려고 하는데 누군가에게 들키게 됩니다.

'아, 이제 잡히면 가정이고 뭐고 모든 것이 다 끝이다. 이제 난 잡히는구나. 내가 괜히 태수의 딸을 그리워해서……. 몇 십 년 살면서 행복할 줄 알았는데 행복한 게 아니라 이렇게 괴롭구나.'

파계한 것을 후회하지만 때는 늦었습니다. 이제는 아주 비참한 신세로 떨어지게 됩니다.

후회하다가 문득 잠에서 깨고 보니 꿈이었어요. 꿈을 깨고 난 뒤에 태수의 딸에 대한 짝사랑은 씻은 듯이 다 사라졌습니다. 마음잡고 열심히 수도해서 유명한 조신 대사가 되었다는 이야기가 전설처럼 전해옵니다. 그것이 춘원 이광수 선생의 『꿈』이라는 소설로 나왔고 영화화도 되었습니다.

아상을 소멸하면 지혜롭게 되어
현실이 착각임을 알게 된다

이것은 그저 재미로 한번 듣고 지나칠 내용이 아닙니다. 여기 배울만한 교훈이 있습니다. 조신이 굉장히 유명한 대사가 된 것은 사실이고 대사가 된 동기는 꿈입니다. 조신이 다행히 중이었으니 망정이지, 세상에 있었다면 그런 미인을 보고 강도질이나 겁탈을 해서라도 억지로 살았을 겁니다. 강도질해서라도 목숨을 걸고서라도 만나야 하는 인연이 있다고 합니다. 아마 중이 아니었으면 그렇게라도 만났을 것이고 소설에 나오는 대로 둘이 몰래 도망가서 산속에 숨어서 자식 낳고 살았겠지요. 강도질을 했으니 늘 불안했을 겁니다.

그이가 승려가 되지 않았다면 꿈속의 일을 똑같이 당했을 겁니다.

그런데 그이는 승려였고 괴로울 때 거기다 대고 자꾸 관세음보살 관세음보살 했어요. 관세음보살 하며 아상을 자꾸 죽이다 보니 지혜가 나서 현실이 착각이고 꿈인 것을 알게 된 겁니다.

우리가 미륵존여래불 하는 뜻은 무엇입니까?

미륵존여래불 하면 우리 마음이 부처님 마음으로 점점 바뀌며 마음속에 지혜가 나고, 현실의 고통이 꿈인 줄 알게 하여 그 고통에서 벗어나게 합니다. 현실의 무능이 꿈이고 착각인 줄 알고 거기서 벗어나게 해서 큰 능력자가 되게 합니다. 현실의 무지가 착각이고 꿈인 줄 알고 거기서 벗어나게 해서 지혜로운 사람이 되게 합니다. 우리가 미륵존여래불 하는 뜻은 바로 우리 마음속에 참 불법, 즉 꿈인 줄 알게 하는 가르침을 실현하는 겁니다.

정리해 보겠습니다. 조신은 소원을 이루기 위해서 관세음보살을 열심히 했습니다. 열심히 하면서 아상이 소멸하였고 결국은 그 상사병의 고통이 허상이며 착각인 줄 알고 깨끗이 벗어나 드디어 큰스님이 되었습니다. 만약 착각인 줄 알지 못했다면 행동으로 범했을 것입니다.

부처님과 항상 함께 하여야
금생에 이루는 불법이 된다

불법은 무엇입니까?

교리해석은 절대 불법이 아닙니다. 또 수행하는 방법을 설명하는 것 역시 절대 불법이 아닙니다. 백 번 들어도 당장 고통의 세계에서 벗어나서 부처님 세계로 갈 수 없습니다. 금생에는 안 됩니다. 소위

성직자들이 가르치는 불법을 백 선생님이 보시면 이렇게 얘기하실 겁니다.

"바로 이 자리에서 고통을 면해서 행복으로 전환시키거나 무능을 능력으로 전환시키지 못하는 것은 불법이 아니다. 그런 불법은 금생에 이루는 불법이 아니라 내생에 이루는 불법이 될 것이다."

그런 불법은 필요가 없습니다. 지금 대부분의 불법은 금생에 이루지 못하고 내생에 이루는 불법입니다.

백 선생님께서는 우리 공부는 바로 금생에 이루는 불법이라는 것을 여러 번 강조하셨습니다. 어떻게 해서 금생에 이루는 불법이 될까요? 항상 부처님과 함께 있어야 합니다. 부처님과 함께 있을 때 현실을 꿈인 줄 알게 하는 위대한 힘이 드러나게 됩니다. 우리 마음속에는 늘 부처님이 계시기 때문에 절체절명의 위기에서 벗어날 수 있습니다. 모든 고난을 행복으로 바꾸고 무지 무능은 지혜와 능력으로 바꾸는 것, 부처님 세계로 들어가는 겁니다. 내생이 아닙니다. 바로 이 자리에서 당처즉시에 되는 것입니다.

금강경을 읽으며
우리 마음속에 부처님을 모신다

백 선생님은 이렇게 정리하실 겁니다.

"부처님이 계셔야, 부처님을 진심으로 공경해야 현실이 착각이고 허상인 줄 알아 모든 고통에서 벗어날 수 있다. 단순히 교리를 설명하거나 좋은 얘기를 하거나 수도하는 방법을 이야기하는 것은 마음을 편안하게 할지언정 위기를 극복하게 할 수 없다. 그런 가르침은 사람을 살리는 가르침이 아니고 이루어지더라도 내생에 되는 가르침이다."

우리가 금강경을 왜 읽습니까?

바로 부처님을 우리 마음속에 모시는 것입니다.

범소유상 개시허망凡所有相 皆是虛妄

자꾸 읽어서 현실의 모든 고통이나 무지 무능, 절체절명의 위기가 꿈인 줄 알게 하는 가르침, 이게 바로 금강경 가르침입니다. 이 가르침으로 우리가 내생이 아닌 금생에 바로 부처님 세계로 들어갈 수 있습니다. 당장 현실에서 바로 부처님을 만날 수 있습니다.

백 선생님은 한마디로 이렇게 말씀하실 겁니다.

"부처님이 아니 계신 것은 불법이 아니다. 부처님에 대한 공경심이 있는 곳, 부처님이 계신 곳에서 절체절명의 위기를 벗어나 참 행복으로 이끌어주는 것이 불법이다. 그것이 바로 금강경이다."

2018.11.03.

고통에서 즉시 벗어나
지혜로워진다

백 선생님께서 늘 하시던 말씀을 다시 한 번 소개합니다.

"법문 들으면서 법문 가지지 말고, 부처님께 바쳐 시봉 잘하길 발원."

법문을 들으시며 이런 원을 동시에 세우셨으면 좋겠습니다.

제가 요새 BTN이나 BBS 불교방송을 종종 보는 편입니다. 스님들과 저명한 불교계 명사들이 방송에 나와서 부처님 진리라고 여러 이야기를 합니다. 그런 분들은 대개 서양식 교육을 받은 사람으로 서양식 사고방식에 익숙합니다. 연역적 사고방식보다는 귀납적 사고방식을 가진 사람이라고 할 수 있습니다. 그분들은 불교를 이렇게 말합니다.

"학자가 개인적인 선입견을 떠나 위대한 진리를 발견해서 사람들을 비현실적인 사고방식에 벗어나 지혜롭게 하는 것처럼, 부처님도 우주의 진리를 발견해서 사람들을 어둠에서 벗어나 지혜롭게 하시니 부처님도 위대한 학자와 마찬가지다. 부처님께서 사제법문, 십이인연, 팔정도, 삼법인 등 우주의 영원한 진리를 발견한 것이다. 그 진리를 믿을 때, 믿음이 비로소 생기는 것이다. 그 진리를 따라서 행동할 때 우리는 지혜롭게 된다."

이 말에 이의를 달 사람이 제가 보기엔 아무도 없는 것 같습니다.

그래서 요새 스님들이나 불교학자들은 부처님이 발견하신 위대한 진리가 경전에 담겨 있다고 하면서 무슨 이야기를 할 때 그 경전을 인용합니다. 특히 위파사나 하는 분들은 아함경의 구절을 하나하나 인용하며 부처님이 발견하신 위대한 아함경 진리를 수행했더니 행복에 이르렀다고 합니다. 또 화엄경, 조사 어록도 마찬가지입니다. 조사 스님들이 발견한 위대한 진리를 공부하면 지혜롭게 된다고 합니다.

새로운 패러다임의 불법,
영원한 진리는 없다

과연 밝은이들도 부처님은 위대한 학자처럼 진리를 발견해서 중생들을 일깨워 지혜롭게 한다고 이야기하실까요?

백 선생님이라면 절대로 그렇게 말씀하지 않으실 것입니다.

"이 세상에 영원한 진리는 없다."

이렇게 말씀하시며 기존의 스님들이나 서양식 사고방식에 익숙한 사람들의 패러다임을 완전히 부정하실 것 같습니다. 도인은 새로운 패러다임의 불교를 말씀하시는데, 영원한 진리는 없다는 내용이 반드시 들어갑니다. 반면 학자들은 진리는 객관성, 합리성, 재현성이 있어야 한다고 합니다.

그러나 백 선생님께서는 이렇게 얘기하실 것 같아요.

"그대들이 말하는 객관성이라고 하는 것은 없는 것이며, 내 생각의 결과일 뿐이다. 그렇게 믿으니 객관적이라고 하는 것이지, 어디 객관성이 있겠느냐? 합리적이라고 하는 것도 마찬가지다. 익숙한 사고방식의 결과를 합리적인 것으로 느낀다. 합리적이라고 하는 것도 사고방식이 변화한다면 그것은 합리적이 아닐 수도 있는 것이다. 똑같은 일이 반복해서 일어나는 것을 과학적이라 하고 재현성이라고 하지만, 믿는 대로 일어나는 것이지 믿지 않으면 재현성이라는 것도 없다. 따라서 세상 사람들이 말하는 영원한 진리라는 것은 없다."

이런 이야기는 상당히 혁명적이어서, 새로운 패러다임의 불법을 백 선생님께서 말씀하셨다고 생각합니다. 이렇게도 말씀하실 겁니다.

"사제, 팔정도, 십이인연, 삼법인. 이것을 진리라고 하느냐? 진리가 아니다. 그 사람이 고통, 무능, 무지를 벗어나는 데 필요한, 그때그때 상황에 맞는 이야기이다. 다른 상황에서는 얼마든지 다르게 이야기할 수도 있다. 어찌해서 사제법문, 팔정도, 십이인연, 삼법인 등을 영원한 진리라고 하며 집착하느냐? 이것이 오히려 더 어두컴컴하게 되는 길이 아니냐?"

이런 이야기가 받아들여져야 한다고 생각합니다.

고집멸도

기존 학자와 스님들의 고집멸도苦集滅道 해석입니다. 깨친 이가 없으므로 사제법문을 똑같이 설명합니다.

"이 세상은 모두 다 고통이고 고통에서 벗어나지 못한다는 고苦의 진리를 말씀하셨다. 고의 원인은 무엇이냐? 애욕이다. 고의 원인인 집集의 진리를 말씀하셨다. 그리고 그것이 없어진 세계, 멸滅의 진리를 말씀하셨다, 멸滅에 가는 여덟 가지 길이 팔정도이다. 이렇게 고집멸도의 진리를 부처님께서 말씀하셨다. 위대한 학자가 발견한 올바른 진리를 믿고 많은 사람이 지혜롭게 되는 것처럼, 위대한 학자이신 부처님의 말씀을 믿고 나가야 한다."

백 선생님께서는 기존의 학자들과 전혀 다르게 해석하십니다.

"부처님께서는 학자들처럼 발견한 진리를 이야기하는 것이 아니라, 사람을 고통에서 벗어나게 하려고 사제법문을 하신 것이다. 따라서 사제법문을 진리라는 식으로 해석해서는 안 된다. '너희들 괴롭지? 마음이 흔들려서 괴로워(苦), 그것을 딱 뭉쳐봐(集), 그럼 거기서 벗어난다(滅道).' 부처님께서는 이렇게 괴로운 사람을 당장 편안하게 해 주는 말씀을 하셨을 뿐이다. 사람들은 거기에 고苦의 진리, 집集의 진리, 멸滅의 진리라는 새로운 것을 이야기하여 마치 부처님을 학자처럼 만들고 분별을 만들어서 밝음에서 멀어지게 한다."

약래약거

금강경 29분 약래약거若來若去의 해석을 살펴봅니다.

보통 학자들은 "옴이 있고, 감이 있고, 앉음이 있고, 누움이 있다. 그렇지만 여래는 옴도 없고, 감도 본래 없고, 앉은 바도 없고 누운 바도 없다. 이것을 이름 하여 여래 如來라고 하느니라." 하며 여래를 마음 밖, 외부의 위대한 존재로 생각하게 합니다. 제가 이 말씀을 드리기 위해서 어제 기존의 스님들이 해석한 금강경 29분을 다시 읽어 보았습니다. 그분들은 한결같이 여래를 직역하시지는 않았어요. 법신, 보신, 화신, 약간 거창한 이야기를 인용하시어 "여래는 법신을 얘기하신 것이다. 법신은 오며 가며 앉으며 눕지 않는다. 법신은 흔들리지 않는다." 하며 법신이니 보신이니 화신이니 하는 새로운 명칭을 만드는 겁니다.

백 선생님은 "이렇게 해석하면 더 지혜롭게 되느냐? 사실 새로운 명칭을 만들어 더 깜깜해지지 않았느냐?" 하시며 여래를 법신이니 화신이니 마음 밖에 있는 어떤 형상으로 해석하지 않습니다.

"네가 지금은 네 마음속에 오며 감이 있다. 그렇지만 너도 자꾸 분별을 바치다 보면 네 마음속에서 여여부동如如不動하고 영원한 그 무엇을 발견할 것이다. 그 영원한 것은 옴도 없고 감도 없어 한 마디에 다 된다. 올 필요도 없고 갈 필요도 없고 고단할 이유가 하나도 없는 것이다. 그러니 오며 가며 하지 말고 네 마음속에서 영원한 것을 찾아라."

이렇게 해석하셔서 당장 편안하게 해 주시는 것이 도인의 법문입니다.

고통에서 즉시 벗어나
지혜로워지는 것이 산 불법이다

요새 부처님을 마치 위대한 학자처럼 만들고, 진리라는 새로운 이름을 만듭니다. 진리가 있다고 얘기를 합니다. 밝은이, 백 선생님께서는 진리가 있는 게 아니라고 하실 것입니다.

부처님을 위대한 학자처럼 둔갑시키는 것은 고통에서 벗어나지 못하게 합니다. 당처즉시, 이 자리에서 고통에서 벗어나게 하고 사람을 구원해야 해요. 제가 지난 시간에 얘기한 태전 선사는 야단을 치셔서 한퇴지를 악도에 떨어지지 않게 하셨습니다. 태전 선사가 마치 위대한 학자처럼 한퇴지의 질문을 명쾌하게 풀어서 설명하였다면 악도에서 벗어나게 할 수 있었을까요?

도인은 영원한 진리를 얘기하지 않습니다. 그이를 고통에서 당장 벗어나게, 무지에서 벗어나게, 지혜롭게 만드는 것이 산 불법입니다.

우리 불법의 위대성과 특징을 잘 알아서, 위대한 학자가 되라는 게 아닙니다. 당장 고통에서 벗어나고 밝음의 길로 가야 한다고 말씀드립니다.

2018.11.10.

백 선생님 가르침,
한국불교가 사는 길

이렇게 보다시피 어설픈 법당이 마련됐습니다. 이 법당을 마련할 때까지 성금을 보내시고, 노동력을 제공하시고, 여러모로 도와주신 여러분께 진심으로 감사를 드리며, 복 지으신 인연 공덕으로 부처님 전에 더욱더 신심 발심해서 복 많이 짓게 되기를 바랍니다.

근래 BTN 방송 덕분인지, 오시는 도반들을 모두 수용할 수 없을 정도로 신법당이 꽉 찼습니다. 한 70명만 되어도 법회를 한자리에서 볼 수가 없어서 상당히 아쉬웠습니다. 좀 더 넓은 곳을 전부터 바랐지만, 여기가 그린벨트이기 때문에 도저히 건축할 엄두를 낼 수 없었습니다. 저는 이 법당을 짓는데 성금을 내라는 얘기를 일절 한 적이 없습니다. 또 해서는 안 된다고 생각을 합니다.

단지 신법당이 너무나 좁아서 '비닐하우스라도 지어서 여럿이 한자리에 모여서 법회라도 할 수 있었으면…' 한마디 내뱉은 것이 여기저기서 보이지 않게 많은 분이 내셔서 모금되었습니다. 그저 한마디 했던 것이 이렇게 혼연일체가 되어 이루어진 것에 대해 저는 몹시 감동하였습니다. 성의를 보여 주신 분께 눈물겨운 감사를 드립니다. 이 비닐하우스를 짓고 전기공사도 새로 다해도 성금이 조금 남습니다.

그런데 마침 B방송에서 백 선생님 다큐멘터리 제작을 해 주겠다고 합니다. 처음엔 그냥 해 주는 줄 알았어요. 일방적으로 제작을 해 주겠다고 해서 상당히 고맙게 생각했는데, 조금 지나니 어느 정도 협조해 줬으면 좋겠다는 공문이 왔습니다. 다행히 건축하고 좀 남은 성금이 있어 제작비에 보탤까 생각합니다. 나머지 조금 모자라는 것도 절대 모금하지 않습니다. 절대 부담 갖지 마세요. 자꾸 원 세우면 길이 있을 것으로 생각합니다.

제가 오늘 아침에 꼭 드리고 싶은 말씀이 있습니다. 우리가 이렇게 어설픈 법당을 마련하고, 다큐멘터리도 제작해서 백 선생님의 뜻을 펴려는 데에는 그만한 이유가 있습니다. 그 이유를 오늘 말씀드리고자 합니다.

전통 수행을 살려야 한국불교가 산다

지금 한국의 불교, 특히 조계종에서는 금강경을 소의경전으로 한다고 합니다만, 여러 전문가는 사실 한국불교는 금강경을 수행하는 선불교에서 벗어난 지 이미 한참 됐다고 합니다. 일부는 염불, 간경, 다라니도 있지만, 우리나라의 전통수행법은 간화선 하나였습니다. 그러나 이제는 전문가들의 말로는 백가쟁명百家爭鳴의 수행법이 있다고 합니다.

간화선하는 분들이 위파사나, 명상으로 많이 돌아섰습니다. 명상은 서양에서 생긴 것으로, 위파사나와 좀 다르다고 합니다. 또 많은 대승 경전을 하는 사람들이 소승 경전, 아함경으로 돌아섰습니다. 그러면서 심지어 아함경만이 석가여래의 진수라고 합니다. 한층 더 나아가 미얀마에서 배운 사람은 미얀마 불교, 티베트에 가서 배운 사람 티베트 불교, 일본에 가서 배운 사람은 일본 불교를 펴기 때문에 사찰마다 독특한 수행법이 난무하고 있습니다. 이것이 수많은 수행법이 난무한다는 얘기가 나오게 된 배경이 아닌가 생각해 봅니다.

유명한 베트남 스님이시며, 프랑스에서 도량을 차려놓고 지도하고 계신 틱낫한 스님이 한국에 와서 이렇게 진단하셨다고 합니다.

"한국불교가 사는 길은 무엇이냐? 지금처럼 수많은 수행법이 난무하는 풍토에서는 한국불교에 희망이 없다. 한국의 전통수행법, 전통 선을 잘 살리는 것이야말로 한국불교를 살리는 길이다."

저는 그 말씀에 깊이 공감합니다. 한국의 전통은 대승 불교이지만 거의 이름만 남았습니다. 간화선도 머지않아서 사라질 공산도 꽤 있어 보입니다. 다 소승으로 갑니다. 저는 이런 수많은 수행법이 난무하고, 대승 보살의 정신이 없어지고 소승불교, 위파사나로 가는 추세에서, 한국불교가 살려면 전통수행법을 되찾아야 한다는 틱낫한 스님의 말씀에 깊이 공감하면서, 백 선생님의 가르침이 이 땅에 우뚝 세워져야 한다고 생각하게 되었습니다.

부처님 49년 설법은 중생의 물음에 대한 대답

부처님께서 49년 설법하신 것은 부처님이 꼭 하실 말씀이 있어서 하신 게 아니래요. 다 중생들의 물음에 따라서 그네들의 적성, 근기, 깨달은 정도에 따라서 이야기한 것이라고 합니다. 꼭 이야기하고 싶은 것이 있어 49년 동안 수많은 법문을 하신 것이 아니라는 겁니다. 백 선생님께서 누차 말씀하셨습니다.

즉, 49년 동안 설하셨던 팔만대장경이 부처님의 말씀이라기보다 중생들의 병이라는 것입니다. 여러 가지의 병이 있었습니다. 고통을 면하기를 원하는 병을 가진 사람에게는 고통을 면하는 법을 설해 주셨고 그것이 아함부 경전입니다. 그 뒤에 계급 차별로 인한 깊은 한恨을 풀어주시기 위해서 설한 법문이 바로 방등부 법문이며, 8년을 설하셨습니다.

대중들이 고통이나 한에서 벗어난 뒤에 이제 마음을 닦아서 밝아져야 하겠다는 마음을 비로소 내었는데, 그때가 가장 대중들의 근기가 무르익었고 가장 밝을 때라고 얘기를 합니다. 불교 전문 학자들도 그렇게 말합니다. 대중들이 가장 밝을 때가 부처님이 밝으실 때나 마찬가지입니다. 부처님께서 가장 밝으실 때, 어떻게 보면 부처님께서 가장 하시고 싶은 말씀을 설한 때가 바로 반야부 20년입니다. 부처님께서 꼭 하시고 싶은 말씀이 있었다면 반야부 말씀이에요.

반야부 말씀 중에서 가장 핵심적인 게 금강반야라고 하는 것은 전문가들의 일치된 견해입니다. 백 선생님께서는 이 금강경을 통해서만 밝아질 수 있다고 말씀하십니다. 부처님께서는 금강경을 이야기하고 싶었는데 처음에 사람들이 고통에 시달리고 있어 아함부, 방등부를 얘기해서 고통과 한을 풀어 준 뒤 비로소 때가 되어 금강경을 설하신 것이라 합니다.

부처님께서 하실 얘기를 다 하셨어요. 금강경 반야부 20년 동안

하실 얘기를 다 하시고 이제 마음이 편안해지셨습니다. "너희들이 금강경식으로 마음을 닦으면 성불하느니라. 그래서 영원한 삶을 살게 되리라." 하시며 수기를 주신 게 바로 법화열반부입니다.

백 선생님 가르침이
한국불교가 사는 길이고 우리를 밝게 하는 길

제가 여기서 말씀드리고자 하는 것은 바로 틱낫한 스님이 지적한 "한국의 전통수행법을 살려야 한국불교가 산다."입니다. 전통수행법이란 대승 불교이고, 어떻게 보면 간화선 정신인데, 간화선의 뿌리는 바로 금강경에 있습니다. 지금 유일하게 남아있는 수행법은 간화선인데, 참선만 하고 있지요. 실제로 금강경에 뿌리를 두고 있는 간화선 수행과는 조금 다른 것 같습니다.

저는 백 선생님의 가르침만이 한국불교가 사는 길이고, 우리를 정말 밝게 하는 길이고, 모든 고난과 무지에서 즉시 벗어나 지혜롭고 행복하게 하는 길이라고 확신합니다. 그런 확신이 있기에 천막 법당을 세웠고, 다큐멘터리도 만들려고 합니다. 이 가르침이 뭇 가르침 중의 하나가 아니라 한국을 대표하는 가르침이 될 때, 틱낫한 스님의 말씀대로 한국불교가 살고 모든 사람이 행복해진다고 생각합니다.

백 선생님의 가르침대로 하려고 합니다. 우리 법당에서는 망원동 4층을 고친 후 모금행위는 안 하기로 제가 선언했습니다. 앞으로도 안 할 겁니다. 원 세워서 되어지는 대로 하는 것이 부처님 뜻입니다. 인위적으로 부담을 주고 모금하는 것은 항상 부작용이 있고 재앙이 있습니다. 이런 식으로는 교세가 커지다가도 부작용이 생기고 여러 가지 말썽이 생긴다는 것을 잘 압니다. 부처님 뜻대로 할 때 이 정법은 반드시 희망이 있고 확실한 미래가 있을 것으로 생각합니다.

비록 세상의 시각으로 보면 제가 나이가 꽤 많은 편입니다마는 최선을 다해서 밝은 법, 무주상 보시를 실제로 실천하는 법, 모든 사람을 편안하게 하는 법을 펴야 할 필요성을 느낍니다.

이 법당을 만드는 데 성금을 내시고 노력 봉사를 하시고, 같이 기뻐해 주시는 분들께 다시 한 번 진심으로 감사드리고, 세세생생 환희심 내서 복 많이 짓기를 바라마지 않습니다.

2018.11.17.

"법문 들으면서
법문을 가지지 말고,
부처님께 바쳐
시봉 잘하길 발원."

주제로 찾아보기

●

편집후기

○

선지식의 크신 사랑으로
새벽을 밝히며

후기는 쓰지 않으셨으나 여러모로 성실하게 도와주신 청우 지혜 교육원 도반님들이 많이 계십니다. 그 도반님들과 함께 할 수 있었던 날들을 부처님께 감사드립니다.

서정완

　　들고 또 듣고, 보고 또 보며

　　부처님의 가르침을 잘 알려주시어

　　현실에서 직접 적용하게 하시며

　　재앙을 축복으로 만드는 기쁨을 알려 주시는

　　선지식의 크신 사랑으로

　　기쁨이 솟아 나오는 샘을 찾았습니다.

　　이 가을 울긋불긋한 치장을 떨구며

　　철이 드는가 합니다.

　　오는 겨울도 봄으로 만들며

　　이 기쁜 마음도 부처님께 바칩니다.

　　부처님 감사합니다.

이혜림

우리 모두는 부처님과 같이 전지전능한 존재라는 사실을 일깨워 주시는 선지식의 말씀에서 희망과 용기를 얻습니다. 선지식의 무한한 사랑을 느끼며 깊이 감사할 따름입니다. 이 책이 전 세계인의 인생 지침서, 지혜 교육의 교과서, 그리고 세계적인 인재 양성소 금강경 연수원 건립의 토대가 되기를 발원합니다.

김순점

새벽을 달리고 달렸습니다. 새벽법문에 젖어들 때 세상은 고요했고 법사님은 늘 나의 오른쪽에 계셨습니다. 마침내 이른 새벽을 가르고 해가 떠오릅니다. 이 법문집을 읽게 될 모든 분들의 가슴에 밝은 태양이 떠오를 것을 확신합니다.

남경민

『재앙을 축복으로 만드는 사람들』 책표지와 본문 편집에 참여하게 되어 매우 영광입니다. 매주 토요일 새벽 5시의 영상 법문이 세 권의 책 시리즈로 재탄생하는 동안 법사님을 향한 도반님들의 공경심과 선지식의 지혜와 사랑을 실감할 수 있었습니다. 늘 귀한 법문을 해 주시는 법사님께 무한 감사드리며 책 작업에 참여하신 모든 분들 이 책 읽으시는 모든 분들이 세세생생 선지식 만나 부처님 시봉 잘 하시기를 발원드립니다.

노지선

선지식님의 새벽 법문은 들을 때에도 들을수록 새로운 마음으로 듣게 되는 희유한 법문이었습니다. 글로 바뀐 새벽법문 역시 선지식님의 선호념, 선부촉과 큰 은혜를 느낄 수 있는 보면 볼수록 또 보고 싶은 글이었습니다. 이 과정에 참여할 수 있어 무한한 영광입니다. 이 책을 통해 우리 가르침이 전 세계에 두루 퍼지고, 전 세계 모든 사람이 세세생생 선지식 모시고 금강경 공부 잘하여 스스로 전지전능한 존재임을 깨달아 부처님 시봉 잘하길 발원합니다.

박지현

선지식님의 말씀을 한 단어 한 단어 더욱 귀 기울여 들을 수 있는 영광된 기회를 주심에 감사드립니다. 희망과 용기를 주시는 밝은 말씀으로 칠흑 같은 어둠 속에 갇혀있던 제게 지금까지 경험해 보지 못한 마음 벅찬 희망의 새벽이 열리는 것 같습니다. 선지식님의 재앙을 축복으로 만드는 희유한 가르침과 헤아릴 수 없는 크신 사랑에 깊이 감사드리며, 모든 사람들이 이 책 잘 읽으셔서 마음에 눈부신 동이 트는 환희로운 새벽을 맞이하시기 발원드립니다.

문성경

선지식의 은혜와 모든 인연에 감사드립니다. 이번 작업은 주는 것이 곧 받는 것임을 실감하게 했습니다. 바쁠 때 겨우 자원을 하면 우연히 받은 교정물에서 제게 꼭 필요한 법문을 어김없이 얻게 되는 것이었습니다. '해가 뜨기 전의 새벽이 가장 어둡다'. 이는 달이 지고 해가 뜨기 직전의 순간이기 때문인데, 가장 어두워 보이지만 실은 밝아지기 위한 과정인 것입니다. 모든 사람을 영원한 밝음으로 이끄는 선지식의 귀한 가르침을 지침으로 하여 재앙을 축복으로 만드는 사람들의 대열에 동참하여 부처님 시봉 잘하시기를 발원드립니다.

함홍식

처음 시작은 선지식의 법문을 더욱 잘 이해하고 공부하기 위하여 활자로 옮겨 정리하는 것이었습니다. 한 사람 한 사람이 돌을 놓았고 그 돌이 쌓여 어느새 돌탑이 되었습니다. 이 돌탑은 보통의 돌탑과 달리 소원을 빌기 위함이 아니고, 신심과 공경심으로 이루어진 부처님 기쁘게 해드리는 돌탑이 되었습니다. 이 돌탑에 작은 돌 하나 놓을 수 있는 기회를 주신 것에 감사합니다.

김형태

선지식 말씀 오해없이 그대로 전달되도록 듣고 또 들으며 녹취했던 시간, 글로 옮긴 내용 보고 또 보며 교정보았던 시간, 선지식의 말씀이 저희에게는 법비가 되어 온몸에 젖어들었던 행복한 시간이었습니다. 이 책을 보시는 모든 분들께서 환희심 가득 내어 세세생생 선지식 모시고 부처님 시봉 잘 하길 발원드립니다. 법사님 감사합니다. 부처님 감사합니다.

황수복

불법을 공부할수록 부처님의 은혜에 감격해서 눈물이 난다는 글을 읽은 적이 있는데, 법문 편집하면서 감격하는 그 마음을 이해할 수 있었습니다. 책에 있는 법문 한글자 한글자 마다 공부하는 사람들을 밝게 해 주시려는 법사님의 자비로운 마음이 담겨 있습니다. 이 희유한 법문이 책으로 나올 수 있도록 도움 주신 모든 분들께 감사드립니다. 모든 사람이 이 책 잘 읽어서 부처님과 법사님께 진심으로 감사하고 공경하는 마음으로 시봉 잘하기를 발원합니다.

김수

당나라 시인 두보杜甫는 만권의 독서를 하면 글을 쓰는 경지가 신神에 도달한다고 했습니다. 한때 많은 독서를 통한 지혜 교육으로 운명을 변화시킬 수 있다고 믿었지만, 세상에 나온 서적들은 대부분 지식교육의 한계를 넘지 못하였습니다.
하지만 이 책은 지식교육을 넘어 누구에게나 운명을 바꿀 수 있는 지혜 교육의 길을 제시해줄 책이 될 것이라고 확신하였습니다.

채희선

선지식의 법문 작업에 비록 처음부터 참여하지는 못했지만, 마지막 작업이라도 참여할 수 있어서, 영광으로 생각하며 감사드립니다. 잊어버렸던 법문, 미처 듣지 못했던 법문을 읽게 되어 절로 공부가 되는 것 같아 즐거웠습니다. 법사님 감사합니다. 도반님 감사합니다.

이영주

새벽에 설하시는 선지식의 진리의 말씀은 나의 무지를 일깨우고, 지혜의 등불을 밝혀 항상 '참나'로 이끌어 주셨습니다. 그 법문이 너무 심오하고 높아서, 일상생활 속에서도 반복해서 들으며, 선지식의 가르침을 깨우치고자 하였습니다. 이제 새벽법문이 책으로 출판되니, 많은 사람들이 생활의 지침서로 삼아 더욱 밝아지고 난제를 축복으로 바꾸어 행복해지기를 발원드립니다. 법사님과 출판에 참여한 도반들께 진심으로 감사드립니다.

김은희

편집을 하면서 법문에 더욱 깊게 빠져들었고 새 정신이 났으며 마음이 든든해졌습니다. 오히려 제가 많은 복을 받았습니다. 선지식의 법문은 언제나 우리를 밝게 해 줍니다. 희유한 법문을 편집하고 후기까지 쓰게 된 무한한 영광을 부처님께 바칩니다. 출판에 무주상으로 참여하신 도반님들께 감사드립니다. 소중한 복을 짓게 해주신 선지식께 감사드립니다. 이 책을 보는 모든 분들이 재앙과 축복이 둘이 아님을 깨우쳐 고통에서 벗어나 부처님 전에 복 많이 지으시길 발원드립니다.

이 책을

전 세계 모든 사람이 잘 읽어서

부처님과 내가 둘이 아닌 진리

번뇌와 보리가 둘이 아닌 진리

재앙이 곧 축복임을 아는

불이不二의 진리를 단박에 깨쳐

부처님 시봉 잘하시기를 발원합니다.

재앙을 축복으로 만드는 사람들 1

초판 1쇄 인쇄일 | 2021년 11월 15일
초판 1쇄 발행일 | 2021년 11월 22일

지은이 | 김원수

발행처 | 도서출판 바른법연구원
주소 | 서울시 마포구 망원로 10길 21
등록번호 | 540-90-01473
등록일자 | 2020년 9월 1일
전화번호 | 02-337-1636
네이버 카페(바른법연구원) | https://cafe.naver.com/buddhaland
유튜브 | https://www.youtube.com 바른법연구원 김원수

ⓒ 2021, 김원수

ISBN 979-11-974426-2-9 04220
ISBN 979-11-974426-1-2 (세트)

값 18,000원